盧校叢編　陳東輝　主編

經典釋文

三

春秋左氏音義
春秋公羊音義
春秋穀梁音義

〔唐〕陸德明　撰

浙江大學出版社

經典釋文卷第十五

春秋音義之一 起第一盡第五

唐國子博士兼太子中允贈齊州刺史吳縣開國男陸德明撰

春秋序 此元凱所作既以釋經故依例音之本或題爲春秋左氏傳序者沈文何以爲釋例序今不用 繫日 工帝反 別同異 彼列反 錯舉 七各反下皆同 於策 本又作冊亦作筴同初革反 簡牘 徒木反 孟子 孟子書名姓孟名軻字子輿鄒邑人與齊宣王同時人著此書 檮 徒刀反 杌 五忽反檮杌四凶之一杜云頑凶無儔匹之貌 之乘 繩證反車乘也一云上乘 韓宣子適魯 宣子名起晉大夫適魯在昭二年 盡在 津忍反後放此 以王 于況反又如字 赴告 古毒反一音古報反崩薨曰赴禍福曰告 記注 張住反字或作註 則刊 苦干反削也 先經 悉薦反 後經 戶豆反 所重 直用反又直龍反 將令 力呈反下令學者同 要終 於遙反 究其 久又反 饜 於豔反

飫於預反　自趨七住反又七俱反　之浸子鴆反　膏澤古刀反　渙
然呼亂反　怡然以之反　闡幽昌善反明也　褎保刀反　貶彼檢反字林方
犯反　暢之勑亮反　歸趣七住反　爲例于僞反又如字　文見賢遍反下
同　舍族音捨　參會七南反又音三　與謀音預　婉而於阮反　諱
辟本亦作避音同後放此　璧假古雅反後不音者同　不汙於俱反曲也　丹楹音盈
刻音克　桷音角　獻捷在妾反　懲惡直升反　而長丁丈反　所傳
直專反　數句色主反下同　錯綜宗宋反　爲斷丁亂反　膚引方于
反　條貫古亂反　而去起呂反　子駿音俊子駿劉歆字　創通初亮反字
書作刱　亦復扶又反下同　以見賢遍反下同　比其毗志反　譜第
本又作譜同布古反　歷數所具反後不音者皆同　素王于況反下王魯素王同　黜
周勑律反　危行下孟反　言孫音遜本亦作遜　不出如字又尺遂反　矣夫

音扶下若夫同 嘉瑞垂僞反 其應應對之應 之祚才路反 肩也以刃反
中興丁仲反 不隊直類反 成王如字又于況反 周正音政讀者多音
征後皆放此 人包必交反 之防扶放反又音房 通論力頓反 近誣
如字舊音附近之近誣音無 小邾張俱反 射音亦 反袂縣世反 拭面音式

春秋經傳集解佳買反舊夫子之經與丘明之傳各卷杜氏合而釋之故曰經傳集解 隱

公名息姑惠公之子母聲子謚法不尸其位曰隱 第一此不題左氏傳公羊穀梁二傳既顯姓別之此不言
自見 杜氏 盡十一年

傳 惠公名不皇謚法愛人好與曰惠其子隱公讓國之君 元妃芳非反傳曰嘉耦曰妃
始適本又作嫡同丁歷反 無謚實至反 之姪直結反字林丈一反兄女也 娣也
大計反女弟也 始娶七住反 娣媵以證反又繩證反 婦人謂嫁曰歸
本或無曰字此依公羊傳 以禎音貞 爲桓于僞反 尚少詩照反 大子音泰

舊太字皆作大後大子皆放此爲經元年于僞反後凡爲經爲傳張本起本之例皆放此更不音

經元年　朝廟直遥反下同　儀父音甫儀父邾子之字凡人名字皆放此

于蔑亡結反地名　繼好呼報反　鄒縣側留反　卞縣皮彥反本或作弁

克段徒亂反鄭伯弟名　于鄢於晚反又於建反又於然反　不弟音悌又如字

儁傑音俊下音桀　滎陽戶扃反本或作榮非　宛陵於阮反又於元反　宰咺呼阮反

之賵芳鳳反　亦與音預下同　睢陽音雖　祭伯側界反國名傳同祭仲同

稱使如字又所吏反　小斂力驗反　以見賢遍反下同　傳

元年　以別彼列反　夏殷戶雅反三代之號可以意求　見異賢遍反　故

不書爵一本無故字　以奬將丈反　求好呼報反　與盟如字又音預

費伯音祕　有郁於六反　皆放甫往反後此例皆同　娶于取住反　在

宛縣於元反　共叔音恭共地名凡國名地名人名字氏族皆不重音疑者復出後放此

鄂五各反　寤生五故反　惡之烏路反注同　亟請欺冀反數也　爲
之于僞反　嚴邑五銜反本又作巖　虢叔瓜百反國名　復然扶又反一
大叔音泰注及下皆同　過百古臥反後不音者皆同　曰堵丁古反　長三
直亮反又如字　高古報反又如字　徑三古定反　參國七南反又音三　焉辟
於虔反　何厭於鹽反　滋蔓音萬　自斃婢世反本又作弊舊扶設反踣也
斃踣蒲北反　廩延力錦反　不暱女乙反親也　完音桓　繕甲市戰
反　具卒尊忽反步兵也注及下同　乘繩證反注及下同　共音恭　汲郡居及
反　不弟大計反又如字　難之乃旦反注同　遂寘之豉反置也　封疆
居良反　舍肉音捨　以遺唯季反下同　不啜川悅反　華元戶化
反　緊烏兮反又烏帝反語助　公語魚據反　闕地其月反　隧而音遂
其樂音洛注及下同　融融羊弓反和樂也　洩洩羊世反舒散也　施及以豉反又

式智反　不匱其位反　以別彼列反　通稱尺證反　巳上時掌反

則衰七雷反　諒闇音亮又音良下如字　東莞音官　傳見賢遍反下三見

同　有蜚扶味反負蠜也　負蠜音煩又音盤　敗宋必邁反敗佗也後放此

子少詩照反　朝歌如字　孫滑干八反又乎八反　爲之于偽反　陜

縣失冉反依字作陝　豫音預　衆父音終　不與音預　小斂力驗反注同

經二年　氏羌都兮反下卻艮反　別種章勇反　駒支音拘　濟

陽子禮反濟水名凡地名皆同　入向舒亮反國名　譙國在遥反　龍亢音剛又苦

浪反　將畢子匠反　無駭戶楷反　方與上音房下音預　紀裂音列繻

音須　鄉爲于偽反下爲魯同　以別彼列反　子帛音白　和解如字又戶

買反　結好呼報反　傳二年　之好呼報反注及下同　氏還音旋

後皆同　㐱父音琴　復脩扶又反　鄉爲于偽反　經三年

己巳音紀下音祀後放此　食之如字本或作蝕音同　大量音亮　盈縮所六反

卽傳直專反　印段因刃反　求賻音附　在殯必刃反　不共音恭本又作供音同　致令力呈反　不復扶又反　別内彼列反　爲君于僞反　惡其烏路反　傳三年　不祔音附　爲公于僞反

隱見賢遍反　以別彼列反　王朝直遥反　不復扶又反　專任而鴆反後不音者皆同　交質音致下同　子狐音胡　將畀必二反與也　祭足側界反　蓋茷所衙反　要之於遥反　閒之閒廁之閒　澗谿苦兮反爾雅云山夾水曰澗山瀆無所通曰谿　沼之紹反池也　畤音止本又作沚亦音市小渚也　之毛毛草也

蘋音頻大萍也　蘩音煩皤蒿也　薀紆粉反聚也　藻音早　大蓱蒲丁反　皤蒿蒲多反白蒿也　筐丘方反　筥九吕反筐筥皆器也方曰筐圓曰筥　錡其綺反有足釜　潢音黄　汙音烏潢汙停水也　行潦音老行潦流潦也　又焉於虔反　盟約如字又於

妙反 行葦于鬼反 洞酌音迴 以共音恭 之行下孟反 而屬章欲反注同 殤公舒羊反 先君舍音捨 與夷如字一音餘 以殁音沒 奉馮皮冰反本亦作憑 義夫音符注同 商頌似用反 是何本又作荷河可反又音河注同任也 任何音壬 忿而芳粉反 之稱尺證反 必傳直專反 僨于弗問反仆也 所爲于僞反 厲嬀九危反 州吁況于反 嬖人必計反親幸也賤而得幸曰嬖 而好呼報反 弗禁居鴆反一音金 惡之烏路反 石碏七略反 於邪似嗟反下同 淫泆音逸 夫寵音扶發句之端後放此 不憾本又作感同胡暗反恨也五年同 能眕之忍反重也 鮮矣息淺反少也 妨貴音芳 少詩照反 陵長丁丈反 閒親閒廁之閒下同 之比必二反 去順起呂反下同 弒其音試 先經悉薦反 經四年 伐杞音起 取牟亡侯反 言易以豉反 雍丘於用反 弒其本又作殺

同音試凡弒君之例皆放此可以意求不重音 君完音丸 翬許歸反 強君其丈反
去族起呂反下同 譽溺乃歷反 于濮音卜 傳四年 諸篡初患反 不復扶又反下文復伐同 蔡從才用反 賦調徒弔反 而棼扶云反亂也 棼緼於云反 弗戢莊立反 王覲其靳反見也 朝陳直遙反後不出者皆放此 褊小必淺反一音必珍反 耄矣莫報反八十曰耄 請涖音利又音類臨也 獳羊奴侯反 惡州吁烏路反 與焉音預 于邢音刑國名
經五年 入郕音成國名 將卑子匠反 二嫡丁歷反
爲別于僞反 螟亡丁反蟲食苗心者 公子彄苦侯反
傳五年 觀魚者本亦作漁者 以度待洛反一音如字 亟行欺冀反數也 春蒐所求反索也 秋獮息淺反說文作𤢂殺也穀梁傳云春曰田秋曰蒐 冬狩手又反圍守也 振蒐索所百反 不孕以證反 爲苗于僞反 農隙去逆反

旅之慎反整也旅衆也 猶復扶又反下同 以數所主反注同 器械戶戒反
辨等如字又方免反別也 行伍戶郎反 順少詩照反注皆同 長丁丈反下注同
鳥獸之肉一本作其肉 於俎莊呂反 不射食亦反 皁隸才早反
臣輿音餘 雜猥烏罪反 巡行下孟反 捕魚音步一音搏 衛
不從才用反 他竟音境 曲沃烏毒反 傳見賢遍反一本作具
牧州牧之牧徐音目 以燕於賢反國名 洩駕息列反 曼伯音萬 剛
父音南 八音金鍾石磬絲琴瑟竹籥管土塤木柷敔匏笙革鼓也 八風八方之風謂東方谷風東南清明風南方凱風西南涼風西方閶闔風西北不周風北方廣莫風東北融風 匏白交反
蹈之徒報反 六佾音逸 而僭子念反 爲道音導本亦作導 其郭芳夫反郭也下同 於使色吏反下同 之難乃旦反 經六年 渝平羊朱反變也 于艾五蓋反 言易以豉反傳同 傳六年 狐

壤如掌反　使者所吏反　頭父音傾　之長丁丈反下文及注同　諸鄂
五各反　不復扶又反下同　結好呼報反　子佗徒河反人名皆同　實
難乃旦反注同　不悛七全反止也　之燎力召反又力弔反　鄉邇本又作嚮
同許亮反　鄉近附近之近　可撲普卜反　周任音壬　去草起呂反
芟所銜反刈也說文作癹匹末反云以足蹋夷草　薀紆粉反積也　信矣如字一音申
公爲于僞反　請糴直歷反　傳見賢遍反　焉依如字或於虔反非
雍縣於用反　左右音佐下又並如字　不藎其器反至也　經七
年　與嫡本又作適同丁歷反　沛國音貝　瑯邪音郎　臨沂魚依反　共
縣音恭　汎城音凡　之使所吏反下同　見夷賢遍反　強虣蒲報反
戰陳直覲反　傳七年　繼好呼報反注同　爲宋于僞反注爲宋
同　爲援于眷反　鄭復扶又反　歃色洽反歃血也　如忘亡亮反服虔云如而

也　洩伯息列反　政治直吏反　請妻七計反　爲鄭于僞反

經八年　句陽古侯反　使宛於阮反　歸祊必彭反　費縣音祕　見在賢遍反　繼好呼報反　宿與盟音預下不與同　禱河丁老反或丁報反　有邳蒲悲反　邳來閒如字　小斂力驗反

傳八年　泰山如字東岳　能復扶又反　巡守手又反　所近附近之近下同又如字　欲爲于僞反下爲魯同　遂畀必二反　鍼子其廉反　誣其符己反　莊共音恭本亦作恭　不與音預　而背音佩　紀好呼報反注同　嫣汭如銳反　胙之才故反報也　舊邑之稱尺證反

經九年　震電徒練反　雨雪于付反傳同　挾卒音協　華縣戶化反

傳九年　雨霖音林爾雅云久雨謂之淫淫雨謂之霖　不共音恭本亦作供　說音悅　宋使所吏反注同　故復扶又反　侵軼直結反又音逸突也　覆

扶又反注及下同伏兵也　戎輕遣政反　以逞勑領反　解也音蟹或佳買反

祝聃乃甘反一音士甘反　衷戎丁仲反又音忠　盡殪於計反死也　三處昌慮

反　後駐丁住反　將令力呈反　要終於遙反　經十年

去氏起呂反傳同　于菅古顏反　未陳直覲反　取郜古報反字林又工竺

反　伐載音再字林作戴云故國在陳留　易也以豉反傳注同　傳十年

以勞力報反注同　饔餼許氣反　通稱尺證反　經十一年

薛侯息列反　郲音來　釐城音來王元規力之反　與謀音預　還使音環

傳十一年　爭長丁丈反下注及文同　夏所戶雅反　周諺音彥

俗言也　則度大洛反　諸任音壬注同　大宮音泰大宮鄭祖廟　公孫

閼安葛反　挾音協　輈張留反車轅　大逵求龜反爾雅云九達之逵杜云道方九軌此謂

依考工記　傅于音附注同　蝥莫侯反　弧音胡　射之食亦反下及注同　隊

而 直類反　周麾 許危反又許僞反招也　而呼 火故反　周徧 音遍　遁逃 徒頓反　不共 音恭本亦作供音同注及下同　與聞 音預　共億 於力反安也　餬其口 音胡粥也說文云寄食　鬻 本又作粥之育反又與六反　以壽 如字又音授　復奉 扶又反又音服　昏媾 古豆反　重昏 直龍反　覆亡 芳服反　不暇 行嫁反　禋祀 音因　絜齊 側皆反本亦作齋　之爲 于僞反　吾圉 魚呂反　財賄 呼罪反字林音悔　無寘 之豉反置也　乃亟 紀力反急也下注同　大岳 音泰　既厭 於豔反　度德 待洛反　量力 音良下同　相時 息亮反　無累 劣僞反注同　使卒 尊忽反注同　出豭 音加猪別名　行出 戶剛反注同　以詛 側慮反　故令 力呈反　正邪 似嗟反下及注同　鄔劉 烏戶反　緱氏 古侯反一音苦侯反　鄔聚 才遇反　蔿 尤委反　邘 音于　岔生 芳粉反　在沁 七浸反字林先衽反郭璞三蒼解詁音狗沁之沁沁沈文何䟽鴆反韋昭思金反水名

絺勑之反　樊扶袁反　隰詳立反　郕尚征反　欑茅才官反　向舒亮反注同

軹音紙　盟音孟　陘音刑　隤徒回反　鄎音息一本作息　于竟音境

不度待洛反　不韙韋鬼反是也蒼頡篇同　其喪息浪反　傳聞直專反

臧否音鄙又方九反注同　大宰音泰注同　爲其于僞反　少故詩照反

菟裘兔都反下音求　梁父音甫　復居扶又反下同　反譖側鴆反　請

殺音試下同一音如字　賂尹氏音路　而禱丁老反或多報反　鍾巫巳夫反

齊于側皆反　社圃布古反　寪氏于委反

桓公名軌惠公之子隱公之弟母仲子史記亦名允謚法辟土服遠曰桓第二

杜氏　盡十八年

經元年　簒立初患反　脩好呼報反傳同　近垂附近之近　祊田百庚反　令鄭力呈反

傳元年　請復扶又反　爲周公于僞

反　獨見賢遍反　渝盟羊朱反變也　無享許丈反　遣使所吏反
宋華戶化反大夫氏也後皆同　父督音篤　而豔以贍反美色也　經二年
閭門音圭　取郜古報反　大廟音泰傳大廟放此　召陵上照反　主
帥所類反或作師　傳二年　爲賂于僞反注除爲會一字並同　惡其烏路
反　婉而於阮反　大宰音泰　數戰音朔　子馮皮冰反下同　遂
相息亮反下注傳相同　著儉張慮反後不音者同　之稱尺證反　越席戶括反越
席結草　祀天車本或無天字者非　粢音咨稷也爾雅云　食音嗣餅也　不鑿子各
反精米也字林作毇子沃反云糲米一斛舂爲八斗　衮冕古本反　黻音弗下同　珽他頂反玉笏也
韋鞸音必　玉笏音忽　持簿步古反徐廣云持簿手版也　幅舄音逼行縢
也下音昔　行縢徒登反　複履音福　紞多敢反字林丁坎反冠之垂者　紘獲耕反纓
從下而上者　綖音延字林弋善反冠上覆　而上時掌反下上下同　藻率音律　鞞補頂

反　鞛布孔反鞞鞛刀削之飾　藉玉在夜反　刀削音笑　鞶步干反紳帶也

游音留注同旌旗之游　馬膺於陵反　如索悉各反　黼音甫　相戾力計

反　色比并是反　器械戶戒反　錫音楊鄭玄云馬面當盧　鈴音零

馬額顏客反　在鑣彼驕反　旂勤衣反　而寘之豉反置也　官邪

似嗟反　雒邑音洛本亦作洛　受夏戶雅反　郟古洽反　鄏音辱　近楚

附近之近　舊好呼報反注同　舍爵音赦置也舊音捨　自參七南反又音三　以

上時掌反　曰仇音求　君之名子如字或彌政反　嘉耦五口反　曰妃

芳非反　其替他計反廢也　少子詩照反　以諷方鳳反　靖侯才井

反　欒賓力官反　適子丁歷反　爲小宗本或作爲大宗誤　有分扶問

反又如字　親七刃反又如字　等衰初危反殺也注同　無復扶又反　分別彼列

反　衰殺所界反　覬音冀　覦羊朱反字林羊住反說文云欲也　侯甸徒練反

陘庭音刑 經三年 正月從此盡十七年皆無王唯十年有二傳以爲義或有王字者非 于嬴音盈 約言如字又於妙反 不歃所洽反 長垣音袁 于讙呼端反 蛇丘以支反 傳三年 汾隰扶云反汾水名下溼曰隰 驂七南反騑馬也 絓止戶卦反 騑馬芳非反 共叔音恭注同 各殉似俊反 媒介音界 之好呼報反注同 齊侯送姜氏本或作送姜氏于讙 公子則下卿送公子公女 芮伯如銳反國名 惡芮伯烏路反 馮翊音翼 經四年 公狩手又反冬獵曰狩 夏之戶雅反下同 伯糾居黝反 傳四年 一 經五年 侯鮑步飽反 從王如字又才用反 大雩音于祭名 龍見賢遍反 螽音終 蚣相容反 蝑相魚反 定陶同勞反 傳五年 子佗大何反 子免音問 五父音甫 襲之音習 將右軍子匠反下及注大將同 左拒俱甫反方陳也下同

方陳直覲反下文之陳及注同　王卒尊忽反下同　萃於似類反　曼伯音萬　魚麗力知反注同　彌縫扶容反　五乘繩證反　繻葛音須　旝古外反又古活反旃也說文作檜建大木置石其上發機以磓敵　麾也許危反　射王食亦反　中肩丁仲反　猶殿多見反　無隕于敏反　勞王力報反注同　名仲字足一本作字仲足　重言直用反　啓蟄直立反　夏正音征　龍見賢遍反注同　龍宿音秀　遠爲于僞反　閉必計反又必結反字林方結反　而烝之丞反　度其待洛反　不復音服後不音者皆同　危難乃旦反　經六年　寔來時力反實也　省文所景反　大閱音悅簡車馬也　是適丁歷反傳同　長子丁丈反　傳六年　蘧章于委反　於瑕下加反　少師詩照反注及下同後皆放此　而被皮寄反下注被甲同　難閒閒廁之閒　隨張豬亮反自侈大也注同一音如字　師侈昌氏反又式氏反

羸師劣追反注及下同 熊率音律 且比子餘反 抗衡苦浪反 民餒奴罪反餓也 矯舉居兆反 牲牷音全 肥腯徒忽反肥也 其畜吁又反注及下皆同 蕃滋音煩 瘯七木反本又作蔟同 蠡力果反說文作瘰云瘯瘰皮肥也、 無疥音界 癬息淺反說文云乾瘍 讒慝他得反 遠聞音問又如字 九族杜釋與孔安國鄭玄不同 禋祀音因 民饑音飢又音機 於難乃旦反下同 二帥所類反 少良詩照反 饋之其媿反遺也 餼許既反牲腥曰餼 妻鄭七計反下及注同 接以如字鄭注禮記作捷讀此者亦或捷音 食之音嗣 桑弧音胡 蓬矢步工反 射天地食亦反 于阼才故反 申繻音須 曰鯉音里 周人以諱事神名絕句衆家多以名字屬下句 木鐸待洛反 徇曰似俊反本又作殉同 舍故音捨下同 具敖五羔反

經七年 焚咸丘扶云反火田也 綏來須唯反 筑陽音逐

傳七年 僻陋匹亦反本

又作僻同 盟音孟 向傷亮反 而背音佩 于郟古洽反 經八年

烝之承反 此夏戶雅反 爲下于僞反 復烝扶又反 見瀆賢遍反

雨雪于付反 祭公側界反 傳八年 有蠹許覲反注同

弋陽餘職反 請下遐嫁反注同 不然將失楚師一本無師字

天去起呂反注同 弟繘己巾反 經九年 伸父母音申 射

姑音亦又音夜 傳九年 爲書于僞反 爲好呼報反 鄒人

音憂 沔水面善反 聃甥乃甘反 衡如字橫也一音橫 陳直覲反注同又如字

而北如字一音佩嵇康音胷背 背巴音佩注同 而夾古洽反又音古協反 宵

潰戶對反 夏陽戶雅反 適子丁歷反 享曹許兩反 施父色豉

反人名字下音甫 經十年 中背如字一音丁仲反下音佩 惡三國烏洛

反又烏路反 傳十年 譖其側鴆反 詹父章廉反 求旃之然

反之也 周諺音彥 吾焉於虔反 以買音古注同買也 無厭於鹽反下同 共池音洪音恭 一 交綏荀隹反 以見賢遍反 經十一年 聽迫吐定反 于折之設反又市列反 夫鍾音扶 于闞口暫反 須昌宣踰反 傳十一年 屈瑕居勿反楚大夫氏 貳軫音二下之忍反皆國名 鄖人音云國名 蒲騷音蕭又音縿 隨絞古卯反 州蓼音了本或作鄝同隨絞州蓼四國名 江夏戶雅反 湞城音云本亦作鄖 棘陽紀力反 湖陽音胡 莫敖五刀反 且日人逸反 虞度待洛反 郊郢以井反又以政反 侍近附近之近 盍請戶臘反何不也 濟箋計反 億兆於力反 將妻七計反下注同 大援於眷反 子亹亡匪反本或作亹 封疆居良反 爲公于僞反 鄧曼音萬 雍於恭反 女於尼據反注曰女同 姑其吉反又其秩反 應命應對之應 經十二年 汶陽音問

侯躍羊略反　于虛去魚反　武父音甫地名有父字者皆同甫音　重書直用反下同　以見賢遍反　皆陳直覲反　傳十二年　于句古侯反　瀆音豆　婁盟力具反本又作屢音同　用長丁丈反注同　故數音朔下同　而憾戶暗反　而輕遣政反　無扞戶旦反衞也　采樵在遙反薪也　而覆扶又反伏兵也注同　謀之徒協反何也　數之色主反　枝江而質反　諜伺也音笥　巡徧音遍　經十三年　傳十三年　遂見賢遍反　必濟箋計反　難言乃旦反　風諫方鳳反本亦作諷　不解戶買反　狃於女九反　狃忕時世反又時設反　而好呼報反又如字　假易以豉反注同　不借子夜反　貸他代反　慢武諫反　盡行津忍反此類可以意求　使徇似俊反宣令也　及鄢於晚反又於萬反　亂次以濟本或作亂次以濟其水　盧戎如字本或作盧音同　縊于一豉反自經死也　荒谷如字本或

作沅音同　冶父音也　脩好呼報反　經十四年　之好呼報反

曹輿音預　御廩力錦反倉也　先其悉薦反又如字　致齊側皆反

傳十四年　大逵求龜反　大宮音泰　之椽直專反榱也圓曰椽方曰桷說

文云周謂之榱齊魯謂之桷　經十五年　倚任於綺反　守介音界

小行下孟反　更立音庚　牟人亡侯反　于櫟音歷　陽翟徒歷反

袲昌氏反　相縣息亮反　傳十五年　舍其音捨　之汪

烏黃反池也　暴其步卜反　檀伯徒丹反　經十六年　城向

失亮反　定之丁佞反　傳十六年　故復扶又反　烝之承反

急子如字詩作伋　上淫時掌反一音如字　屬諸音燭下同　爲之于僞

反　右媵羊政反　朔構古豆反　會古外反　公使所吏反　諸

莘所巾反　惡用音烏安也注同　飲以酒於鴆反一本以作之　子洩息列反

黚牟其廉反又音琴　經十七年　于越反翠軌　皆陳直覲反

傳十七年　疆事居良反注及下皆同　疆場音亦　虞度待洛反下同

齊背音佩下同　以厎音旨下同　惡之烏路反下及注所惡皆同　子亹音尾

復惡扶又反注同一音服則乖注意　復重直用反下同

經十八年　于濼盧篤反又力角反一音洛說文匹沃反　言戕在良反

傳十八年　相瀆徒木反　公謫直革反責也王又丁革反　謫譴遣戰反　爲公于僞反

乘公如字又繩證反注同　上車時掌反　拉公力荅反　幹而古旦反

舊好呼報反　歸咎其九反　彌相息亮反　而轘音患車裂也

車裂音列　以知音智又如字　欲弒申志反　屬諸音燭　匹嫡丁歷反注同

臣擅市戰反　於難乃旦反

莊公名同桓公子母文姜謚法勝敵克亂曰莊第三　杜氏　盡三十二年

經元年　遜于本亦作孫音同注及傳同　單伯音善　采地七代反　且
別彼列反　諒闇音梁又音亮　親迎魚敬反　之比必利反　郱蒲丁
反　鄑子斯反　郚音吾　臨朐其俱反　訾城子斯反　傳元年
父殺音試一音如字　而復扶又反　去姜起呂反　未闕苦穴反
經二年　于禚諸若反　公馮皮冰反　傳二年　好會呼報
反　經三年　溺乃狄反　故去起呂反　以酅戶圭反本又作攜
于滑乎八于八二反　傳三年　重明直用反　以難乃旦反
在櫟音歷或音書約反　經四年　享食音嗣又如字本或作會　以見
賢遍反　狩于手又反　越竟音境本又作境　傳四年　孑吉熱反方
言云楚謂戟爲孑　戟爲陳直覲反　將齊側皆反注同　僻陋匹亦反
僭號子念反　徵應應對之應　樠郎蕩反木名又莫昆反又武元反　屈重直用

反，一音直容反。梁溠高貴鄉公音側嫁反，水名，字林壯加反。入貟音云，或作鄖。漢汭如銳反，內也。漢水西也，水曲曰汭。下齊遐嫁反。難也乃旦反。

經五年郳五兮反，國名，後爲小邾。犂來力兮反。昌慮如字，又力於反。

傳五年數從音朔。

經六年螟亡丁反。衛俘芳夫反，囚也。

傳六年甯乃定反。跪其毀反。宥之音又。不度待洛反，下同。立衷丁仲反，節適也，注同。王音忠。弗強其丈反，注同。必披普靡反，又普知反。蕃滋音煩。說魯音悅。祁侯巨支反，字林上尸反。雖甥音佳。噬齊市制反，下粗兮反。翳也五結反。焉取於虔反。無復扶又反，下文同。

經七年不見賢遍反，注及傳皆同。夜中夜中，夜半也。丁仲反，又如字。星隕于閔反，落也。不匿女力反。漂殺匹妙反，又匹遙反。

傳七年數與音朔。偕音皆，俱也。

經八年郲降戶江反，傳皆同。諸兒如字，一音五兮反。

傳八年　夏書戶雅反後放此　皋陶音遙　連稱尺證反又如字　期

戍音基本亦作朞　如適丁歷反注同　絀之勑律反　從姊才用反下從者皆同

反　閒公如字注同或古莧反非　曰捷在接反克也　以女音汝　姑棼扶云

貝丘補蓋反　樂安音洛　敢見賢遍反　射之食亦反　而啼

田兮反　隊于直類反　喪息浪反　屨九具反　徒人費音祕　奚御

魚呂反　袒而音但　之紛敷文反　于咻士良反　鮑叔步卯反

召忽詩照反　子糾居黝反　雍廩力錦反　經九年　于蔇

其器反　縉縣才陵反　乾時音干　岐流其宜反又巨移反　竭涸戶各

反　惡齊烏路反　譎古穴反　浚蘇俊反深也　洙音殊水名　泗音四

傳九年　公喪息浪反　傳乘直專反又丁戀反下繩證反注傳乘同　乘

他車如字　辟于音避本亦作避一音婢亦反　管召詩照反　讎也市由反

射桓公食亦反　生竇音豆　而稅本又作說同土活反一音失銳反　解古買
反　夷吾縛扶略反舊扶臥反　治於直吏反注同　高傒音兮　使相息亮反　宋強其丈
反　經十年　長勺上酌反　未陳直覲反十一年經注同
反　背蔑音佩傳同　乘丘繩證反　于莘所巾反　將卒子匠反卒又作
帥同所類反　滅譚徒南反　傳十年　曹劌古衛反　請見賢遍反下
同　何閒閒廁之閒注同與也　猶與音預　未偏音遍注同　犧牲許宜反
之屬音蜀　請從才用反　之乘繩證反　三鼓息暫反又如字　其
轍直列反　登軾音式　有伏如字舊扶又反　旗音其　靡音美　怖普布反
遂也其據反　雩門音于　皐比音毗注同　過譚古禾反　經十
一年　郚子斯反　傳十一年　爲乘于僞反　未陳直覲反下
及注　撓敗乃孝反一音乃巧反　沮岸在呂反壞也一音子餘反岸崩謂之沮　喪
皆同

其息浪反 得儁音俊本或作俊 之比必利反 退復扶又反 狡壯交卯反下側亮反 之難乃旦反 京師敗本或作京師敗績者非 得校音教 悖焉蒲忽反一作勃同盛貌 桀紂直久反 言懼而名禮絶句或以名字絶句者非 公子御魚呂反本或作禦 說音悅 共姬音恭 射南宮食亦反 長萬丁丈反 歂孫生市專反 搏之音博取也 靳之居覲反戲而相媿曰靳服云恥而惡之曰靳 經十二年 于鄑音攜 不警居領反 傳十二年 批而普迷反又蒲穴反字林云擊也父迷父節二反 大宰音泰 奔亳步各反 南宮萬奔陳本或作長萬長衍字也下亦然 乘車繩證反注同 弃好呼報反注同 亦請南宮長萬于陳以賂絶句 飲之於鴆反 犀革音西 裹之音果 比及必利反 皆見賢遍反 醢之音海肉醬也 經十三年 北杏戶猛反 蛇丘音移 于柯古河反 傳十

三年　通好呼報反　背北杏音佩十四年經注同　經十四年〔

于鄄音絹　甄城音絹一音眞或音旃又舉然反或作鄄　傳十四年　自

櫟音歷　苟舍音捨　鄭子子儀　內蛇市奢反　申繻音須　有妖

於驕反　炎以音豔　洛誥古報反　餤餤音豔　無釁許靳反　無

裏音里　憾焉戶暗反　宗祏音石藏主石函也　守臣手又反　莊公

之子猶有八人傳唯見四人子忽子亹子儀並死獨厲公在八人名字記傳無聞　乃縊

一賜反　爲莘于僞反下所巾反　繩食承反說文作譝　以語魚據反　譽

音餘又如字　以食音嗣注同　堵敖丁古反下五羔反杜云楚人謂未成君爲敖敖史記作杜敖

以說音悅　之易以豉反注同　之燎力召反又力弔反　鄉邇許亮反

撲滅普卜反　般庚步干反本又作盤　易長丁丈反　經十五

年　伐郳五兮反　傳十五年　復會扶又反　諸侯長丁丈

反　爲宋于僞反　閒之閒廁之閒一本作閒　經十六年　介於

音界　而爲三恪苦各反本或作爲三恪之客　都費扶味反又音祕　緱氏古侯

反一音苦侯反　傳十六年　宋故也本或作爲宋故　爲不禮于僞反

與於音預　公子闕安末反案隱十一年鄭有公孫闕距此三十五年不容復有公子闕若非

闕字誤則子當爲孫　刖音月又五刮反　強鉏仕魚反　斷足丁管反　公父音甫王音

如字　共叔音恭　遂弁如字王必政反　詭諸九委反　采地七代反後放此

蒍國于委反　報施始豉反　之難乃旦反　不見賢遍反下同

復自扶又反　經十七年　鄭詹之廉反　始伯音霸又如字本又作

霸　殲于子廉反盡也　翫而五亂反　而盡津忍反　遁逃徒遜反

多麋亡悲反　傳十七年　頜氏烏納反又苦荅反　工婁力侯反

饗齊本又作享　經十八年　有𧈅本又作蜮音或短弧也本草謂之射工

短弧本又作斷同丁管反弧又作狐音胡　射人食亦反　傳十八年　饗醴音禮　之宥音又　五穀音角雙玉爲穀字又作珏　是借子夜反　爲王于僞反　少子詩照反　后稱尺證反　闕縉己巾反　以畔絶句本或作叛俗字　郱處郱又作朙同乃多反下昌呂反又昌慮反　編縣必縣反一音步典反　游涌音勇水名　經十九年　滕陳以證反又繩證反送也　出竟音境　之好呼報反　傳十九年　鬻音育拳求圓反　大閽音昏守門人也　贏音盈姓也字從女　踖陵在亦反一音七略反　及湫子小反　鄀縣音若　夕室朝夕之夕　經皇田結反經皇闕也　強諫其丈反　大伯音泰　校尉戶教反字從木　王姚羊消反　嬖于必計反　子頹徒回反　之圃必古反又音布園也　爲囿音又又徐于目反苑也　苑也於阮反　近於附近之近　祝跪求委反　而收式周反　經二十年　傳二十年

爲伐于僞反下文同　于鄔烏苦反　徧舞音遍　哀樂音洛　殃咎
於良反下其九反　去盛起吕反　饌仕眷反　奸王音干　盍納胡臘反何不也
經二十一年　祔姑音附　傳二十一年　于弭面爾
反　圉門魚吕反　西辟蒲歷反　復與扶又反　效尤戸教反
徧舞音遍　虢守音狩本或作狩後放此注同　于玤蒲項反　鞶步干反又蒲官
反紳帶也　鑑工暫反鏡也　始惡烏路反又如字　王使所吏反　經二十
二年　大眚所景反　盪音蕩本又作蕩　滌徒歷反　御寇音禦本亦作禦
惡其烏路反　不見賢遍反又如字　傳二十二年　顓孫音專
弛於失氏反　負擔丁暫反　去離力智反　官謗布浪反　翹翹祁堯
反遠貌　車乘繩證反　飲桓公於鴆反注同　酒樂音洛下注同　卜妻七計
反　和鳴如字又戸臥反注同　將將七羊反本又作鏘　並于正卿本或作並爲讌

陳佗大多反　其少詩照反　見陳侯如字又賢遍反　大史音泰
使筮上制反　蓍音尸　遇觀古亂反注皆同　之否備矣反注同　爻辭戶交反
反　乾天其然反　陳摯音至本又作贄同　有觀古亂反　而著直略
反　大嶽音泰下音岳　楚復扶又反　猶豫音預本亦作預　南蒯苦怪
反　卜僭子念反　其應應對之應　縣驗音玄　經二十三年
祭叔側界反　爲祭公于僞反　于穀音谷　宮楹音盈　射姑
示亦反又音亦　于扈音戶　卷縣音權字林丘權反韋昭丘云反說文丘粉反　傳
二十三年　長幼丁丈反　族偪彼力反　士蔿于委反　去富
子起呂反下同　惡其烏路反　閒之閒廁之閒　經二十四年
刻音克鏤也　桷音角榱也字林云齊魯謂榱爲桷　桷榱直專反　要公於遥反
孟任音壬後孟任皆同　覿徒歷反見也　以見賢遍反下同　奢夸苦瓜

反　傳二十四年　御孫魚呂反本亦作禦　侈昌紙反又尸氏反
男贄眞二反　別貴賤彼列反　榛栗側巾反　棗脩脩脯也鍛脯加薑桂曰脩
虔音乾　經二十五年　女叔音汝陳大夫氏　嘉好呼報反傳同
傳二十五年　相魯息亮反下同　正月音政正月建巳之月　慝
未他得反陰氣　夏之戶雅反　之眚所景反災也　城聚才喻反
經二十六年　傳二十六年　簡牘徒木反　不究音救
不復扶又反　申解居蟹反　經二十七年　于洮徒刀反　具
見賢遍反　自爲于僞反　所黜敕律反　城濮音卜　傳二十
七年　越竟音境　所畜敕六反下及注皆同　哀樂音洛　力強其丈反
亟戰欺冀反　將饑居疑反又音機　召伯音邵　廖力彫反　經二十
八年　郱子瑣素果反　築郿亡悲反　告糴徒歷反　傳二

十八年　烝於之承反　重耳直龍反　驪戎力知反　女以昵據反注曰女同　卓子勑角反　閨音圭　闒吐達反　闟塞素代反　二屈求勿反一音居勿反　之疆居良反下同　疆場音亦　故復扶又反　說之音悅　譖羣責鴆反　二耜音似　廣一古曠反　共墾苦很反　欲蠱音古惑也　六百乘繩證反　入桔戶結反　柣待結反　鬭御魚呂反本亦作禦下注反禦同　彊其良反又居良反　鬭梧音吾　不比并里反　爲旆蒲貝反　長尋直亮反　曰旐音兆　王孫喜殿丁見反　純門如字　及逵求龜反　縣門音玄注同　夜遁徒困反　諜告音牒　楚幕音莫　諜閒閒廁之閒

經二十九年　延廄居又反　有蜚扶味反　備難乃旦反　皆重直用反

傳二十九年　嚮入許亮反本或作向同　輕曰遣政反　龍見賢遍反注下皆同　角亢苦浪反又音剛　而栽字林才代反一

音再說文云築牆長版　定星多佞反　經三十年　將甲子匠反

將降戶江反，下文注同　郭音章，下同　魯濟子禮反　傳三十年　射

師食食亦反，又食夜反　而梏古毒反　曰桎之實反　楚僭子念反　闕

轂奴走反。楚人謂乳曰轂，漢書作穀，音同　於音烏　菟音徒　以紓音舒，一音直汝反，緩也

之難乃旦反，下注同　欲爲于僞反　薊縣音計　經三十一年

刺奢七賜反　戎捷在妾反　相遺唯季反，傳同　俘音孚　傳三十

一年　以警音景，戒懼也　經三十二年　飲酖音鴆，本亦作鴆

不與音預　斂力豔反　子般音班　書殺音試，一音如字，下同　傳三

十二年　爲管仲于僞反，注及下同　先見賢遍反，又如字　于莘所巾反

內史過古禾反　監其本又作鑑，古暫反　先脾婢支反　宗區上于

反　史嚚五巾反　大祝音泰，下同　涼德音良，薄也　黨氏音掌　閟音祕

講肄音四又以二反　圉人犖音洛又力角反　反覆芳服反　鄉者許亮

反　鍼巫其廉反　晝洒音獲　共仲音恭　閔公已謹反

閔公名啓方莊公之子母叔姜史記云名開謚法在國遭難曰閔第四

杜氏　盡二年

經元年　出疆居良反　省難乃旦反下及傳同　傳元年　豺

仕皆反　狼音郎　可厭於鹽反　諸夏戶雅反注同　親暱女乙反近也　宴

安於見反本又作晏音同一音烏諫反　酖毒直蔭反　勞來力報反下力代反　仲孫

湫子小反　不去起呂反下同　自斃婢世反　踣蒲北反　閒攜閒廁

之閒注同　覆昏芳服反注同　霸王于況反注同　見莊賢遍反　公將

子匠反下及注同　趙衰初危反　魏犨尺由反　滅耿古幸反國名　還

爲于僞反　又焉於虔反　大伯音泰注同　適子丁歷反本又作嫡　且

諺音彥　若祚在路反　遇屯張倫反　之比毗志反注及下同　辛廖力彫反　蕃昌音煩　兄長丁丈反　經二年　吉禘大計反　入祧他彫反　昭穆上饒反　汏闋苦穴反　大廟音泰　孫于音遜注同　美稱尺證反　見惡烏路反　師潰戶內反　傳二年　渭汭如銳反　隈曲烏回反　舟之僑音喬　卜齮魚綺反　共仲音恭　武闈音韋一音暉　費縣音祕又扶味反　乃縊一賜反　與知音預　故孫音遜　亳社步各反　好鶴呼報反下戶各反　乘軒許言反大夫車也　余為於虔反　玦古穴反　使守手又反下告守及注同　決斷丁亂反　禦難乃旦反　孔嬰齊　殿丁見反　熒澤戶扃反　無復扶又反下復逐同　為之于偽反下文為衛同　不去起呂反藏也一云除也　華龍戶化反　大史音泰　故恐丘勇反　也少詩照反　烝於之承反　強之

其丈反　共滕音恭　以廬力居反舍也　于曹詩作漕音同　歸唁音彥

無虧去危反　三百乘繩證反下及注同　別見賢遍反　五稱尺證反

雞狗音苟　歸遺于季反　單複音丹下方服反　人惡烏路反注同

好利呼報反　能遠于萬反　爲之于僞反　皁落古刀反　別種章勇反

粢盛音咨下音成　朝夕如字又張遙反　君膳市戰反　則守手又反下同

則從才用反下同　監國古銜反　嗣適丁歷反本又作嫡下配適同

將焉於虔反　謂將子匠反下將上軍並同　不共音恭本又作供　於難乃旦反下同

公衣之偏於既反下衣身之偏衣之純衣之尨服注衣之同　叔向許丈反

無慝他得反　遠災于萬反注及下同　衷音忠　旗也音其

闕其音祕　尨服莫江反　受脤市軫反祭社之肉　盛以音成　阻之莊呂反疑也

盡敵子忍反下盡敵同　諗周音審告也說文云深謀　之谿直救

反　而屬章欲反　衛文公大布之衣本或作衣大布之衣誤　厚繒

疾陵反　諒闇音良又音亮　三十乘繩證反下同　迸散檗諍反

僖公上名申莊公之子閔公之兄母成風謚法小心畏忌曰僖　第五

杜氏　盡三十三年

經元年　聶北女輒反　觀釁許覲反　于柽勑呈反　于酈力知

反　莒挐女居反又女加反　傳元年　復入扶又反下文同　常準

之尹反　人潰戶內反　撰具仕眷反又仕轉反　分災甫問反又如字　州

長丁丈反　于舉音洛又力角反　虛丘起居反　要而於遙反　爲魯

于僞反　重來直用反　無厭於鹽反　汶陽音問　及費音祕　萊

蕪音來　·經二年　大陽音泰一音如字　見經賢遍反　于貫古亂

反　貰城市夜反又音世　傳二年　屈產求勿反又居勿反注同　之乘

繩證反注同 宮之奇其宜反 懦本又作懦乃亂反又乃貨反弱也字林偄音乃亂反偄音讓犬反云弱也 強諫其良反又其丈反 且少詩照反 長於丁丈反 暱之女乙反 顛軨音零 伐鄍亡丁反 坂音反 以說音悅 聚抄初教反又楚稍反強取物 賄故呼罪反 惡貪烏路反 故爲于僞反下同 寺人如字又音侍寺人奄官名 貂音彫 豎貂上主反 擅貴時戰反 漏洩息列反又以制反 必易以豉反 五稔入甚反熟也 毌伯乃甘反 侵掠音亮

經三年 下邳皮悲反 僮縣音童 盧江力居反 湓盟音利又音類臨也

傳三年 夏四戶雅反 爲陽穀于僞反 鄭難乃旦反 于圉音又苑也

經四年 于陘音刑 召陵上照反傳皆同

陳袁袁陳大夫氏也本多作轅 濤塗音桃 與謀音預下同

傳四年 所近附近之近 大公音泰注同 公奭音釋 女賁音汝 夾輔古洽

反舊古協反以夸苦瓜反無棣大計反齊竟音境下皆同不共
音恭本亦作供下及注同以縮所六反裹束也音果菁茅子丁反苞
匭音軌本或作軌苞或作包巡守手又反而溺乃歷反水濱音賓故
復扶又反完乘繩證反注同是爲于僞反注同之好呼報反下及注同
謙稱尺證反儌福古堯反要也漢以爲池本或作漢水以爲池水衍字
葉縣始涉反以當丁浪反之費芳味反郯莒音談申侯
見賢遍反資糧音良扉屨符費反草屨也齊侯說音悅以衮古本反衮
冕上公服斂力驗反不如依字讀或一音而據反其繇直救反兆辭也渝羊朱
反變也攘如羊反除也之褕羊朱反美也一薰許云反香草也一蕕音由臭草
也易消以豉反卓吐濁反歸胙才故反祭之酒肉也姬寘之豉反
地墳扶粉反犬斃婢世反原款苦管反必辯兵免反不

樂音洛注同　被此皮寄反又皮綺反　縊于一賜反　遂譖側鴆反

經五年　惡用烏路反　杞伯姬來絕句來歸寧　朝其子猶言其子朝

越竟音境　自爲于僞反　復稱扶又反　軼縣音大　言易以豉

反　傳五年　遂登觀古亂反注同　臺以望絕句　而書本或作而書雲

物非也　審別彼列反　重申直用反　爲二公子于僞反下乃爲之請同

寘薪之豉反　譴讓弃戰反　焉用慎於虔反　尨莫江反又音蒙　茸

如容反又音戎尨茸亂皃　適從丁歷反　及難乃旦反　寺人披普皮反

不校音教　乃徇似俊反　踰垣音袁　其袪起魚反袂也　奔翟音狄

袂面世反　取焉七喻反本又作娶　美城之絕句　樓櫓音魯　秋諸

侯盟本或此下更有于首止三字非　撫女音汝　以輕遣政反下同　所喪息浪

反　侯復扶又反六年經注同　輈車尺奢反牙車也、　大伯音泰下及注同　之

昭上饒反注同後昭穆放此　唯傐彼力反　吾享典兩反　遠聞音問又如字

繄物烏兮反是也　所馮皮冰反下注同　晉使所吏反　不黵力盍反

童謠音遙　不見賢遍反　均服如字同也字書作袀音同　振振音真注同

鶉之述春反又常倫反　賁賁音奔　焞焞他門反　傳說音悅　近日附近之近

巳上時掌反　童齔初問反又恥問反毀齒也　嬉戲許宜反　或中丁仲反

夏之戶雅反下同　言易以豉反　經六年　傳六年

郤去逆反　芮如銳反　近秦附近之近　以見賢遍反　各罷扶罵反又扶買反

宛縣於元反　衰絰七雷反下直結反注同　輿櫬於覲反棺也

爲質如字一音置本又作贄音至　其縛如字舊扶臥反　而祓芳弗反徐音廢說文云除惡之祭也

經七年　不厭於鹽反傳同　甯母如字又音無注同

方與音房下音預　泥母乃麗反又音甯王奴兮反　傳七年　何憚

徒旦反難也　難也乃旦反此年及八年經傳並同　請下戶嫁反　朝不如字

知女音汝下皆同　疵瑕似斯反又疾移反　罪釁許靳反下文同　政狹音洽

洩氏息列反　去之起呂反　不奸音干　共時音恭注同　釁隙

去逆反　覆亡芳服反　替矣他計反　難復扶又反　介於音界　經

堵叔丁古反又音者　可閒閒廁之閒　惡大叔烏路反大音泰叔又作尗

八年　于洮他刀反　未與音預下同　大廟音泰　與殺音試

傳八年　虢射食亦反　期年音基本或作朞注同　不祔音附　茲父

音甫　目夷長丁丈反　經九年　御說魚呂反下音悅　不復扶又

反　殤式羊反　而筓古兮反　之冠古喚反　相比毗志反　故重直用

反　不與音預　俛諸九委反　殺其君之子上如字又音弒傳同公羊音試

傳九年　之稱尺證反　一人釗古堯反又音昭　脩好呼報反下

于好并注同　賜齊侯胙才素反　耋老田節反一音他結反　加勞力報反
一級音急等也　咫尺之氏反八寸曰咫　顛隊直類反下同　以遺于季反
先諸侯悉薦反　復西扶又反下不復會同　丕鄭普悲反　藐諸妙小
反又巳角反　縣藐音玄　無猜七才反疑也　焉辟之於虔反下文焉能克同
之玷丁簟反又丁念反缺也　令不及魯力政反本又作命　今復扶又反
重發直用反　從夷吾才用反　隰音習　易出易入並以豉反　不
好呼報反　長亦丁丈反　不僭子念反下注同　鮮不息淺反　無好
呼報反又如字　無惡烏路反　宋治直吏反　經十年　雨雪于付反
傳十年　不篡初患反　共大子音恭本亦作恭大音泰　故復
扶又反下文及注同　畀秦必利反下注同　不歆許金反饗也　西偏匹縣反
遂不見賢遍反又如字　所馮皮冰反　郤稱尺證反一音如字　泠至力丁

反　七乘繩證反　左行戶郎反下同　共華音恭　騅歂音佳下市專反　纍

虎力追反　山祁巨之反林上尸反字　背大音佩　焉能於虔反　經

十一年　踰閾音域門限也一音況域反　傳十一年　內史過古禾反

反　受玉惰徒臥反　長世直良反又丁丈反　揚拒俱宇反　泉皐古刀反

反　經十二年　陳侯杵臼昌呂反下其九反　傳十二年

之郭芳夫反　狄難乃旦反下同　不共音恭　焉能於虔反　二

守手又反注同　始見賢遍反下同　陪臣步回反　之使所吏反　謂

督音篤　凱開在反本亦作愷　悌音弟本亦作弟　所勞力報反注同　凱樂音洛

下同　悌易以豉反下同　勞來力代反　不復扶又反　經十三

年　濮陽音卜　傳十三年　爲戎于僞反下注欲爲同　難故乃旦反

戌卒子忽反　荐在薦反重也　饑音飢又音機　乞糴直歷反　重施

式豉反下同　自雍於用反秦國都　及絳古巷反晉國都　汎舟芳劒反　河汾
扶云反　經十四年　郿子似綾反本或作繒　侯肸許乙反
傳十四年　澶淵市然反　而還戶關反　期年音基　大咎其九
反　幾亡音祈又音機　背音佩後皆同　施施式豉反注及下而毛十五年皆同　安傳
音附　經十五年　牡丘茂后反　不復扶又反　螽音終本亦作螽
中絕丁仲反又如字　己卯晦音悔　于婁力侯反　下邳蒲悲反
愎諫皮逼反　傳十五年　諸夏戶雅反下注同　屬賈君音燭
詛無莊據反　烝於之承反　解梁音蟹下注同　詰之起吉反
遇蠱音古　千乘繩證反　三去起居反又起據反一音起呂反下同　不孫音遜注同
惡其烏路反　小駟音四　狡古卯反　憤扶粉反　張脈中亮反注同下
音麥　僨興方問反動也　三施式氏反年末注同　可狃女九反　忕也時世

反又時設反　還濘乃定反泥也　故隋大果反　公號戶刀反王戶報反

輅秦五嫁反迎也　拔舍蒲末反注皆同　厭息於冉反一音於甲反又於輒反下同

子罃於耕反　屨薪如字徐本作屨九具反　抗絕苦浪反　荐之在薦反

上下時掌反　絻服音問又作免音同　衰絰七雷反下大結反　令行人

力呈反下同　曰上天降災此凡四十二字檢古本皆無尋杜注亦不得有有是後人加也　難任

鄢縣音戶　焉用於虔反　以要於遙反　重其直用反下皆同

音王注及下同　子縶張執反又丁立反　聚慝他得反後同　復相扶又反

質其音置下注質秦同　祇以音支　史佚音逸　大史音泰　無怙音戶

飴甥音怡　爰田于元反　孺子如喻反　喪君息浪反後注同　輯

睦音集又七入反　好我呼報反　惡我烏路反　衆說音悅　州長丁丈

反下長男同　之睽苦圭反又音圭　其繇直又反　士刲苦圭反刺割也　無

衁音荒血也 承筐曲方反 無貺音況本亦作況 無應應對之應下無應同
中女丁仲反 鄭責側介反又如字 可償市亮反又音常 相息亮反注同助也
爲贏音盈 車說吐活反注同 其輹音福又音服案車旁著畐音福老子所云三十輻共
一轂是也車旁著复音服是車下伏菟 下縛如字又扶臥反 寇難乃旦反 之警
音景 姪其待結反字林丈一反 其逋補吳反 之虛去魚反 王相于況
反下息亮反 講虛本又作構各依字讀 此夫音扶 先君之敗德及絕句
可數乎一讀及可數乎數音色主反 雖復扶又反下同 之孽魚列反 傳
尊本 沓徒合反 有邪似嗟反 以風方鳳反 知達音智 不憚
徒旦反 而舍如字又音捨 言還音環 隤七其位反 蛾魚綺反本或作
蟻一音五何反 晳本或作析同星歷反 盍行戶臘反 焉入於虔反 又餼許氣
反

經典釋文卷第十五

經四千一百六十七字
注八千五百一十六字

經典釋文卷第十六

春秋左氏音義之二 起第六盡第十

唐國子博士兼太子中允贈齊州刺史吳縣開國男陸德明撰

僖中第六 杜氏 盡二十六年

經十六年　隕石于敏反落也　數之色主反　而隊直類反　是月本或作是日　六鷁五歷反本或作鶂音同鷁水鳥六其數也　過古禾反　重言直用反傳注同　公與音預斂力驗反本亦作公與小斂　鄫季似陵反　邢侯音刑　于淮音懷

傳十六年　迅風音信又音峻疾也　焉在於虔反　先見賢遍反又如字　錯逆七各反　餘殃於良反　取狐音胡　廚直誅反　受鐸徒各反　涉汾扶云反水名　大原音泰　戎難乃旦反注同　鄫爲于偽反　而呼火故反　而還音旋

經十七年　英氏於京反

滅項胡講反國名魯滅之也二傳以爲齊滅　于卞皮彦反　傳十七年
爲徐于僞反　子圍魚呂反　爲質音致下同　而妻七計反下同　梁
嬴音盈下同　孕以證反懷子曰孕　過古禾反　卜招之遥反　大卜音泰　宦
女音患　好內呼報反　內嬖必計反　長衞丁丈反下注同　少衞詩照
反　公子湝判丹反　華子戶化反　屬孝公音燭　共姬音恭本亦
作恭　寺人貂音彫　易牙音亦　爲長于僞反　夜殯必刃反
經十八年　于甗魚免反又魚偃反又音言一音彦　傳十八年　以
說音悅又如字　鑄兵之樹反　不勝音升又升證反　圍菟音徒　圃布古反又
音布　燬吁委反衞侯之名　訾婁子斯反下郎句反又郎鉤反　經十九年
嬰齊於盈反　雖與音預下亦與同　致餼許氣反　畜產許又反
以惡烏路反　傳十九年　不復扶又反　次睢音雖　以屬

朱欲反　東徑音經　譙在消反　沛音貝　入泗音四　社祠音辭或音祀

六畜許又反注同　爲用于僞反下爲人同又如字注放此　一　伯長丁丈反

不降戶江反下同　而復之扶又反注同一本作而復伐之伐衍字也　因壘力軌反軍壘

以御如字治也詩音五嫁反迎也　適妻丁歷反本或作嫡　大姒音泰下音似

盍姑胡臘反　脩好呼報反下同　亟城欺冀反　民罷音皮　溝

塹七豔反　而潰戶內反　經二十年　郜子古報反姬姓國字林工竺

反　入滑于八反　傳二十年　啓塞素則反　洩息列反　堵

寇丁古反王又音者　爲邢于僞反　衛難乃旦反　鬬穀奴口反　於音烏

菟音徒　鮮矣息淺反下同　召南上照反　早莫音暮本亦作暮　汙辱

汙穢之汙一音烏路反　相時息亮反　經二十一年　爲邢于僞反下

爲邦同　于孟音于　總見賢遍反　須句其俱反傳同　獻軒建反　捷

在接反 于薄 如字 傳二十一年 巫尪 烏黃反 祈禱 丁老

反或丁報反 瘠病 在亦反 上嚮 許亮反本亦作向 故爲 于僞反 貶

食 彼檢反 省用 所景反 以懲 直升反 戰泓 烏宏反 任宿 音壬注同

顓臾 音專 羊朱反 風姓也 本或作皆風姓 大皞 音泰下胡老反 有濟 子禮

反注及下注同 伏戲 許宜反本或作犧又作羲 封近 附近之近 諸夏 戶雅反注及下

同 爲之 于僞反 猾夏 于八反亂也 叔孫豹 百教反案杜注所引是叔孫婼

語今傳本多作豹恐是傳寫誤也宜爲婼音勑若反 紓禍 音舒解也 經二十二年

之比 必二反 升陘 音刑 邾人 縣 音玄 公胄 直救反 主帥 所類

反 傳二十二年 被髮 皮寄反下注同 陸渾 戶門反一音胡困反 大

爲質 音致 所妻 七計反 巾櫛 側乙反 甲稱 尺證反下稱之同

叔 音泰注同 協比 毗志反 焉能 於虔反 王說 音悅 仲孫湫 子小

反　而御魚呂反本亦作禦　可易以豉反下同　兢兢居陵反本或作矜
蠭芳容反本又作蠭俗作蜂皆同　蠆勑邁反一音勑戒反字林作蠆丑介反又音他割反　登陘本亦
作升陘　縣諸音玄　兜丁侯反　鍪莫侯反　既陳直覲反　殲焉將廉
反盡也　皆咎其九反　不重直用反下同　阻隘於賣反　勍敵其京
反強也　胡耇音苟　爲利于僞反　鼓儳仕銜反又仕減反儳巖也　整陳
直覲反一音如字　芊彌爾反楚姓也　勞楚子力報反　柯澤音哥　師縉
音晉　伻芳扶反四也　馘古獲反戰所獲　踰閾音域一音況域反門限　爾近如字
又附近之近下同　爲鄭于僞反　叔詹章廉反　不歿門忽反　卒於
子恤反　無別彼列反下同　城濮音卜　所殺音試　經二十三年
圉縉巳巾反　絀稱本又作黜勑律反　傳二十三年　不與
音預　復召扶又反下不復成嫁同　焦夷子消反　薳呂臣爲彼反　不

任音壬　以靖音靜　其人能靖者與音餘絕句　有幾居豈反　重耳直龍反　期期上如字下音基下亦作朞下注未期亦音基　從重耳才用反後皆同　委質如字　乃辟婢亦反注同罪也　屈膝辛七反　不濫力暫反　以呈勑景反本或作逞　已見賢遍反　重發直用反下重詳同　又爲于僞反又如字　於難乃旦反　而校音教報也　趙衰初危反　顛頡戶結反　魏犫尺由反　臼季其久反　賈佗徒何反　廧在良反　咎古刀反　叔隗五罪反　伯儵直由反本又作儵音同　妻趙七計反下同　生盾徒本反　請待子絕句　之塊苦對反又苦怪反　二十乘繩證反注及下皆同　實敗必邁反　醒星頂反　曹共公音恭　聞其駢薄賢反　脅絕句許業反駢脅合幹也說文云駢并脅也廣雅云脅幹謂之肋通俗云腋下謂之脅　欲觀如字絕句一讀至裸字絕句　裸力果反又戶化反　浴音欲　薄而如字迫也國語云薄簾也　合幹古旦反　負

羈紀宜反　相國息亮反下及注同　子盍戶臘反　蚤自音早　自別彼列反　乃饋其貴反遺也　盤飧音孫說文云餔也字林云水澆飯也　寘璧之豉反　竟外音境　令人力呈反　不蕃音煩注同息也　而從之如字一音才用反　同儕仕皆反等也　其過王古禾反　鞭弭莫爾反弓末也爾雅云弓有緣者謂之弓無緣者謂之弭　右屬音燭注同　櫜古刀反受箭器　韃九言反弓衣　無緣悅絹反　惡之烏路反　大咎其九反　與焉音預　奉芳勇反　匜以支反一音以紙反器名也說文云似羹魁柄中有道可注水　沃盥古緩反　揮之許韋反湔也　湔也音薦王音贊一音箭又音牋　去上服起呂反　自拘音俱　如衰初危反下同　見意賢遍反　斷章丁緩反　一級音急

經二十四年

蔽於必世反　之難乃旦反

傳二十四年

羈紀宜反說文云馬絡頭也　紲息列反馬韁也說文云繫也　從君才用反又如字　馬韁居良反　皦日古了反　質

信音致 令狐力丁反 臼衰初危反 解縣戶買反 廬柳力居反下
力九反 公子縶張立反 于郇音荀 畏偪彼力反 爲文于僞反
而殺音試又如字 寺人披普皮反本又作侍人披 請見賢遍反 女卽
至音汝下皆同 田渭音謂水名 濱音賓 女爲于僞反 女中宿丁仲反下
注中鈞同一本作女中宿至 夫袪起魚反 衣袂滅制反 及難乃旦反下及注
同 置射食亦反注同 仲相息亮反 行者甚衆一本甚作其 未
輯音集又七入反本亦作集 秦卒子忽反 共之音恭本亦作供 之豎上注反左右小
使也 守藏才浪反下同 里梟須房孚反韓詩外傳云晉文公已過曹里梟須從因盜重耳
資而已重耳無糧餒不能行介子推割股以食重耳然後能行 盡用津忍反 求見賢遍反下
得見同 心覆芳服反下同 之守手又反又如字 懼者其衆矣本或作甚
衆矣 公遽其據反 妻趙七計反 屏括步丁反下古活反 爲嫡本亦

作適丁歷反注同　下之遐嫁反下同　從己才用反　介音界　之推昌誰反
盍亦戶臘反　誰懟直類反怨也　欲令力呈反　焉用於虔反
與女音汝　俞彌羊朱反下亡皮反　爲滑于僞反　不聽吐定反　而
執二子本或作而執其二子其衍字也　大上音泰　以蕃方元反　郕霍音成
毛聃乃甘反　郜雍於用反注同　酆音風　郇音荀　邘音于　凡蔣將丈
反　邢茅亡交反　胙才故反下祭胙同　祭側界反　召穆上照反注同　糾合
居黜反收也　常棣大計反字林大內反　鄂五各反　不方九反　韡韡韋鬼反
鬩于呼歷反爭訟貌毛詩傳云很也　外禦魚呂反下同　其侮亡甫反詩作務　訟爭
爭鬬之爭本又作諍　外扞戶旦反　暱近女乙反親也　即聾鹿工反　從昧
音妹　用嚚魚巾反　堵叔丁古反又音者　不別彼列反　又渝羊朱反變
也　頹叔徒回反　桃子如字本或作姚亦宜音桃　取櫟力狄反　施者如字

注同　未厭於豔反又於鹽反　貪惏力南反方言云殺人而取其財曰惏　近之附近之近
遠之于万反　王替他計反　坎飲苦感反下大感反　鞏縣九勇反
于氾音凡後皆同　好聚呼報反　鷸冠尹橘反翠鳥也　惡之烏路反注同
不衷音忠適也一音丁仲反注同　彼己音記　不稱尺證反注及下同　刺
小人七賜反　子臧之及一本作之服　也夫音扶　自詒以支反遺也
詒遺唯季反下同　夏書戶雅反後夏書皆放此　其施始豉反　膴焉
符袲反祭肉也周禮又作鐇字音義皆同　享宋公有加絕句　禮也一本無也字讀則總爲一
句　告難乃旦反下同　官守手又反注及下同　左鄢父於晚反　將
鉏仕居反　後聽吐定反　經二十五年　侯燬況委反　惡
其烏路反　自爲于僞反　越竟音境　于洮吐刀反　傳二十
五年　掖以音亦說文云以手持人臂曰掖　惡其烏路反　文侯仇音求

下卑遐嫁反　隰城音習　享醴音禮　之宥音又助也　請隧音遂闕地
通路曰隧今之延道　闕地其月反　皆縣音玄　柩其救反　所惡烏路反
欑茅才官反　呼曰火故反　其俘芳夫反　伐鄀音若國名字林云楚邑楮
斫反　禦寇魚呂反　屯兵徒門反　援于眷反　秦人過古臥反王音戈
析星歷反俗作柝　隈烏回反　而係音計　輿人音餘　而傅音附注同　之處
昌慮反　欲令力呈反　掘地其勿反又其月反本又作闕其月反　乃降戶江反後
除注降名皆同　不復扶又反　爲頓于僞反　諜出音牒　諜間間廁之間
所庇必利反又音祕　伯貫古亂反　狐溱側巾反　之好呼報反注同
鄢之力知反　原守手又反　勃鞮步忽反下丁兮反　壺飧音孫從
才用反舊如字　徑古定反行也一讀以壺飧從絕句讀徑爲經連下句乖於杜意　餧而奴罪反餓也
披普皮反　經二十六年　于向舒亮反　至巂本又作酅戶圭反注

同一音似轉反　魯竟音境傳同　滅夔求龜反　秭歸音姊　圍緡亡巾反

傳二十六年　玆丕普悲反　爲稱尺證反　犒師苦報反勞

也　勞齊力報反下文同　玉趾音止足也　恐乎丘勇反下及注皆同　縣罄

音玄注同罄亦作磬盡也　大公音泰下及注同　夾輔古洽反舊古協反　彌縫扶容

反　副使所吏反　而道音導　祝融余忠反　鬻熊音育　熊摯

音至　自竄七亂反字林又千外反　適子丁歷反　二十乘繩證反　左

右並如字　寘桓之豉反　魯援于眷反

僖下第七　杜氏　盡三十三年

經二十七年　有好呼報反　與盟音預　傳二十七年

不共音恭本亦作恭下注同　責禮也本或作責無禮者非　於睽苦圭反又音圭

終朝如字注同　不戮音六　復治扶又反　於蔿于委反　貫三人

音官又古亂反　飲之於鴆反　伯嬴音盈　幼少詩照反下同　傳政直專
反　幾何居豈反　三百乘繩證反下同　先軫之忍反　報施式豉
反注同　蒐于所求反　被廬皮義反下力居反　元帥所類反注同　郤縠
本又作縠同胡木反　臣亟欺冀反數也　說禮音悅　將中子匠反下將上將下皆同
郤溱側巾反　欒枝魯官反　中行戶剛反　少長丁丈反　執
秩直乙反　經二十八年　刺之七賜反殺也　子叢似東反
不枉紆往反　畀宋必利反與也注同　譎而古穴反　城濮音卜　小
子慭魚覲反　不與音預　踐土似淺反土如字或一音杜　同歃所洽反本又作
唔　元咺況晚反　雖爲于僞反下爲其同　訟訴本又作愬蘇路反　陳
共音恭下共公同　狩于本又作守音同　比再如字王俾利反　侯獳乃侯反
傳二十八年　汲郡音急　將中子匠反注同　胥臣思徐反

斂盂徐音廉又力檢反盂音于　以說于晉音悅或如字　以說焉如字王音悅

磔張宅反　輿人音餘衆也　爲將如字又于僞反　兕懼凶勇反　恐

懼丘勇反　棺而古患反一音官　乘軒許言反大夫車　報施始豉反注同

報飧音孫　顛頡戶結反　從巳才用反　爇如悅反燒也　見賢遍反

使者所吏反　距音巨　躍羊畧反　三百上如字又息暫反百音陌勱也下放此　跳

踊徒彫反　猶勱音邁　乃舍如字又音捨下同　以徇似俊反　門尹

般音班　舍我音捨　藉之在亦反借也　使爲于僞反　公說音悅

以畀必利反　允當丁浪反　過分扶問反　伯棼扶云反王扶粉反

以閒閒廁之閒注同　讒慝吐得反　乘入繩證反　西廣古曠反注同

六卒子忽反注同　宛春於元反又於阮反　出竟音境　三施始豉反

公說音悅　乃拘音俱　過楚古禾反　背惠音佩下及注同　以亢苦浪

反當也　崔夭於表反　背酅戶圭反，丘陵險阻名也　每每亡回反，又梅對反
舍其音捨　子搏音博，手搏也　而盬音古，啑也　其腦乃老反　啑也子荅
反，又所荅反，又子甲反　上嚮許亮反，下同，或作向　君馮皮冰反　軾音式　得臣
與音預　寓目音遇，寄也　爲大夫于僞反　令戒力呈反　車乘繩證反，下
及注同　詰起吉反　朝如字，注同，詰朝平旦　將見如字，又賢遍反　韅許見反，王又去見反
在背曰韅，說文作韅，云著掖皮　靷以刃反，在胷曰靷，說文云引軸也　鞅於杖反，在腹曰鞅，說文云頸皮也
靽音半，在後曰靽，一云縶也　在背如字　有莘所巾反　之虛上魚反　少詩照
反，注同　長丁丈反，注同　攻如字，又音貢　陳于直覲反　六卒子忽反，下同
將中軍子匠反，下及注同　師潰戶內反　二旆薄貝反　僞遁徒困
反　夾攻古洽反，又音頰　衡雍於用反　卷縣音權，又丘權反　往勞力報
反　故爲于僞反，下文同　鄉役許亮反，本又作鄉，同，屬也　猶屬音燭　駟音四

介音界　被甲皮義反　步卒子忽反　傳相息亮反　大輅音路
彤弓徒冬反赤弓　旅弓音盧黑弓也本或作旅字非也　矢千本或作旅弓十旅矢千後人專
輒加也　秬音巨黑黍也　鬯勑亮反香酒也　卣音酉又音由器名爾雅云卣中尊也　虎
賁音奔　糾逖勑歷反遠也　王慝他得反惡也　三辭息暫反又如字後例放此
丕顯普悲反大也　休命許虯反注同美也　三見賢遍反　使攝君事並如
字或讀連上奉字為句使音所吏反非也　別於彼列反　皆獎將丈反助也　有渝
羊朱反變也　殛之紀力反本又作極誅也下是糾是殛同　畀必爾反本亦作俾使也　隊其
直類反隕也　祚國才故反　隊隕于敏反　德攻如字一音公送反　瓊
求營反說文云赤玉　玣本又作弁皮彥反　會弁本又作璯古外反又戶外反　先戰如字
又悉薦反　畀余必利反與也　賜女音汝　之麋亡皮反水草交曰麋　宋藪
素口反　剛愎皮逼反　糞土弗問反　盡心盡力並津忍反　皆從

如字又才用反　荅王使所吏反下前使同　欲令力呈反　連穀胡木反

緼而一賜反一音於計反　縣絕音玄　屬文音燭　喜見賢遍反　從公才用反

反又如字　入守手又反　故聽吐丁反　宛濮於阮反　甯俞羊朱反

近濮附近之近　其衷音忠或丁仲反下同　誰扞戶旦反　牧圉音目養牛曰牧

養馬曰圉　先期悉薦反　長牂子郎反　使也所吏反　歛犬市專反

華仲戶化反又如字　射而食亦反下注同　枕之支鴆反注同　左旃章然反通

帛曰旃爾雅云因章曰旃　祁瞞莫干反　奸命音干　茅茷扶廢反　之僑其驕

反　旅凱開在反　樂也音洛　授馘古獲反　授數色主反　鍼

莊其廉反　爲坐如字或音才臥反　長吏丁丈反　吏卒子忽反　刖

鍼音月又五割反　寘諸之豉反　納橐音託囊也　衣饘之然反麋也　幽隘

於賣反　衣囊乃郎反　麋也亡皮反　子適丁歷反　諸侯見賢遍

反之殺音試泄冶息列反下音也危疑如字一本危作俻音九委反爲
解戶賣反注同又古買反振鐸待洛反正邪似嗟反舍此音捨公說
音悅三行戶郎反下及注同將中行子匠反屠音徒擊古狄反又音計
先蔑亡結反今復扶又反經二十九年介音戒國名黔
巨廉反又音琴陬子侯反又側留反翟泉直歷反大倉音泰大雨于付反傳
同黿蒲學反傳二十九年昌衍以善反饋之其媿反芻
米初俱反陳轅音袁濤塗音桃小子憖魚覲反向戌式亮反
輯陸音集又七入反以瀆徒木反上敵時掌反又如字公與音預重
發直用反復來扶又反燕好呼報反注同三犧許宜反經
三十年魯爲于僞反函陵音咸氾南音凡傳同兼家宰如字
又經念反傳三十年狄閒閒廁之閒醫衍以善反酖衛侯音鴆

公爲于偽反注同　十穀音角　同好呼報反　周歂市專反　冶音也
廑音覲又音謹人名也漢書音義云古勤字也鄭氏音勤　子適丁歷反　過鄭古禾反
佚之狐音逸　夜縋丈偽反　縣城音玄　焉用於虔反下焉取之同
倍鄰蒲回反益也　若舍音捨又如字　共其音恭本亦作供　使人所吏反
朝濟上如字注同　設版音板　言背音佩　何厭於鹽反　封疆
居良反　伯說音悅　反爲于偽反　微夫人音扶注同　不知音智
無與音預　周公閱音悅　昌歜在感反昌蒲菹　蕰莊居反　熬五刀
反　經三十一年　分野扶問反　自爲于偽反　狄難乃旦
反　顓音專頊許玉反　之虛起魚反　傳三十一年　竟界音境
重館直龍反注同　方與音房下音預　自洮吐刀反　東傅音附
盡曹津忍反　樂安音洛　三行戶郎反　軍帥所類反　上日三

百年曰音越或人實反非也 相奪息亮反注及下皆同 夏后戶雅反下同 不
歆許金反 以間間廁之間 惡公子烏路反下同 經三十二年
伯捷在接反 廬力於反 帳張亮反 傳三十二年 交使
所吏反 窆棺彼驗反一本作塗 柩有其救反禮云在牀曰尸在棺曰柩 牛呴
呼口反 過古禾反又古臥反 軼我直結反又音逸 籥也餘若反 蹇叔紀輦
反 悖心必內反 孟子本或作孟兮 中壽音授又如字 木拱九勇
反合手曰拱 與師音預 於殽本又作崤戶交反劉昌宗音豪 澠池緜善反又緜忍
反 夏后戶雅反注同 皐古刀反 所辟音避 南谷古木反又音欲 相
嶔許金反又音欽本或作嵐力含反 惡其烏路反 爲明于僞反 經三
十三年 背喪音佩 掎之居綺反 同陳直覲反 訾子斯反
隕霜于敏反 傳三十三年 免冑直救反 兜丁侯反 鍪亡侯

反 大將子匠反 超乘繩證反下及注皆同 師輕遣政反下同 則脫他活反易也 脫易以豉反 先牛悉薦反注有以先之同 犒師苦報反 行賈音古 獻遺唯季反 步師步猶行也 從者才用反下同 不腆他典反厚也 爲從于僞反下爲吾子同 之積子賜反注同 使遽其據反傳也 傳車張戀反 秣馬音末穀馬也說文作餘云食馬穀也 餼牽許氣反牲腥曰餼牲生曰牽 原圃布古反 其麋亡悲反 以閒閒廁之閒 令儆力呈反 郊勞力報反注同 贈賄呼罪反 審當丁浪反又如字 天奉扶用反與也注及下同 可縱子用反下同 秦施始豉反注及下同 一日縱子用反 數世所主反 背君音佩 墨衰七雷反 經直結反 萊駒音來 文嬴音盈 三帥所類反注同 所妻七計反 適母丁歷反 不厭於豔反又於鹽反 就戮音六 以逞勑領反 而拘音俱 猶卒寸忽反

隳軍許規反毀也　而長丁丈反　而唾他臥反　左驂七南反

以纍律追反繫也　釁鼓許覲反　鄉師許亮反　不替他計反　一

眚所景反過也　掩大德於檢反　復伐扶又反　及箕音基　別種章勇

反　臼季其九反　使所吏反　過冀古禾反又古臥反　缺耨乃豆反鉏田也

饁之于輒反字林于劫反野饋也　鉏也本又作鋤仕居反　鯀古本反禹父也　野饋其位反餉也

冀芮如銳反　欲殺音試或如字　殛紀力反誅也　實相息亮

反　不共音恭　采葑芳逢反　采菲芳匪反　先且居子余反　將中

軍子匠反　復與扶又反重也又音服還也　軍行戶剛反　桔戶結反　柣大結

反　覆于芳服反注同　之汪烏黃反池也　髡苦門反　屯徒門反　斂

而力反豔　鄇城古外反　夾古洽反一音古協反　泜音雉又直里反王又徒死反

東徑音經　而陳直覲反注同　紓我音舒緩也一音直呂反　費財芳味反

遁矣徒困反　簡編必連反又布千反　倒錯丁老反　而祔音附　以

上時掌反　烝之承反　嘗禘大計反

文上文公名興僖公子母聲姜謚法慈惠愛民曰文忠信接禮曰文第八

杜氏　盡十年

經元年　來錫星歷反　其比必利反例也又如字　喪邑息浪反　君

頵憂倫反又丘倫反　傳元年　能相息亮反　見其賢遍反下注孤見同

食子音嗣注同　難也乃多反又如字　供俱用反　養餘亮反　期之日居其

反朞同　不愆起虔反　不悖必內反　毛伯衛來錫公命一本作王

使又一本作天王使　緜訾子斯反　新汲居及反　諒闇音良又音亮　且

居子餘反　陳共音恭　更代古孟反又音庚　大甚音泰又如字　疆戚

居良反　尚少詩照反下文同　蠭目本又作蜂芳逢反　豺聲仕皆反

注同

江芊巳氏反杜云江芊成王妹史記以爲成王妾賤者稱　曰呼好賀反發聲注同　役夫如字役夫

者稱尺證反　殺女音汝　大事謂弑君申志反一本無此注

宮卒子忽反　從子玉如字又才用反　熊蹯音煩掌也　不瞑亡丁反又亡千反

未斂力驗反　大師音泰　而環如字又音患　舊好呼報反下及注同

要結於遥反　外援于眷反　泰帥所類反　芮良夫如銳反　之詩大雅桑柔篇

有隧音遂道也　敗類必邁反注同　蹊音兮徑古定反　誦言似用反

惛亂音昏本亦作昏　覆芳服反　畢必爾反本亦作俾注同　復使扶又反

經二年　彭衙音牙　不見賢遍反　部陽戶納反

族去起呂反　常稱尺證反　厭不於涉反　士縠戶木反本又作穀同

垂隴力勇反　有收如字又手又反　大廟音泰注及傳大廟同　躋僖子兮反升也

蒭坐才臥反又如字　玄纁許云反　傳二年　禦魚呂反

將中子匠反 趙衰初危反 郤溱側巾反 鞠居九六反 故嗤
尺之反 四呼火故反 狠瞫尺甚反字林式衽反 公乘繩證反 盍死
戶臘反 死處昌慮反 與女音汝 爲難乃旦反 共用音恭注同 不
得復扶又反 旣陳直覲反 遄市專反遄疾也 沮在汝反沮止也 王赫火百
反 重施式豉反 必辟音避 毋念音無注同 以厭於涉反注同損也
士蔿于委反 書士縠本或作書曰晉士縠 爲衞于僞反 令居力呈
反 閔上時掌反一本無閔字 夏父戶雅反 昭穆上遙反後昭穆之例放此 又
長丁丈反 年少詩照反 不先悉薦反下不先皆同 先縣古本反禹父
先契息列反殷始封之君 不窋知律反不窋后稷之子 不肖悉召反 匪解
佳賣反 不忒他得反忒差二也 邶風音佩 不知音智下同 塞闕悉再反
販席甫万反 藻梲章悅反 祀爰居爰居海鳥也爾雅一名雜縣樊光云似鳳

皇爰居事見國語莊子云魯侯御而觴之于廟　公子成音城本或作戌音恤　轅選息兖反

取汪烏黃反　爲穆公于僞反　好舅呼報反注同　娶七住反　元

妃芳非反　粢盛音咨下音成　適夫人丁歷反　共祭音恭　經

三年　伐沈尸甚反　沈潰戶內反　平輿音餘一音預　爲赴于僞反又

如字本或作來赴　雨于付反注及傳同　螽音終　而隋徒火反傳注同　天祐音又

傳三年　輕走如字又遣政反　逃竄七亂反　爲衛于僞反

大陽音泰　不解佳賣反下同　采蘩音煩　于沼之紹反　于沚音止　以

共音恭　詒厥以之反　詒遺唯季反下同　隊而直類反　之帥所類

反　兵解音蟹又佳買反　菁菁子丁反　者莪五多反　樂且音洛下文何樂

小國之樂同　還上時掌反又如字　嘉樂戶嫁反下如字注同　經四年

甯俞羊朱反　祔姑音附　傳四年　而壞音怪　圍邧願晚反一

音元反　爲之于僞反下文注爲賦爲歌皆同　去盛起呂反　饌仕眷反　不矜居陵

爰究音救謀也　爰度待洛反亦謀也注同　湛露直減反　彤弓徒冬反

肆業以二反習也注同依字作肄　佯不音陽一音祥　宴樂音洛下注宴樂同

不晞音希　所愾苦愛反恨怒也　旅弓音盧　以覺音角　舊好呼報

反　辱晛音涀　取戾力計反罪也　經五年　歸含本亦作唅戶暗

反口實也珠玉曰唅說文作琀云送終口中玉　且賵芳鳳反車馬曰賵　召伯上照反　入

鄀音若　廬江力居反　傳五年　公子燮息協反　滅蓼音了字或

作鄝音同　皋陶音遥　甯嬴音盈　沈漸似廉反注同　滯溺一本作滯弱

亢爽苦浪反　其行下孟反　其難乃旦反　軍帥所類反下同

蒐于所求反　經六年　侯驩喚官反　卿共音恭　狐射姑

音亦一音夜　不告月月或作朔誤也　故闕不告朔本或作告月　傳

六年 舍二軍音捨注同 軍帥所類反下同 將中子匠反 趙盾

徒本反 過温古禾反 當也丁浪反 辟獄婢亦反後同者更不音 逋

補吾反 舊洿音烏本又作汙同 大傅音泰下同 賈佗徒何反 從

才用反 求好呼報反 且娶七住反 越竟音境 自爲于僞

反 任好音壬 子車氏音居 中行音仲本亦作仲下戶郎反 鍼虎其廉反

爲殉似俊反殺人從死曰殉字林弋絹反 爲之賦于僞反下注爲立聲教爲作善言同 猶

詒以之反 殄瘁似醉反病也 王者如字一音于況反 聖知音智 分

之扶問反注同 話言戶快反善也 度量音亮 引道音導下同 以遺

唯季反 不復扶又反注同 焉用於虔反 從者才用反 桀得寸忽

反 三思息暫反 公少詩照反注同 以難乃旦反注及下皆同 長君

丁丈反下皆同 好善呼報反下皆同 且近附近之近 必抒直呂反又時呂反除也

公子樂音岳一音洛　嬖於必計反　辟也匹亦反又作僻下同　杜祁
巨之反　讓偪彼力反　姞其吉反又其乙反　季隗五罪反　故復扶又反下
將復怨同　亞卿於嫁反　諸鄖婢支反　軍帥所類反又命帥同　使臾
羊朱反　騈蒲賢反又蒲丁反　其帑音奴妻子也　欲盡津忍反　介人音戒
因也　非知音智　帥扞戶旦反　諸竟音境　爲民如字治也或于僞反非也
經七年　須句其俱反　郲復扶又反　易也以豉反　城
郚音吾　郲難乃旦反　王臣如字往方反本或作王臣　令狐力呈反　廢
適丁歷反本亦作嫡　諱背音佩　于扈音戶　卷縣音權又上權反　分別
彼列反　書將子匠反　帥所類反　涖盟音利又音類　傳七年
閒閒廁之閒或如字　難也乃旦反注同　寘文之豉反下同　大皡音泰下戶
老反　鱗矔古亂反　華禦事魚呂反本又作御音同　將去起呂反下及注同

庇必利反又悲位反下同　㾊矣本又作蔭於鴆反　葛藟本或作蘽力軌反　能

蘽類龜反　蔓音万　㾊麻許求反本又作庇　爲比必爾反　舍司馬音捨

下同　子卬五郎反　之難乃旦反　穆嬴音盈　舍嫡丁歷反本亦作適同

將焉於虔反下焉用同　而屬音燭　畏偪彼力反　乃背音佩　箕

鄭音基　居守手又反下注同　將中子匠反下注同　步招上遙反　堇陰音謹

一音斬　卒然寸忽反　而復扶又反　先人悉薦反　有奪人之心

本或此下有後人待其反誤　訓卒子忽反　秣馬音末　蓐食音辱　刳首苦胡

反　之使所吏反　爲寮本又作僚力彫反　爲賦于僞反下爲同寮同　芻

初俱反　蕘音饒　中行戶郎反下同　惡有烏路反　酆舒芳忠反　狄

相息亮反　戴己音紀一音杞　其娣大計反　難也乃多反　則爲

于僞反下且爲自爲同　鄢陵於晚反　舍之音捨注同　復爲音服又扶又反

用休許虯反注同　不樂音洛　壼使戶臘反　說之音悅　經八年　衡雍於用反　會雒戎音洛本或作伊雒之戎此後人妄取傳文加耳　宜去起呂反　不舍音捨　傳八年　解揚音蟹　中屬丁仲反　令鄭力呈反　皆見賢遍反　且復扶又反　公壻音細俗作聟　之竟音境下注同　能相息亮反　適祖母丁歷反　效節戶教反致也　士縠戶木反　將中子匠反　從已才用反　蒯得苦怪反　爲明于僞反　經九年　以共音恭本亦作供下同　之襚音遂衣服曰襚說文作稅云贈終者衣被曰稅以此襚爲衣死人衣　僻陋匹亦反　曹共音恭　傳九年　君少詩照反下注同　狼陂彼皮反　公子尨莫江反　以懲直升反　不恪苦各反　言爲于僞反　公子茷扶廢反　厥貉武百反　執幣傲本又作敖五報反注下同　從子才用反　若敖五刀反　奉使所吏反

諸夏戶雅反 方嶽音岳 捘好呼報反下及注同 經十年 公
與音預 歛力驗反 稱將子匠反 帥所類反 女栗音汝一音如字 頃王
音傾 傳十年 少梁詩照反下注同 夏陽戶雅反 北徵如字三蒼
云縣屬馮翊音懲一音張里反 喬似尹必反 強死其丈反 城濮音卜 毋死
音無 縊一豉反 而縣音玄 王使所吏反 沿漢悅專反順流曰沿 泝江
息路反逆流曰泝 入郢以井反又以政反 見賢遍反 渚宮章呂反水中可居者曰洲小洲曰渚
小洲音州 今復扶又反 麇子九倫反 勞且力報反
遂道音導 大藪素口反 睢陽音綏 右盂音于 獵陳直覲反
弋陽以職反 兩甄吉然反 命夙眉病反 載燧本又作燹音遂取火具
扶其恥乙反 以徇似俊反 子舟音州 不茹如呂反 詭隨
九委反

文下第九　杜氏　盡十八年

經十一年　伐麇九倫反　叔彭生叔又作卅本或作叔仲彭生仲衍字　郤缺丘悅反　于鹹音咸　傳十一年　復伐扶又反　錫穴音羊本或作錫星歷反　來見賢遍反　鄋所求反說文作鄋云北方長狄國也在夏爲防風氏殷爲汪芒氏字林鄋一音先牢反　瞞莫干反鄋瞞狄國名　漆姓音七　叔夏戶雅反　駟乘繩證反注及下皆同　僑如本又作喬其驕反　蓋長如字又直亮反　摏舒容反衝也　其喉音侯　以戈古禾反　其處昌呂反　而名如字或亡政反　御之魚呂反本亦作禦　彤班音而　征稅舒銳反　減潞音路　且壽如字一音授　之種章勇反　郕音成　朱儒如朱反　夫鍾音扶　弗徇似俊反順也

經十二年　見公賢遍反　復稱扶又反一音服　舍夷音捨　皆陳直覲反　蒲坂音反　及鄆音運　姑幕音莫　負亭音云一音

遭本又作鄭音同傳十二年郕邽音圭不復扶又反見其賢遍
反未笄古兮反之好呼報反注及下皆同重之直用反珪璋音章
不腆他典反儌福古堯反要也儌要於堯反下同瑞節垂僞反
以藉在夜反薦也注同厚賄呼罪反秦爲于僞反令狐力丁反將
中子匠又下皆同臾駢步邊反欒力官反盾徒本反步招上遙反
深壘力軌反曰穿音川年少詩照反且惡烏路反輕者遣政
反肆焉音四禱求丁老反一音丁報反裹糧音果軍帥所類反散
位悉但反致爭爭鬭之爭未憖魚覲反又魚轄反缺也方言云傷也字林云閒也牛吝反
使者所吏反將遁徒困反薄諸蒲莫反下同必敗卑賣反
復侵扶又反經十三年蘧其居反蒢丈居反大室音泰注及
傳同于沓徒荅反于斐方尾反又非尾反傳十三年詹嘉

章廉反　之塞悉代反　令帥力呈反　華陰戶化反　潼關音童

難日乃旦反下人實反　中行戶郎反注同　始將子匠反　其知音智

其帑音奴　躡士女涉反　與夫音扶　若背音佩下同　繞朝如字又張

遙反　以筴本又作策初革反馬檛也　馬檛張瓜反馬杖也王鄒華反字林作築云箠也竹瓜反

人謀素報反　而還音旋　劉累劣彼反　于繹音亦　鄒縣側留反

必與音預　傳世直專反　傾頹大回反　以見賢遍反　鱞寡

古頑反　欲爲于僞反下皆同　鄘風音容　三捷息暫反又如字下在接反

經十四年　侯潘判干反　星孛音佩徐扶憒反嵇康音渤海字　彗也嵇似

歲反一音雖遂反　既見賢遍反　捷菑側其反　不度待洛反　之竟音境

單伯音善　爲魯于僞反　王使所吏反　傳十四年　頃

王音傾　公閱音悅　懲不直升反　妃齊音配本亦作配　騶仕救反　施

於 式豉反　數也 音朔　盡其 津忍反　貸於公 音待又音式注同　殺
舍 如字又音試　多畜 勑六反本亦作蓄　憾 本又作感戸暗反恨也　將復 扶又反
宋殺 音試下同　八百乘 繩證反注　貜 俱縛反徐居碧反　且 子餘反　長
丁丈反下注同　立適 丁歷反　聃啓 乃甘反　子燮 普協反　儀守 手又
反　舒蓼 音了　而還 音旋　盧 力於反又音盧注同　戢黎 側立反　麇 九倫
反　己氏 音紀又音祀　爲請 如字一音于僞反下以爲請同十五年亦放此　使與
音預　盡室 津忍反　以復 扶又反　尚少 詩照反　立難 乃多反又如字　一
汙君 汙辱之汙　告難 乃旦反　夫己氏 音扶己音紀　焉用 於虔反
經十五年　華孫 戸化反　奉使 所吏反　皆從 才用反　其
郛 音孚郭也　傳十五年　爲單 于僞反下爲孟及下注爲惠叔皆同　皆從
才用反注旅從同又音如字　贄幣 音至　率多 所類反又音律　使重 所吏反

亞旅於嫁反　長庶丁丈反　寘諸之豉反　竟上音境　不殯必刃
反　卞人皮彥反　期年居其反　爲孟于僞反　共仲音恭　聲
己音紀　史佚音逸　毋絕音無　仲說音悅　聞於國音問或如字下同
孫蔑亡結反　遠於于万反下同　于句古侯反　鼆本又作黽莫幸反　爲魯
戾丘力計反　去盛起呂反　饌仕眷反　等差初佳反又初宜反
于僞反下似爲同　拘執音俱　不與音預下同　怠解佳賣反　而還音旋　爲
王使所吏反下王使同　且數音朔　齊難乃旦反下注同　惡其烏路反
公于僞反　己則音紀　王使所吏反　女何音汝　相畏息亮反又如字
以守手又反　經十六年　鄎丘音西又七西反　壞之音怪
巴人必麻反　杵臼昌呂反下強柳反　傳十六年　魯爲于僞反
君問如字疾差也　瘳也敕周反差也　伯禽至僖公十七君史記

魯世家魯公伯禽子考公酋弟煬公熙子幽公宰弟魏公濞子厲公擢子獻公具子順公濞弟武公敖子懿公戲弟孝公稱子惠公弗皇子隱公息姑弟桓公允子莊公同子閔公開兄僖公申十七也魏公世本作徽公順公一作愼公

故壞音怪 **大饑**亦作飢音機 **訾枝**子斯反 **麇**九倫反 **百**

濮音卜 **於選**息兗反又息戀反 **阪高**音反一音扶板反 **蔿賈**于委反、

無屯徒門反 **聚**才住反又如字 **見難**乃旦反一音如字 **自盧**力於反又音盧 **振**

廩力甚反倉也 **句**古侯反 **澨**市世反 **揚窻**初江反 **王卒**子忽反

潘尪烏皇反 **可克**本或作可擊 **蚡**扶粉反 **冒**莫報反杜云蚡冒楚武王父也史記楚世家云蚡冒卒弟熊達殺蚡冒子而代立是爲楚武王與杜異

服陘音刑 **隰**音習 **皆北**如字軍走曰北一音佩

唯裨婢支反 **儵**直留反 **乘馹**人實反傳車也 **傳車**丁戀反

二隊徒對反注同部也 **石溪**苦兮反本又作谿 **子貝**補蓋反今俗本多作負音云

自仍人愼反 **子鮑**步卯反 **以上**時掌反 **不饋**其媿反 **詒**

也以支反又以志反遺也 不數音朔注同 而豔移驗反 鮑適丁歷反
之施式豉反 鱗矔古亂反 公子朝如字 所庇必利反又悲位反
姑紓音舒緩也 盍適戶臘反 之稱尺證反 其難乃旦反 帥甸
徒遍反 故重直用反 蕩虺況鬼反 經十七年 西鄙西當
作北出注 見殺音試本或作弑下同 傳十七年 齊難乃旦反下及注皆同 執訊
黃父音甫 黑壤如丈反 遂復扶又反注同 不與音預
音信 侯偕音皆 言汲汲音急 之適丁歷反 以蒇勑展反勑也
前好呼報反一本作事 比近毗志反 一朝直遙反 再見賢遍反
餘幾居豈反 所菻虛求反 蔭於鴆反 鋌而他頂反疾走皃 蔭芘必利
反又悲位反本或作菻 於儵直留反 之竟音境 爲齊于僞反 犨朔
九勇反 爲質音致下同 甘歜昌欲反 郲垂音審 語偷他侯反苟且也

經十八年　伯嵤於耕反　爲介音界　諱殺申志反本或作弑

傳十八年　之稱尺證反　欲令力呈反　先師悉薦反下同　而刖音月

又五刮反　見於賢遍反　郱音丙又彼病反　歠昌欲反　乃掘其勿反又其月反

斷其丁管反　職驂七南反　乘繩證反注同　以扑普卜反字宜從

手作木邊非也　扶職勑乙反擊也　扑箠市蘂反又之蘂反　感激古歷反　女

妻音汝　舍爵音赦置也　惡懿烏路反　敬嬴音盈　嬖必計反　宣公

長丁丈反　而屬音燭　仲見賢遍反　何聽吐定反　復發扶又反

過市古禾反又古臥反　殺適丁歷反　季佗徒何反　諸竟音境　大

史音泰　失隊直類反　之養餘亮反　鷹於陵反　鸇之然反說文止仙反字林

巳仙反　度功待洛反注及下同　以食音嗣養也注同　壞法音怪　匿也

女力反　還觀音旋　去之起呂反　帝顓音專　頊許玉反　苗裔以制

反　隤徒回反　敳五才反一音五回反韋昭音瑰　檮直由反韋昭音桃　戭以善反漢書作歎韋
昭巳震反　尨降莫江反下江反　皋陶音遥　八愷開在反和也　帝嚳
苦毒反　伯奮甫問反　仲熊音雄　季貍力之反　稷契息列反依字當
作偰古文作禼　熊羆彼皮反　宣徧音遍　不隕于敏反隊也　隤隊直類
反　以揆葵癸反　契作斯列反　諸夏戶雅反　好行呼報反
頑嚚魚巾反心不則德義之經爲頑口不道忠信之言爲嚚　比周毗志反比近也周密也
渾戶本反　敦徒本反渾敦不開通之貌　驩呼端反　兜都侯反　少皞詩照反注同下
胡老反　蒐所留反隱也　慝他得反惡也　回邪似嗟反　窮奇其宜反其行窮
其好奇　共工音恭　其行下孟反　其好呼報反　話言戶快反善也
舍之音赦　傲五報反　很戶墾反　檮徒刀反　杌五忽反檮杌頑凶無儔匹之貌
謂鮌古本反　能去起吕反注及下皆同　盈厭於豔反　窮匱其媿反

饕他刀反貪財曰饕　餮他結反貪食曰餮　闞四婢亦反　四窓七工反本亦作聰
以禦魚呂反　螭勑知反山神獸形　魅亡備反說文作鬽云老精物也鬽或從未　戴舜多代反
十六相息亮反下注同　去四起呂反　數舜色主反　愼徽許歸反美也
激稱古歷反　宋武氏之族本或作武穆之族者後人取下文妄改也　道
昭音導　向魚舒亮反
宣上宣公名倭一名接又作委文公子母敬嬴謚法善問周達曰宣第十
杜氏　盡十一年
經元年　喪取七喻反本亦作娶　卿爲于僞反　宥之音又　牟縣亡侯反
趙盾徒本反　棐林芳尾反　非好呼報反　侵崇音崇本亦作崇
傳元年　尊稱尺證反　舍族音捨　簒立初患反　得
復扶又反　爲立于僞反下同　陳共音恭　解揚音蟹　秦急崇絶句

必救之本或作崇急秦必救之是後人改耳　侯侈昌氏尸氏二反　驟諫仕救反

經二年　鄭爲于偽反下同　夷皋古刀反　傳二年　命

於楚本或作受命于楚非也　元帥所類反　見贖食欲反　十乘繩證反下皆同　俘二芳夫反　馘百古獲反本或作馘百人者人衍字　狂狡古卯反　輅

鄭五嫁反迎也注同　倒戟丁老反　宜其禽也一本作宜其爲禽也　果毅魚既反　著於心直略反　食士音嗣　羊斟之金反　不與音預　私

感戶暗反本又作憾注同　敗國必邁反又如字　殄民大典反　以逞勑領反　于

叔牂子郎反　爲植直吏反注同將主也　將主子匠又　謳曰烏侯反　睅戶板反出目也說文字林云大目也蘇林云寢視不安貌孟康云猶分然也　皤步何反大腹也　于

思于思如字又西才反多鬚貌賈逵云白頭貌　棄甲復扶又反　來力知反又如字以協上韻

多鬚字又作鬚脩于反　驂乘七南反　犀音西　兕徐里反　則那乃多

反　丹漆音七　不吝力刃反　其咎其九反　陸渾戶昏反　而惡烏路反　其難乃旦反　將斃婢世反　國以殺申志反　厚斂力驗反　彫牆本亦作雕下在良反　彈人徒丹反　胹音而煑也　熊蹯扶元反　寘諸之豉反　畚音本草器也　草索素各反　之筥九呂反　見其手一本作首　及溜力救反屋霤也　鮮克息淺反少也下同　衮職古本反　鉏仕俱反　麑音迷一音五兮反　闕矣婢亦反　盛服音成本或作成　而睡垂僞反　遂扶觸槐音懷又音回　飲趙於鴆反　祇本又作提上支反　彌明面皮反　公嗾素口反說文云使犬也服本作嗾　夫音扶　獒五羔反杜云猛犬也尚書傳云大犬也爾雅云狗四尺爲獒說文云犬知人心可使者　明搏音博　翳桑於計反　多蔭音陰又於鴆反　食之音嗣下同　舍其音捨　以遺唯季反下注同　簞食音丹笥也　笥也思嗣反　諸以下舊本皆作扶房孚反服虔注作跣先典反云徒跣也今杜注本往往有跣者

橐他洛反　既而與音預　公介音界　以禦魚呂反　趙穿攻如字

本或作弑　竟之音境下及注同　閒公弑申志反　大史音泰　爲法于僞

反注同　黑臀徒門反　無較音角　驪姬力知反　詛無側慮反

之適丁歷反本又作嫡下注同　爲置于僞反　公行戶郎反注及下同　以括

古活反　中子如字又丁仲反　屏季步丁反　見僖賢遍反　旄車音毛

一本作旄　爲衰初危反　經三年　傳三年　復發扶又反

及郔音延　周疆居良反　勞楚力報反　昔夏戶雅反　鑄鼎

之樹反　著之張慮反舊直略反　螭勑知反山神也　魅亡備反本又作鬽怪物也　罔亡丈

反　兩本又作蛧音同罔兩水神也說文云山川之精物也　天休許虯反下同　天祐音又

載祀杜云皆年也爾雅云商曰祀唐虞曰載周曰年夏曰歲　商紂直九反　天祚

才故反　所底音旨致也　郟古洽反　鄏音辱　燕姞其乙反又其吉反　伯

儵直留反　爲女音汝　人服媚亡冀反　欲令力呈反　陳嬀九危
反　子臧作郎反　酖之直蔭反　及葉式涉反　子俞音榆　惡瑕
烏路反下同　從晉如字又才用反　石癸居揆反　必蕃音煩下同　亢寵
苦浪反　將鉏仕俱反　大宮音泰注同　刈蘭魚廢反　經四年
及鄭音談　取向舒亮反　承縣韋昭之甑反一音承又音拯　稻卒徒老
反　傳四年　不治直吏反　獻黿音元　將見賢遍反　將
解如字又音蟹　及食音嗣　染指如琰反　先公悉薦反　爲難乃旦反
畜老許又反注同王許六反　猶憚徒旦反難也　御亂魚呂反　去疾起呂
反下皆同　堅長丁丈反　而舍音赦下同　於難乃旦反　餒而奴罪反餓
也　鬬般音班　蔿賈于委反　賈爲于僞反　椒處昌慮反　又
惡烏路反注同　圄魚呂反四也　伯嬴音盈　轑陽音遼　烝野之承反

爲質音致　漳音章　澨市制反　皐滸呼五反　伯棼扶云反　射王食亦反下同　汏他末反過也　輈陟留反車轅也　鼓跗芳扶反　著於直略反　鉦音征　以貫古亂反　笠音立　轂古木反　於郲本又作郋音云國名　畜于許六反養也　夢中音蒙又亡貢反　乳之如主反　乳穀奴口反　於菟音烏音徒　妻伯比七計反　箴尹之金反　使於所吏反　自拘音俱

經五年　不與音預　小斂力驗反

傳五年　強成其丈反　厭尊於涉反　累其劣偽反　自爲于偽反　以別彼列反　廟見賢遍反下同　遣使所吏反

經六年

傳六年　數戰所角反　其貫古患反習也注同　可殪於計反　爲于偽反下注同　召桓上照反　曼滿音万　伯廖力彫反　蔀步口反又普口反　闚其苦規反　闚其苦鴂反　不覿徒歷反　閒一閒廁之閒

經七年　伐萊

音來 不與音預 黑壤如丈反 傳七年 脩好呼報反 不
與音預下及注與謀同年末不與放此 · 應命應對之應 例別彼列反下注同 向陰
舒亮反 故相息亮反 以監古銜反 同歃所洽反又所甲反 經
八年 大廟音泰傳同 爲繹于僞反 省文所景反 魯竟音境
猶繹去起呂反注及傳同 籥羊略反 管也音館 惡其烏路反 聲聞音問
又如字 傳八年 秦誅徒協反閒也今謂之細作 絳市古巷反 楚
爲于僞反 彊之居良反 及滑于八反 汭如銳反一音如悅反 會稽古外
反下古兮反 楚彊其良反 蠱疾音古 喪志息浪反 葛茀方勿反引
棺索也 引柩其又反 · 經九年 竟外音境 洩息列反 冶音也
傳九年 加諷芳鳳反 厚賄呼罪反字林音悔 · 言易以豉反
無將子匠又 帥所類反 夏姬戶雅反 皆衷音忠王丁仲反懷也 其衵

女乙反一音汝栗反說文云日日所常衣也字林同又云婦人近身內衣也仁一反　御叔如字一音魚呂

反　近身附近之近　無傚戶教反　且聞如字一音問　弗禁居鴆反又

音金　多辟本又作僻匹亦反注同邪也　立辟婢亦反法也注同　辟邪似嗟反下

同　危行下孟反　言孫音遜　爲厲于僞反　事見賢遍反　柳棼

力手反下扶云反　經十年　濟西子禮反　略見賢遍反下同　陳

夏戶雅反　取繹音亦　傳十年　崔杼直呂反　其偪彼力反

守臣手又反　之使所吏反注同　恩好呼報反　夏氏戶雅反

似女音汝　其廄居又反　射而食亦反　翾子竹角反　經十一

年　楚復扶又反下復封陳同　于欑才端反　函音咸　播蕩補賀反下如字

傳十一年　及櫟力狄反　兵爭爭鬭之爭　我焉於虔反　夏

楚盟于辰陵本或作楚子　諸鄉音延　艾獵五蓋反下力涉反　城沂魚依

反　無慮如字一音力於反廣雅云無慮都凡也　板幹古旦反本亦作榦楨也　楨

也音貞　畚築音本　盛土音成　爲作于僞反又如字　基趾音止　略

行下孟反　具餱音侯乾食也　糧音良　乾食如字一音嗣本或作乾飯　度有

待洛反　監主古銜反　不愆起虔反過也　潞氏音路　以創初亮反

爲陳于僞反　少西詩照反　轘諸音患車裂也　使於所吏反

皆僭子念反　女獨音汝　以蹊音兮徑也　徑也古定反　吾儕仕皆

反輩也　乃復扶又反　夏州戶雅反　又傲古堯反

經典釋文卷第十六

經四千四百九十六字

注九千四百八十三字

經典釋文卷第十七

春秋左氏音義之三 起第十一盡第十五

唐國子博士兼太子中允贈齊州刺史吳縣開國男陸德明撰

宣下第十一 杜氏 盡十八年

經十二年 又儌古堯反 于邲扶必反一音弼 成陳直覲反 背盟蒲對反下注同 傳十二年 卜臨徐力鴆反哭也下注同 大宮音泰注同 守陴婢支反徐扶移反 僻普計反 倪五計反 復闉扶又反注同 故爲于僞反 于逵求龜反塗方九軌也爾雅云九達謂之逵說文作馗云九達道似龜背故謂之馗逵或馗字 肉袒徒早反 所祐音又 其俘芳夫反四也 海濱音賓 其翦子淺反削也 前好呼報反注同 厲宣鄭桓公友周厲王之子宣王之母弟 桓武鄭武公名滑突桓公之子 不泯彌忍反徐亡軫反滅也 要福於遙反 九縣

莊十四年滅息十六年滅鄧僖五年滅弦十二年滅黃二十六年滅夔文四年滅江五年滅六滅蓼十六年滅庸傳稱楚武王克權使鬬緡尹之又稱文王縣申息此此十一國不知何以言九 **能下**遐嫁反 **可幾**

音異 **潘尪**烏黃反 **出質**音致 **將中**子匠反下及注並同下沈尹將將左將右皆放此 **先穀**戶木反本又作穀音同 **彘季**直例反 **臾**羊朱反 **駢**蒲邊反

鞏朔九勇反 **而勦**初交反勞也徐又子小反 **焉用**於虔反 **觀釁**許靳反罪也服云閒也 **不爲**于僞反注同 **不罷**音皮 **怨讟**徒木反謗也 **此陳**直覲反下同 **工賈**音古 **而卒**子忽反注同 **乘**繩證反注皆同 **輯睦**音集又七入反

不奸音干犯也 **蔿敖**于委反 **追蓐**音辱 **挾輈**胡牒反又古洽反一音古協反 **踊伏**徒臘反 **爲幡**芳元反 **見騎**其寄反 **旌識**申志反一音志

後勁吉政反 **殿**丁練反 **別也**彼列反 **等差**初佳反又初宜反 **攻**

昧音妹 **仲虺**許鬼反 **侮亡**亡吕反 **左相**息亮反 **汋曰**章略反

於音烏鑠舒若反美也耆昧也音旨致也徐又其夷反老也注及下同無彊
居良反以務烈所絕句軍帥所類反下及注有帥元帥三帥同知莊音智
否臧子郎反故應應對之應川壅於勇反本又作雍注皆同天且於表
反大咎其九反令鄭力呈反鄉音延沈尹音審飲馬於鴆
反嬖人必計反徐甫詣反字林方豉反伍參七南反旆蒲貝反大旗也南
鄉本又作嚮同許丈反剛愎皮逼反很也愎很胡墾反誰適丁歷反
改乘繩證反於管古緩反滎陽管城管叔所封也本或作管古顏反非也在敖五刀
反山名鄗苦交反山名皇戌雖律反使如所吏反師驟仕救反敗
楚必邁反不易以豉反申儆敬領反紂之直九反蚡扶粉反
冒莫報反篳路音必藍力甘反縷力主反箴之章金反誡也不匱
其位反要也一遙反二廣古曠反下及注皆同一卒子忽反注同五

乘繩證反下同 復以扶又反下不復逐同 序當其次一本作序當其夜 知
季音智荀首後爲智氏 原屏步丁反 必長丁丈反 身行下孟反 少
宰詩照反注及下同 夾輔古洽反舊古協反 毋廢音無 候人戶豆反
謂何音司一音息嗣反 爲諂勑檢反 單車音丹 挑戰徒了反下文同 羣
帥所類反 摩末多反近也 壘力軌反 摩近附近之近 左射食亦反下三字
同 以菆側留反矢之善者 兩馬徐云或作掚皆力掌反或音亮飾也 掉徒弔反徐乃較反正
也 鞅於丈反 示閒音閑 折之設反注同 馘古獲反 斷耳音短 麋
與已悲反 麗著直略反 從者才用反下從者同 魏錡魚綺反 魏
韠尺周反 欲敗必邁反又如字 請使所吏反 及熒戶扃反 射一
食亦反 於鮮音仙注同 二感胡暗反 能好呼報反下同 喪師息浪
反 徹警音景 徹去起呂反 七覆扶又反注同 帥將如字又子匠反

七處昌慮反　爲乘繩證反下三十乘元戎十乘并注皆同　而說舒銳反注及下同　屈蕩居勿反　楚王更音庚　迭直結反　搏之音博　使軘徒溫反　使騁勑景反　出陳直覲反下注皆同　先人悉薦反注及下同　卒奔子忽反下及下注同　可掬九六反兩手曰掬　右拒音矩本亦作矩下同　唐狡古卯反　四十乘繩證反下從之乘并注易乘同　若萃似醉反集也　殿其多練反注同　廣隊直類反　惎之其器反教也　脫扃古熒反徐公冥反車上兵闌也服云扃橫木校輪間一曰車前橫木也西京賦云旗不脫扃扃薛綜曰扃所以止旗也　不帆凡劒反本又作帆普霸反　差輕初賣反　之數所角反　二子乘繩證反　趙傁素口反老稱　老稱尺證反　尸女音汝　皆重直龍反　邾罃於耕反　還戰音環　廚武直誅反　毋射食夜反又食亦反　抽攫直角反　可勝音升　池陂彼宜反　射連尹食亦反下同　將不子匠反　楚重直勇

反又直用反注上重字同 輜側其反 重也直用反 衡雍於用反 君盍戶臘
反 京觀古亂反注及下京觀同 載戢側立反藏也 載櫜古刀反韜也
韜也他刀反 時夏戶雅反注同 耆定音旨注同致也 鋪時普吳反徐音敷
布也 繹思音亦陳也 屢豐力注反數也注同 屢數所角反下數致同 暴骨
蒲卜反本或作曝 焉得於虔反 而強其丈反 鯨其京反大魚名 鯢五兮反大
魚也 以懲直升反 淫慝他得反 史佚音逸 毋怙音無下音戶 以
要一遙反 瘼矣音莫病也 者也夫音扶 渥濁於角反 城濮音卜
末歇許謁反盡也 國相息亮反下熊相同 喜見賢遍反 不競其敬
反 以重直用反 宜僚了彫反 蕭潰戶內反 拊而芳甫反撫慰之
也 如挾戶牒反 纊音曠緜也 言說音悅 遂傳音附 還無社音旋
司馬卯馬飽反 號申叔徐戶到反一音戶刀反呼也 麥麴去六反

山鞠起弓反　以禦魚呂反下同　不解音蟹下同　胥井烏九反胥井廢井也字林云井無水也一皮反　而拯拯救之拯注同　茅絰直結反　則己音紀舊音以

乃應應對之應　號而戶刀反哭也注同　無守手又反　宋爲于僞反

有約於妙反又如字　陳共音恭　舊好呼報反　欲背音佩十四年經注同

經十三年

傳十三年　累及劣僞反　使人所吏反

我說如字又音悅　以說音悅又如字　而亢苦浪反禦也　誰任音壬

經十四年

傳十四年　縊而一賜反　復室扶又反

以妻七計反　爲郔于僞反　蒐焉所留反　簡閱音悅　中行戶郎反

質於音致　子馮皮冰反　惡宋烏路反又烏洛反　扶宋勑乙反

宋聾力工反暗也　晉使所吏反下殺其使同　殺女音汝　見犀賢遍反

過我古臥反一音古禾反　投袂面世反袂袖也　袖也徐又反　屨及九具

反　窒皇直結反室皇門闕也　魯樂音洛　薦賄呼罪反　公說音悅

經十五年　潞氏音路　別種章勇反　王札子側八反徐又側乙反　復十扶又

召伯上照反　倒札丁老反　螽音終　稅畝始銳反

反　蝝生悅全反字林尹絹反螽子也劉歆云蚍蜉子也董仲舒云蝗子　傳十五年

度時待洛反　納汙音烏注同　山藪素口反　墐其靳反　瑜羊朱反

匿瑕女力反藏也　含垢古口反本或作詬徐云亦音垢　爲說于僞反　解揚

音蟹　無降戶江反　望櫓音魯　女則音汝下注而女也同　無賈于敏反廢

隊也　廢隊直類反　其守手又反　將子匠反　利道音導　析思歷反

骸戶皆反本又作骨公羊傳作骸何休注云骸骨也　以爨七亂反炊也　國斃婢世反

爲質音致　酆舒芳忠反　潞相息亮反　三儁音俊　耆酒市志反

黎氏禮兮反國名　魏顆苦果反　復立扶又反　及雒音洛　有

甕必計反　必以殉似俊反本或作必以爲殉　其治直吏反下治命同　以亢苦浪反禦也　躓而陟吏反徐丁四反　以瓜古華反　衍以善反　吾喪息浪反　說是音悅　叔向香丈反　也夫音扶　能施式豉反　獻狄

俘芳夫反　于周不敬一本不敬作而敖　之隗普白反

經十六年

留吁況于反　別種章勇反　又幷必政反一音如字　宣謝本又作榭音同　鄭伯音談

傳十六年

鐸辰待洛反　以黻音弗　將中子匠反亦作矜　大傳音泰注同　人遠于万反　也夫音扶　兢兢居陵反本又亦作矜　諺曰音彥　爲毛召于僞反　之難乃旦反注同　復亂扶又反　相禮息亮反注同　殽戶交反　烝之承反　有折之設反注同

經十七年

錫我星歷反　斷道直管反一音短　叔肸許乙反

傳十七年

齊頃音傾　跛而波可反　不復扶又反下同　欒京廬

音盧又力於反　于鞏音安　蔡朝如字　及斂徐音廉一音力漸反　盂音于　卷

楚音權一音居免反　苗賁扶云反　皇使所吏反注及下同　不逮音代或大計反

汲汲音急　或沮在呂反止也　君好呼報反　爲是于僞反　犯難

乃旦反　將焉於虔反　不拘九于反　復爲扶又反　燮乎素協反

耆鮮息淺反　庶遄市專反　如祉音恥　鳩乎徐音豸直是反解也本又

作豸注同或音居牛反非也　鳩解音蟹此訓見方言　嘉好呼報反下同　經

十八年　子臧子郎反　入牀在良反徐又在精反　鄫子才陵反　僭而

子念反　以徵如字明也本又作懲直升反止也　至筆音生徐又勑貞反云本作檉亦作朾

案徐後音是依二傳文　魯竟也音境　傳十八年　盟于繒才陵反

爲質音致　解緩佳賣反　曰弑音試注同弑字從式殺字從殳他皆放此　以

別彼列反　一朝如字　卒暴寸忽反　欲去起呂反下注將去並同　以

張如字一音陟亮反　殺適丁歷反注同　大援于眷反　仲也夫音扶

請爲于僞反　壇帷音善除地爲墠而張帷也　於介音界　祖音但　括髮古活

反

成上成公名黑肱宣公子謚法安民立政曰成第十二　杜氏　盡十年

經元年　爲甸徒練反一音繩證反　一乘繩證反　卒七尊忽反　重

斂力驗反　茅戎亡交反史記及二傳皆作貿戎　別種章勇反　傳元年

郲垂音審　詹嘉之廉反　單襄音善　爲平于僞反下文同　徼戎

古堯反要也　欲要一遙反　背盟音佩下同　齊難乃旦反下同　繕完

市戰反下和端反　具守手又反　結好呼報反　逞解音蟹　經二

年　新築音竹　皆陳直覲反　僑如其驕反注同　郤克去逆反

于鞌音安　以與音預　匹敵如字本或作適亦音敵　公鮑步卯反　汶

陽音問　以好呼報反　置盟其位反　傳二年　頃公音傾

夔人必計反　就魁苦回反　封竟音境　而膊普各反磔也　磔也

陟百反　甯相息亮反　向禽舒亮反　石碏七略反　甯俞羊朱反

復欲扶又反　子喪息浪反　隕子于敏反　止御魚呂反　鞫居

居六反　曲縣音玄注同　繁纓步干反注同　不愆起虔反　百乘繩證

反下同　城濮音卜　將中子匠反　且道音導　以徇似俊反　于

莘所巾反　靡笄如字又音摩笄音雞　不腆他典反　詰起吉反　朝如字注及

下朝夕朝食同　請見賢遍反　釋憾胡暗反本又作慽　無令力呈反　輿師如字

下無令輿師同一音所類反　不復扶又反　擔也丁甘反　齊壘力軌反

賈余音古賣也注同　欲賣摩懈反　師陳直覲反　邴音丙又彼命反　夏戶雅

反　解張音蟹下如字一音直亮反　軍將子匠反下將在左同　貫余古亂反下注同

及肘竹九反　余折之設反　朱殷於閑反徐於辰反注同　近烟附近
之近　汗車汗穢之汗字林一故反　推車昌誰反又他回反注及下推車同　殿之
多練反注同　若之何其以病絕句　擐甲音患　左幷必政反徐方聘反
右援音袁　桴音浮鼓槌也字林云擊鼓柄也　三周華如字又戶化反　不注之住反
元帥所類反　射其食亦反下幷注皆同　越隊直類反　綦毋音其下音
無　喪車息浪反　寓乘繩證反寓寄也　其處昌慮反　俛定音勉俯也
仆車音赴又蒲北反　華泉戶化反　絓於戶卦反一音卦　驂馬七南反
轄中仕產反又仕板反士車也字林仕諫反云臥車也　以肱古弘反　而匿女力
反注同　執縶張立反馬絆也　絆也音半　奉觴式羊反　爲魯于僞反注
同　無令力呈反　屬當音燭注同適也　戎行下郎反　奔辟音避注同徐扶
臂反服氏扶亦反　從君才用反又如字　宛紆元反　茷扶廢反　呼曰火故反

任患音壬　不難乃旦反　狄卒子忽反注及下同　輕出遣政反
迸入補諍反　戈楯食準反又音允　冒之亡報反　守者手又反　辟女
子音避注皆同一音扶赤反　單還音丹　銳司徒悅歲反　可復扶又反
辟司徒音壁必覓反注同徐甫亦反　石窌力救反一音力到反　馬陘音刑　賓
媢美冀反　賂以音路　紀甗魚輦反徐音彥又音言字林牛健反云甑也　玉甑子孕
反又慈陵反　爲質徐音致下同　難斥乃旦反　盡東津忍反　使龔
力勇反　東西行戶郎反又如字　彊理居良反注下皆同　易也以豉反
四王夏禹殷湯周文王武王也　之王于況反　五伯夏伯昆吾商伯大彭豕韋周伯齊桓晉文
也或曰齊桓晉文宋襄秦穆楚莊　彊竟如字又音境　是遒在由反徐子由反聚也
命使所吏反　以犒苦報反　從者才用反　橈敗乃教反曲也　不泯
彌忍反　舊好呼報反　收合如字一音閤　餘燼似刃反　背城音佩

復借扶又反　親暱女乙反　而紓音舒緩也一音直呂反　於難乃旦反注同
以爲于僞反　以藉在夜反注同薦也　上鄍覓經反　三帥所類反注
及下同　用蟁市忍反蛤也　炭吐旦反燒蟁蛤爲炭也　用殉似俊反殺人從葬
燒蛤古荅反　以瘞於例反　壙苦晃反一音曠　重器備直恭反多也注同
椁有音郭　有翰戶旦反一音韓　檜古外反徐音會　去惑起呂反下去之同　而
爭爭鬬之爭　其侈昌氏反又式氏反　過衛古禾反又古臥反　夏氏戶雅反下
同　殺死申志反下文殺靈侯同　殺御叔魚據反　喪陳息浪反下注而喪同
死易以豉反　黑要一遙反　烝焉之承反　使道音導注同　吾聘
女匹政反下音汝　屈巫居勿反　知甇音智下於耕反　共王音恭　申叔
跪其委反一音居委反　從其父才用反　適郢以井反又以政反　使介音界
邢大夫音刑　錮之音固　勿令力呈反　自爲于僞反又如字　爲吾

于偽反　必屬章欲反後同　代帥所類反下注稱帥軍帥將帥同　吾知免矣

一本無知字　郤伯見賢遍反下同　也夫音扶　勞之力報反　庚將

子匠反下同　求好呼報反下同　行使所吏反　濟濟子禮反　吾儕

仕皆反等也　閱民音悅　弃逋補吳反　逮鰥古頑反　施及始豉反

王卒子忽反注同　令二君力呈反　皆強其丈反　冠之古亂反

執斲竹角反　執鍼之林反　織紝女金反徐而鴆反　爲質音致　大夫說

音悅　去疾起呂反　不見賢遍反　之別彼列反　不解佳賣反

攸塈許器反息也　數年所主反　宴樂音洛　誰居音基語辭也　有

任音壬當也　是夫音扶　齊捷在妾反　淫湎面善反　而勞力報反

侵敗必邁反　親暱女乙反　淫慝他得反　謂暴本又作虣薄報反　掠

音亮　又奸音干　大師音泰　淫從子用反本亦作縱　三吏三吏三公也三

公者天子之吏也 使相息亮反注同 經三年 所馮皮冰反 蛇

巳以支反一音如字 廧在良反 咎如古刀反 別種章勇反 書將子匠反 帥所類反 傳三年 覆諸扶又反伏兵也注同 鄤亡袁反又莫干反徐武旦反一音万 不勝音升下注同 俘芳夫反 馘古獲反 以釁許覲反 求

紓音舒緩也 各懲直升反 相宥音又 纍力誰反繫也 其好呼報反下同 不與音預 不爲于僞反 臣不任音王下亦不任同 封疆居良反 楚將子亮反 帥所類反 如潰戶內反 僭王子念反 荀騅音隹 君爲于僞反下爲兩君同 敢任音王注同 賈人音古下同 寘諸之豉反 褚中中呂反 經四年 城鄆音運 傳四年 宋共音恭 不易以豉反 大史音泰 彊許居良反 展陂彼皮反 取

鉏任仕居反 任音壬 泠敦力丁反 將中子匠反 取汜音凡注同或音祀 祭

側界反　許愬音素　經五年　傳五年　原屏步丁反
能令力呈反　舍我音捨又音赦　弗聽吐丁反　福女音汝　從人
才用反　餫諸音鄆　野饋其媿反　以傳直戀反驛也注及下同　驛也
音亦　辟重匹亦反徐甫亦反本又作僻　曰辟音避　捷之在妾反　邪出似嗟
反　絳人古巷反　朽壤如丈反　君爲于僞反　去盛起呂反　饌
也仕戀反　乘縵武旦反又莫半反　請見賢遍反注皆同　爲質音致下注同
鼓譟素報反　復入扶又反下同　向爲人舒亮反　辭以子靈之
難乃旦反又一本無之難二字　以新誅子靈爲辭一本無爲辭二字　月倒
丁老反　經六年　取郪徐音專又市轡反　伯費音祕　傳六
年　子游相息亮反下甯相同　端諦音帝　魯倚於綺反　其難乃旦
反注同　言易以豉反　夏陽戶雅反　說音悅下文注同　陸渾戶門反

刖種章勇反于鍼其廉反一音針登陴毗支反復命扶又反郇
瑕音荀解縣音蟹而近附近之近下注近盬皆同及盬音古鹽也猗氏於宜
反君樂音洛下謂樂同將新子匠反下注軍將同大僕音泰惡易以豉
反下注同覯古豆反成也疾疢勑覲反本或作疹同墊丁念反隘於賣反羸
困劣僞反沈溺乃歷反沈溺濕疾也重膇治僞反一音直媿反重膇足腫足腫音章勇
反一音常勇反有汾扶云反水名也澮古外反水名垢穢古口反驕佚音逸
公說音悅公子成音城禦諸魚呂反桑隧音遂軍帥所類反下
注同子盍戶臘反何不也經七年鼷鼠音兮伐郯音談
傳七年者也夫音扶昊天戶老反號天戶刀反相成息亮
反如晉見賢遍反于汜音凡共仲音恭鄖公本亦作員音云邑名
軍藏才浪反比申呂所邑也一本作所以邑也以御魚呂反

共王音恭　子閻音鹽　黑要一遥反　子罷音皮下同　遺二子唯季
反　讒慝他得反　貪惏力含反　請使所吏反　壽夢莫公反　說之
音悅　季札側八反　一卒子忽反注同　舍偏音赦舊音捨　九乘繩證
反下注同　令吳力呈反　戰陳直覲反　寘其之豉反　諸夏戶雅反
惡孫烏路反　反戚七狄反　經八年　來語魚據反　通
稱尺證反　來媵以證反又繩證反　適夫人丁歷反　姪大結反字林丈一反
娣大計反　傳八年　餞之錢淺反送行飲酒也說文云送去食也字林子扇反毛詩
箋云祖而舍軷飲酒於其側曰餞　不復扶又反　其行下孟反注同　過差初賣
反又初佳反　猶喪息浪反　妃耦音配下五口反　長有諸侯如字一音丁丈反
中驪力馳反　沈子揖徐音集又於立反　平與音餘一音預　愷開在
反樂也　悌徒禮反易也　也夫音扶　過許古禾反　自為于偽反下文為趙嬰

同　共姬音恭　祁奚巨之反字林上尸反　趙衰初危反　趙盾徒本反
皆數所主反　無辟匹亦反注及下同　前喆陟列反　有邪似嗟反
敢侮亡甫反　鰥寡古頑反　蘧里其居反　城巳惡如字巳猶太也本或
作城巳惡矣　虞度待洛反　狡焉交卯反　狡猾于八反　封疆居良
反注同　唯然音維本或作雖後人改也　暴掠音亮　勇夫重直龍反又直勇反
閉補計反又補結反一音戶旦反　不復扶又反　君後諸侯如字徐胡豆反
經九年　之好呼報反　頃公音傾　傳九年　魯復扶又反下
同　強請其丈反　爲杞于僞反下注爲魯下文爲歸汶陽同　逆叔姬絶句　我
也本或作爲我也爲衍字　以御魚呂反　以要一遥反　𨙸父九衛反
爲女于僞反　相所息亮反　韓欒音洛下同　施及以豉反　重勤
直勇反又直用反　綠衣如字本又作禄吐亂反注同　邶風音佩又作鄁　銅鞮

丁兮反伯蠲古玄反又音圭使在所吏反而縶中立反拘執九于

反使稅吐活反解也徐始銳反注同泠人力丁反樂官也依字作伶操南音

七刀反下同公語魚據反不背音佩下同舍其音捨少小詩照反

君盍戶臘反淶辰子協反徐又音子荅反也夫音扶菅古顏反蒯

苦怪反蕉在遙反萃在醉反代匱其位反爲將並如字或于僞反非也本

或作僞將也而紓音舒晉使所吏反注及下同勿亟紀力反急也或欺冀反數也

脩好呼報反經十年見生代賢遍反獳卒乃侯反

傳十年糴徐徒弔反一音杜敎反又士弔反茷徐扶廢反一音蒲發反又蒲艾反

大宰音泰之使所吏反下及注使在同・公子繻音須立髡苦門反頑

如字徐五班反州蒲本或作州滿爲質音致卷縣音權字林丘權反如淳漢書音

同被髮皮寄反搏膺音傅而踊音勇壞大門音怪下同及寢門

一本無及字　公覺古孝反　求醫於其反　懼傷我絕句　焉徐於虔反一讀

如字屬上句　逃之絕句　居肓徐音荒鬲也說文云心下鬲上也　肓鬲音革　攻

之音工　達之不及達鍼也　鍼也音針　甸人徒練反　饋人其媿

反　爲之如字　張中亮反腹滿也注同

成下第十三　杜氏　盡十八年

經十一年　郤犨尺由反　僑如其驕反　傳十一年　且

涖音利又音類　不娉本亦作聘匹政反　叔肸許乙反　無媒亡回反

爲姒音似　失儷力計反耦也　沈其徐直蔭反注同一音如字　已不能音以

又音紀　庇其必利反又音祕　伉苦浪反敵也　不復扶又反下文注復出皆同　惡

惠烏路反　伯與音餘本亦作輿　于鄄音絹　前好呼報反注同　御田

音侯字林音候　候人如字本又作御人音候　單襄音善　與檀徒丹反　勞

文力報反　狐溙側巾反　華元戶化反　令狐力丁反　史顆苦果
反　而背音佩卷內皆同　經十二年　璵澤素果反依字宜作瑣
傳十二年　之難乃旦反　公子罷音皮　好惡並如字又上呼報反下烏
路反　菑危音災　交贄本又作摯之二反　無壅於勇反　有渝羊朱反
殛本亦作極紀力反誅也注同　畀必爾反使也本亦作俾　隊直類反失也注同　胙
國才故反　成好呼報反年皆同　閒宋閒廁之閒　子反相息亮反
而縣音玄注同　云莫音暮本亦作暮　施及以豉反　重之直用反　加
遺唯季反　焉用於虔反　之治直吏反下注治世同　閒於音閑注同　享宴
許丈反舊又許亮反本亦作饗宴音於見反徐於顯反　不倚於綺反　則折之設反
朝而直遥反朝日朝徐音朝旦之朝　以扞戶旦反蔽也　赳赳居黝反一音居醜反
扞難乃旦反　干城戶旦反本亦作扞又如字　貪冒莫報反又亡北反　爲搏

音傳噬之市制反　以駮邦角反　能爲于僞反又如字　以語魚據反

矣夫音扶本亦無此字　必復扶又反　鄢陵謁晚反漢書音義一建反　經

十三年　郤錡魚綺反　道過古禾反又古臥反　伯盧力吳反本亦作盧

傳十三年　而惰徒臥反　先使所吏反　子從才用反

爲介音界　輔相息亮反下同　受脤市軫反宜社之肉也　盛以音成　盡

力津忍反下同　執膰音煩祭肉也　呂相息亮反注同　逮我音代一音大計

反　相好呼報反下同　勠力相承音六嵇康力幽反呂靜字韻與飂同字林音遼　辟

麗上音避下力知反　畀我必爾反本亦作俾下及注同　躬擐音患　甲胄直又反

跋履蒲末反草行也　之疆居良反　場音亦　不詢思巡反謀也　擅及

市戰反　恐懼丘勇反　蔑死我君本或以我字在死上非　迭我直結反徐

音逸　殺地戶交反　奸絕音干　費符味反　滑于八反　緱氏古侯反

撓亂乃卯反徐許高反　傾覆孚服反下同　之隕于敏反下同　事見賢遍反　逞志敕景反快也　欲闕其月反徐如字　蝥賊莫侯反爾雅蟲食苗根爲蝥食節爲賊　不悛七全反改也　涑川徐息錄反又音速字林同　俘我芳夫反　不復扶又反　惠稱尺證反注同　狄難乃旦反　箕音基一音其　郜古報反　芟所銜反　痍音夷本又作夷傷也　之聚才喻反眾也注同　傲福古堯反　與女音汝下文皆同　同好呼報反一音如字　復脩音服又扶又反　我寡君　讀者亦作寡人　季隗五罪反　廧在良反　咎如音羔　狄應應對之應注同　惡君烏路反下同　昊天戸老反　康共音恭　以懲直升反　昵就女乙反親也　要也一遙反　欲道音導　將中軍子匠反凡將某軍者放此以意求之　趙旃之然反　欒鍼其廉反　晉師所類反注同　乘和繩證反注同　麻隧音遂　成差初佳反徐初宜反　不更音庚　女父音汝　復不扶又反

侯麗力馳反　逕扶風音經　逕本又作訝五嫁反迎也　子般音班字林作班　自訾子斯反　大宮音泰下同　子印一刃反　子駹武邦反　負芻初俱反　守手又反　欣時如字徐云或作歙亦音欣案公羊傳作喜時宜音忻　經十四年　傳十四年　侯彊其丈反注同　見賢遍反注強見下而見之同　又以爲如字或于僞反　雖惡烏路反　而宥音又　子相息亮反注同　叔傲五報反本又作敖音同下同　享食音嗣　兕徐辭姊反　觥古橫反　其觩徐音虯又巨彪反一音巨秋反　好禮呼報反　所敗必邁反下同　復伐扶又反　疆許居良反下同　舍族音捨注同　之稱尺證反　而晦呼內反　婉而怨晚反　不汙憂于反曲也注同　懲惡直升反　子銜徐苦旦反　不內如字徐音納　酌飲市略反又章略反　國也夫音扶　鱄也徐市戀反一音專　不聳息勇反　舍其音赦或音捨　盡寘之豉反　經十五

年　世子成音城　共公音恭　欲挾音協　士燮息協反　無咎其九反　子鰌音秋　同好呼報反　于葉舒涉反　傳十五年將見賢遍反　應天應對之應　不拘九于反　子囊乃郎反　以庇必利反又音祕　暴隧音遂　數戰所角反　少司寇詩照反下同　鱗矔古亂反　向帶音帶本又作帶　大宰音泰　戌在音恤　故去起呂反　於雎音雖徐許惟反又音綏　得復扶又反　登丘而望之則馳絕句　騁而勑景反　雎澨市制反水涯也　水涯本又作崖魚佳反一音宜　決壞音怪　登陴毗支反　欒裔以制反　州犂力兮反　而驟仕救反　民惡烏路反　子好呼報反　於難乃旦反　傳見賢遍反　經十六年　雨木冰如字公羊傳云雨而木冰也舊于付反　著樹直略反　欒黶於斬反徐於玷反　鄢陵謁晚反又於建反　苕丘音條　非使所吏反　刺公

子七賜反爾雅云殺也依字作刺 傳十六年 近鄭附近之近 將鉏仕魚反徐在魚反 諸汋七藥反徐音酌一音市藥反 陂彼宜反 夫渠音扶 不儆京領反 覆之徐敷目反一音扶又反又芳又反 汋陵音勺又七藥反一音常藥反 爲晉于僞反 居守手又反 句耳古侯反 與往音預注同 非使所吏反 過申古禾反 正邪似嗟反注皆同 下應應對之應 烝民之承反注同 敦厖莫邦反敦厚也厖大也 其好呼報反 瀆齊徒木反 話言戶快反 奸時音干本或作干 而罷音皮本亦作疲下注同 所底徐音旨一音之履反 吾不復見子矣扶又反一本無復字 喪列息浪反下同 以紓音舒緩也 以遺唯季反下注問遺也同 集睦集又作輯音同亦七入反 復從徐子容反音或如字 之亟去吏反數也 亟數所角反 驕亢苦浪反 盍釋戶臘反 晨壓於甲反徐於輒反 而陳直覲反下及注皆同 筰其側直反 范匄

本又作丏古害反 **行首**戶郎反一音如字注同 **營壘**力軌反 **輕窕**勑彫反又勑弔反 **相惡**如字又烏路反 **王卒**子忽反下皆同 **而覭**許驕反徐讀曰覷五高反注及後同 **諠**況元反本又作喧 **譁**音華本又作嘩 **巢車**說文作轈云兵車高如巢以望敵也字林同 **爲櫓**音魯 **大宰**音泰官名大者多同以意求之 **張幕**音莫 **塵上**時掌反 **爲行**戶郎反下爽公行同 **皆乘**繩證反下同 **左將**子匠反下去將同 **帥**所類反下元帥同 **戰禱**丁老反或丁報反 **寘皇**扶云反 **故憚**徒旦反 **萃於**似醉反 **國䟫**子六反 **射其**食亦反注及下射之同 **中厥**丁仲反注同 **陽長**丁丈反 **激南**古狄反 **有淖**乃孝反徐徒較反泥也 **共王**音恭 **爽公**古洽反 **焉得**於虔反 **冒也**莫報反徐莫北反 **離局**力智反注同 **遠其**于萬反 **掀公**徐許言反云捧轂舉之則公軒起也一曰掀引也胡根反一音虛斤反字林云舉出也火氣也又巨近反 **潘尪**烏黃反 **之黨**一本作潘尪之子黨案注云黨

潘尪之子也則傳文不得有子字古本此及襄二十三年申鮮虞之傳摯皆無子字 蹲甲在尊反徐又在
損反聚也一音才官反 七札側八反徐又側乙反 夸王苦瓜反 尚知音智
詰朝如字注同 言女音汝 夢射食亦反下至使射呂錡皆同 中之丁仲反下
及注皆同 中項戶講反 伏弢他刀反弓衣也 韎韋莫拜反又音妹徐莫蓋反 之跗
方于反 注之樹反 若袴苦故反 而屬章玉反 猶近如字一本作與音預
介者音界 爲事于僞反 使者所吏反注及下同 今擅伊志反揖也字林云
舉首下手也 杜溷戶昏反又戶本反 茀府勿反 翰胡徐音韓 諜音牒 輅
之五嫁反 之乘繩證反 輕兵遣政反又如字 不去起呂反 於熒
戶扃反 內旌音精 叔山冉如琰反 爲國故于僞反 乃射食亦
反 再發如字徐音廢 盡殪於計反 搏人音博 中車丁仲反 折之設反又
市列反 軾音式 子茷扶廢反 謂夫音扶 之麾許危反 日臣人實

反之使所吏反下免使者同好以呼報反下及注皆同閒暇音閑不使所吏

反又如字往飲於鴆反執榼苦臘反造于七報反得犒苦報反

從者才用反而復扶又反注及下同卒乘繩證反下同展陳如字

徇日似俊反蒐乘所留反秣馬音末脩陳直覲反又如字蓐食

音辱申重直用反逸縱子用反能見賢遍反天敗楚也夫

音扶三日穀本或作三日館穀誤也君幼本或作君幼弱之覆芳服反

臣之卒從此已前皆子忽反初隕于敏反盍圖戶臘反壞隤戶怪反徐

音懷下徒回反欲去起呂反晉難乃旦反子鉏仕居反女不可

音汝儆備京領反設守手又反未弭亡氏反有篡初患反

殺音試不復扶又反下及下文復請同以伯如字又音霸申守手又反下注同

敢過古臥反又古禾反食使者音嗣使音所吏反注同之介音界下文敢介

大國同　而後食一本作聲伯而後食　不與音預　將主子匠反　我斃婢世反　廩丘力甚反　苟去起呂反下同　淫慝吐得反下文同　則夫音扶　若朝如字　吾爲于僞反　相二息亮反　不衣於既反　不食舊如字對上句應作嗣音　偃與謀音預　其難乃旦反　始見賢遍反　亦閒徐音閒廁之閒讀者或如字　語諸魚據反　不見賢遍反又如字注同

經十七年　北宮括古活反　柯陵古河反　貍力之反　脤市軫反　貜俱縛反徐居碧反　且子餘反

傳十七年　虛滑起居反　髡頑苦門反　侯獳乃侯反　爲質音致　戲童許宜反　曲洧于軌反　治曲直吏反　驕侈尺氏反又尸氏反　難將乃旦反下同　祝我之又反　與婦人如字徐音預　于閎音宏巷門也　相冒亡報反　讁我直革反責也　譴責遣戰反　相靈息亮反下相施氏同　處守手又反　而索所白

反注同 頭公音傾 刖鮑音月又五刮反 匡句須其俱反 之知音智

嚮日許亮反本亦作向 危行下孟反 涉洹音桓一音恒今土俗音袁 林

慮力於反 長樂音洛下樂平縣同 瓊求營反玉也 瑰古回反珠也 合象

戶暗反本亦作唅 言之之莫音暮 戒數所角反 崔杼直呂反 以

難乃旦反下及注同 盧降下江反 反自鄢一本又作自鄢陵 盡去起呂

反下文同 而變必計反 魚矯居表反 而梏古毒反 械也戶戒反

軍帥所類反 居守手又反 敵使所吏反 君盍戶臘反 嘗使

所吏反又如字 覘之敕廉反 伺也音司又絲嗣反 射而食亦反 不偪

彼力反下同 易有以豉反 信知音智下同 清沸甫味反 魋徒回反

結衽而甚反徐而鴆反 坐處昌慮反 一朝如字 爲軌本又作宄音同 御

姦魚呂反下同 不施如字或式豉反 違去起呂反下同 厥少詩照反

焉用於虔反　道吳音導下及注同　伐駕如字一音加　蠚力之反　虺許鬼
反　橐師他洛反　經十八年　復入扶又反　鹿囿音又
遺輕遣政反　士魴音房　于盧起居反　朾他丁反　傳十八年
一乘繩證反注同　其少詩照反　菽麥音叔　易別以豉反下彼列反
癡者勑疑反　齊爲于僞反　之難乃旦反　王湫子小反徐子鳥反
奔萊音來　殺絕音試　施舍如字一音始豉反　止逋布吳反　逮鰥
古頑反　淫慝他得反　賦斂力驗反　宥音又　罪戾力制反　節省所景
反下同　不從子用反本亦作縱　魏相息亮反　魏頡戶結反　魏顆苦果
反　孝弟音悌本或作悌　渥濁於角反　右行戶郎反　士蔿于委
反　辛將子匠反下軍將同　弁皮彥反本又作卞同　糾居黝反　校正戶孝反注
同　共時音恭本亦作供下文同　省卿所景反　令軍力呈反　鐸待洛

反過於葛反徐音謁訓卒子忽反乘繩證反下及注皆同六騶側留反之

長丁丈反軍帥所類反下之帥爲帥皆同以復扶又反下及注復入皆同以上

時掌反取朝如字郟古洽反城郜古報反三百乘繩證反惡

其烏路反曰復歸音服一音扶又反以惡曰復入本或作以惡入曰復入

西鉏仕居反徐在居反吾音魚西鉏吾人名也無猒於鹽反猶憾戶暗反

以閒如字又閒廁之閒吾釁許靳反而披普彼反注同分也崇長丁丈

反患難乃旦反勞公力報反語之魚據反注同來見賢遍反

台谷勑才反一音臺鬷季直例反世適丁歷反

襄元襄公名午成公子母定姒謚法因事有功曰襄辟土有德曰襄第十四

杜氏盡九年

經元年魯與音預于鄬才陵反公孫剽匹妙反字林匹召反

傳元年 爲宋于僞反 彭城降戶江反注同 歸寘之豉反 瓠

上徐侯吳反一音戶故反 東垣音袁 爲質音致 其郛芳夫反 元帥

所類反 於淯于軌反 焦夷如字徐在堯反 不與音預 酇縣才河反又

子旦反 迂迴音于 繼好呼報反 經二年 伯睔古困反徐又胡

忖反 甯殖市力反 齊姜如字謚法執心克莊曰齊或音側皆反非 傳二年

伐萊音來 正輿子音餘本亦作與 以索所白反 謚應應對之應年末

同 其行下孟反 美檟古雅反木名 爲櫬初覲反棺也 養姑徐余亮反

話言戶快反善也 哲知音致下同 爲不哲矣一本作不爲哲矣 之

妣必履反 公適丁歷反本亦作嫡 烝之承反 畀必利反與也注同 以洽

戶夾反 孔偕音皆 偕徧音遍 越疆居良反 齊竟音境 負擔

都暫反 射楚食亦反 非異人任音壬注同絕句一讀至人字絕句 不爲

于偽反 若背音佩 弃力服本作弃功 誰暱本又作昵女乙反徐乃吉反

復憂扶又反下文將復復會同 經三年 長樗勑居反 單子音善

衰僑其驕反 傳三年 鄧廖力彫反 組甲音祖下皆同 被

練皮義反徐扶偽反注及下同 要而於遥反 咎子其九反 憂恚一偽反

子相息亮反注同 介在音界 晉爭爭鬬之爭 爲鄭于偽反 吳

好呼報反 不易以豉反注同 多難乃旦反年内同 虞度待洛反 于

耏音而 解狐音蟹 爲諂他檢反 爲比毗志反 能舉善也夫

音扶絕句一讀以夫爲下句首 頃公音傾 亂行戶郎反注同 行陳直覲反

用鉞音越 公跣先典反 無重直用反注同 禮食音嗣注同又如字

特爲于偽反 經四年 傳四年 爲陳于偽反 鯛陽

孟康音紂直九反一音童或音直勇反非 有咎其九反下同 肆夏戶雅反注及下同

奏九夏一曰王夏二曰肆夏三曰韶夏四曰納夏五曰章夏六曰齊夏七曰族夏八曰陔夏九曰驁夏　肆夏一名樊國語云金奏肆夏樊遏渠杜遂分爲三夏之別名呂叔玉云肆夏時邁也樊遏執競也渠思文也　韶夏上招反　名遏於葛反　夏納本或爲納夏誤　名渠其居反　子貢音云徐于貧反　通使所吏反下注及文皆同　藉之在夜反薦也　舍其音捨　而重直用反下皆同　敢與音預下及與同　牧伯徐音目　相樂音洛　以勞力報反注以此勞同　騑騑芳非反　咨諏子須反　咨度待洛反下文注同　咨詢音荀　咨難乃旦反　不過古禾反　君長丁丈反注同　爲己于僞反下注爲定姒爲言下爲執事同　蒲圃布古反　場直良反　不御魚呂反止也注同　須句其俱反　顓音專　臾羊朱反　之比必二反　蓋相息亮反　朝夕如字　褊小必淺反　不共音恭　願借子亦反注同　閒陳閒廁之閒　伺音司　閒音閑又閒廁之閒又如字　其使所吏反　夏

訓戶雅反下注皆同　后羿音詣　自鉏仕居反　大康音泰　中康音仲
下同　子相息亮反下及注同　熊髡苦門反　尨莫邦反　圉魚呂反　寒浞
仕角反徐在角反　樂之音洛下樂安同　詐慝他得反後同　不悛七全反改也
而亨普彭反煮也　以食音嗣注同　有鬲音革　生澆五弔反　及豷
許器反　斟之林反　灌古亂反　于過古禾反注及下同　于戈古禾反
掖縣音亦漢書作夜孟康音掖　之燼才刃反遺民也　少康詩照反注及下同　后
杼直呂反　官箴之林反　芒芒莫郎反遠貌　畫為乎麥反分也　攸
家如字本或作傢處　不擾如小反亂也　冒于莫報反貪也又亡北反　其麀
音憂鹿牝也　牡茂后反　可重直用反下文同　猶數所角反　不恢苦回反大
也　以好呼報反下文同　不懲直升反　荐居在薦反又才遜反聚也或云草也
易土以豉反輕也徐神豉反注同　可賈音古　不聳息勇反懼也　公說

音悅　臧紇恨發反　狐駘徒來反徐勑才反　番縣本又作蕃應劭音皮一音方袁
反白褒魯國記云陳子逸爲魯相蕃子也國人爲諱改曰皮　目台吐才反　皆髽側瓜反
合髻音計本又作結又作紒音同　朱儒本或作侏亦音朱　經五年
子巫亡扶反　鄫見賢遍反　不復扶又反下同　傳五年　愬
戎悉路反　淩虢白報反　奉使所吏反　覿鄫直歷反見也　見也
賢遍反　之好呼報反　將爲于僞反　共王音恭　嚴斷丁亂反
挺挺他頂反正直也　扃扃工迥反徐孔穎反明察也　背盟音佩　鄫近附近之近
下文陳近同　魯竟音境　致譴棄戰反　故復扶又反　所以見賢遍反
子囊乃郎反　我喪息浪反　改行如字徐下孟反　民朝如字　城
棣直計反一音徒妹反　入斂力豔反　西鄉許亮反　宰庀匹婢反具也
無衣於既反　無食如字又音嗣　無重如字又直龍反　相三息亮反

私積子賜反　經六年　傳六年　少相詩照反　狎戶甲反習　其也　長相丁丈反　調戲徒弔反　梏華古毒反　以貫古亂反　其懦乃亂反又乃臥反　射子罕食亦反注同　幾日居豈反　射女音汝　不勝音升　見且賢遍反注同　復託扶又反　堙之音因　土山　環城戶關反又音患　傳於音附　堞音牒女牆也一名俾亦謂之俾倪徐養涉反　王湫子小反徐子鳥反　共公音恭　遷于郳五兮反本或作遷萊于郳萊衍字　其疆居良反　經七年　郯子音談　城費音祕　事難乃旦反　于鄬于軌反字林几吹反　于鄵七報反又禾南反字林千消反　所殺音試下同　爲書于僞反　上其名時掌反　傳七年　啓蟄直立反　夏正戶雅反　隧正音遂　多難乃旦反　長子丁丈反下師長同　好仁呼報反注及下同　靖共音恭下注同　介爾音界下及注同　參和七南反或音三　臣後胡豆反下文不

後寡君同　子相息亮反下子駟相同　未嘗後如字徐胡豆反　無悛七全反

委蛇於危反下以支反下同　召南上照反　爲執于僞反　背君音佩

經八年　公子燮悉協反　邢丘徐音刑　悼難乃旦反

傳八年　復脩扶又反　伯業音霸又如字本亦作霸　先之悉薦反又如字

辟殺婢亦反罪也注同　子熙許其反徐音怡　以疆居良反注同　子蟜居表

反　人壽音授或如字注同　幾何居豈反　之難乃旦反　以紓音舒

敬共音恭　二竟音境注同　而庇必利反又音祕下同　不罷音皮　背之

音佩至卷末皆同　杖莫直亮反下同　完守手又反或如字下守官并注同　其咎

其九反下同　無適丁歷反下同　騑也芳非反　伯駢扶賢反又扶經反

儆而居領反　悉索悉各反盡也注同一音所百反　女何音汝　馮陵皮冰反注

同　啓跪其委反　傾覆芳服反　所控苦貢反引也　夫人音扶注同

一个古賀反注同　獨使所吏反　以見賢遍反或如字　摽有徐扶妙反
又扶表反落也　以興許膺反　今辟音譬本多即作譬字後放此　彤弓徒冬反
復受扶又反　城濮音卜　衡雍於用反　孫臧如字徐才浪反
經九年　于戲許宜反　傳九年　畚音本草器也　揭九録反土轝也
具綆古杏反汲水索　缶方九反汲水瓦器　蕢其位反　籠力東反　土轝音預
汲音急　索悉各反　盆罌戶暫反　所任音壬　畜勑六反本又作蓄　水潦
音老　繕守手又反注守備同　巡行下孟反下同　丈度待洛反下同　之
處昌慮反　標表必遙反　隧正音遂　華閱音悅　官庀芳婢反具也下
同　樂遄市專反　皇鄖音云本亦作負音同　校正戶教反注同　出馬如字
徐尺遂反下同　武守手又反下同　西鉏吾音魚　儆宮音景　四庸本又
作墉音同城也　般庚步干反字亦作盤　以禳如羊反　渥濁於角反　於

咮竹又反徐下遘反　以出如字徐尺遂反　内如字徐音納　鶉火音純　得見
如字又賢遍反　鬬伯於葛反　相士息亮反注同　契孫息列反　之釁
許靳反　猶數所主反下同　所更音庚　遇艮古恨反　曰已如字猶無
也讀者或音無　元亨許庚反下同　論彖吐亂反　以折之設反　之長
丁丈反下同　嘉德易作嘉會　而與音預　而姣戶交反注同徐又如字服氏同嵇叔
夜音效　士雅苦田反　失選息戀反注同　少於詩照反下同　中行
戶郎反　欒黶於斬反　新軍將子匠反　晉饑音飢又音機　鄭門
音專本亦作專　行栗如字行道也栗表道樹　于汜音凡　盛音成　餱糧音侯乾食
也　肆眚生領反徐所幸反　人恐上勇反　鄭復扶又反　𣀮罷音皮
暴骨蒲卜反注同徐扶沃反　以爭爭鬬之爭注同又如字　未艾魚廢反息也一
音五蓋反注同　公孫蠆勑邁反　皆從才用反　適子丁歷反　使介

音界注同　介猶閒也音閒廁之閒又如字　以要之一遙反注強要下要人要盟皆同

強要其丈反　歃其許今反　墊丁念反　隘於懈反　所底音旨至也

以庇必利反　能休許虯反　復伐扶又反下注同　閏月依注讀爲門五

日　陰阪音反又扶板反　三番芳元反　更攻音庚　洧津于軌反

冠而古亂反注下皆同　盍爲戶臘反　以祼古亂反　謂灌古亂反　鬯

酒勑亮反　之祧他彫反　罷戎音皮徐音彼　中分竝如字徐音丁仲反

輸積子賜反下同一　聚才住反　以貸他代反　崇省所景反　期年音基本亦

作朞　于向舒亮反

襄二第十五　杜氏　盡十五年

經十年　于柤莊加反　偪陽徐甫目反又彼力反本或作逼　妘姓音云

不復扶又反　傳十年　壽夢莫公反　相大子息亮反下同

賢行下孟反　秦堇徐音謹　步挽音晚　縣門音玄注及下同　郰人
側留反　紇恨發反　抉之烏穴反徐又古穴反　以出如字一音尺遂反　狄虒音斯　彌
徐音弭一音武婢反　爲櫓音魯大楯也　大楯常尹反又音尹　一隊徒對反徐徒猥反
反　郰風音佩　及堞音牒徐養陟反　隊則直類反　而復扶又反注同
上時掌反　者三息暫反又如字　其斷徒亂反　以徇似俊反　水潦音老
知伯音智　以几本又作机同　女戍音汝下及注皆同　余羸劣危反
可重直用反　任乎音壬注同　帥卒子忽反　何貺音況賜也　有禘大計
反　題以大兮反識也　旌夏戶雅反注同　師帥所類反　題識申志反又
如字下同　其行戶郎反　卒見寸忽反　去旌起呂反　及著徐張慮反
一音除慮反　雍於用反　桑林見賢遍反注同　祟見息遂反　請禱丁老
反　疾差初賣反　夷俘芳扶反　令居力呈反下令在勸令同　秦丕

茲一本作秦不茲　于呰毋子斯反下音無　師數所角反　疲病音皮　問

繇直救反兆卦之辭　而喪息浪反下同　禦寇魚呂反　孫蒯苦怪反

爭競爭鬬之爭下文與之爭同　幼少詩照反　任其音壬　閒諸侯閒廁之閒

故長丁丈反　田洫況域反　堵氏音者或丁古反　皆喪息浪反下同

封疆居良反　子嬰許其反本亦作熙又音怡　知難乃旦反　其處昌慮反

反　不儆音景　公孫夏戶雅反　庀羣匹婢反　閉藏才浪反又如字

完守手又反　七乘繩證反　尉翩音篇　政辟婢亦反　得與音預

下魯不與同　請爲于僞反　至治直吏反　城梧音吾　鄭復扶又反

以見賢遍反下同　還鄭本又作環戶關反徐音患注同繞也　夾穎音潁　能

御魚呂反　能庇必利反　難要一遥反　伯輿本又作與音同　王右

音又注同助也　史狡古卯反　以說音悅注同又如字　篳門音必篳門柴門也　閨

音圭本亦作圭 竇音豆 從王才用反注同又如字 騂息營反字林許營反 旄音毛 圭
爲于僞反 共祭音恭 東厎音旨 之相息亮反下同 以賄呼罪反
不勝音升 之長丁丈反 則何謂正矣何或作可誤也 所右音又
下同亦並如字 所左音佐下同亦並如字 其契苦計反注同 經十一年
復在扶又反 于亳蒲各反徐扶各反 鄭與音預 良霄徐音消
傳十一年 更帥音庚 賦稅舒銳反 將復扶又反 倍閎
音宏 詛諸側慮反、 五父音甫 之衢其俱反 相要一遙反 其乘繩證
反注及下並同 壞其音怪 足成將住反亦如字 不舍音捨 國幾音機近也
注同徐音纖、 說之音悅 使疆居良反注同 場之音亦注同 之難乃旦反
其莫音暮 于向舒亮反 于瑣素果反 宛陵於阮反又於元反
濟隧子禮反下音遂 數伐所角反 罷於音皮 毋音無下皆同 蘊年紆粉

反　毋壅於勇反　留慝他得反下同　速去起呂反　同好惡並如字或讀上呼報反下烏路反　獎王將丈反助也　閒之閒閒廁之閒　茲命本或作茲盟誤　大祖音泰凡大祖大廟大宮皆放此　之比必利反　己姓音紀或音杞　任姓音壬　殛之紀力反注同誅也　俾失必爾反本又作卑　隊命直類反　踣其蒲北反徐又敷豆反　斃婢世反　大夫詹之廉反　不與音預　以復扶又反注同　石㚟勅畧反　以攝如字又之涉反　言使所吏反注同　爲介音界　納斥徐音尺一音昌夜反　侵掠音亮　叔肸許乙反　叔向許丈反　以藉在夜反注同　鮮不息淺反　赦宥音又　師悝普回反　師蠲古玄反又音圭　廣車古曠反注同　軘車徒溫反　淳十述倫反耦也徐又之倫反　五乘繩證反下及注同　二肆音四　縣鍾音玄　其鎛音博　九合諸侯謂五年會戚又會城棣救陳七年會鄬八年會邢丘九年盟于戲十年會柤又伐鄭戍虎牢十一年同盟亳城北又會蕭

魚　與子樂之音洛一音岳注同　殿天都遍反注及下同　便蕃音煩注同

數也所角反　庶長丁丈反下及注同　鮑步卯反　御之魚呂反後放此

于櫟力的反徐夫灼反　易秦以豉反　經十二年　圍台敕才反又

音臺一音翼之反　入鄆音運　不與音預　傳十二年　臨於力蔭

反下同　鬻其許亮反或作向　於禰乃禮反　魯爲于僞反下皆同　爲邢

音刑　凡蔣將丈反案富辰所稱邢在蔣下今傳在凡上未知何者爲是　茅亡交反　胙才故反　祭

側戒反徐又如字　庶長丁丈反下同　敢譽音餘又如字　非適丁歷反

先守手又反　劉夏戶雅反　秦嬴音盈　經十三年　取郜

音詩　任城音壬　亢父苦浪反又音剛下音甫　言易以豉反傳同　傳十

三年　舍爵如字又音捨　俘馘古獲反　爲將于僞反　軍帥所類

反下文無帥同　伯游長丁丈反　事見賢遍反　將佐子匠反　難其

春秋左氏音義之三

乃旦反或如字　什吏音十　卒乘子忽反下繩證反　爲汏音泰　數世所主

反　也夫音扶　休和許虯反　有好呼報反　之治直吏反　讒

慝他得反　黖遠于万反又如字　不爭爭鬬之爭　其技其綺反　以馮皮冰反注

同　少主詩照反　而喪息浪反　于鄢音偃　以歿音沒　窀張倫

反厚也一音徒門反　穸音夕夜也　以共音供下同　諸夏戶雅反　必易以豉反徐

神豉反　三覆扶又反注同伏兵也　庸浦判五反　昊天胡老反　事閒

音閑　先征息薦反　巡守手又反下同本又作狩　不習則增絕句一本無增

字則連下總爲句　焉用之於虔反本或作將焉用之　其使所吏反注同　經

十四年　其使所吏反　雎介音界　惰慢徒臥反　傳十四

年　爲吳于僞反注爲吳卒不爲同　務婁徐莫侯反下力侯反務又音如字婁或音力俱反

楚使所吏反　迫逐音百　瓜州古華反　令燉徒門反　煌音皇

被普皮反 苫式占反 蓋戶臘反爾雅曰白蓋謂之苫 蒙冒莫報反 不腆他典
反 與女音汝下同 剖分普口反中分也 中分丁仲反又如字 漏洩息列反徐
以世反 詰朝起吉反下如字注同 無與音預注及下同 使復扶又反 裔
以制反 冑直又反 毋是音無 狐狸力之反又作貍同 豺狼仕皆反 所
嗥戶羔反 有殽戶交反 戎亢苦浪反當也 捕鹿音步徐又音賦 掎
之居綺反 踣蒲北反又敷豆反僵也 僵也居良反 離逷他歷反 贄
幣音至 不與於會音預 無瞢莫贈反徐又武登反悶也一音武忠反 青蠅
以仍反 凱悌開在反下徒禮反下文及注同 子介音界 其使所吏反注同
之長丁丈反 季札側八反 少弟詩照反 適子丁歷反 奸君
音干 相傳直專反 于竟音境 朝那如字下乃多反如淳朝音株 鞄有
白交反 則揭起例反 子說音悅 棫林位逼反徐于目反一音於鞠反 鬣

惡烏路反　從師所類反下及注皆同　多遺唯季反　汏參昌氏反本或作侈又尺氏反　而女音汝　召公上照反注同　公奭許亦反　所施如字又始豉反　爲之于僞反　日旰古旦反晏也　而射食亦反　於圉音又　入使所吏反又如字　公飲於鴆反　之麋亡悲反本或作湄　無拳音權　有嬖必計反　不解音蟹　欲先悉薦反　弁必政反　帑音奴子也　蘧伯玉其居反　傾覆芳服反　蘧瑗于眷反　知愈羊主反差也　當差初賣反　懼難乃旦反　出竟音境下文皆同　子蟜居表反　近戚附近之近　如鄄音絹　故爲于僞反下爲孫氏同　公佗徒何反　公差初佳反徐初宜反　射爲食亦反下及注除禮射一字皆同或一讀射而禮乎音食夜反　背師音佩　車求中丁仲反　兩軥其俱反徐又古豆反說文同云軛下曲者服云車軛兩邊叉馬頸者　軶於革反　卷者音權又起權反　子爲于僞反　貫臂古亂反一音官注同

子鮮音仙　適母丁歷反　舍大臣音捨　之比必二反　巾櫛側乙
反　厚成叔本或作郈音同　弔于衛本或作弔于衛侯侯衍字也　使瘠在亦反
發洩息列反　大叔音泰　之好呼報反　又重直用反注及下同
語臧魚據反　以守手又反　弟鱄徐市巒反又音專　以郲音來　從
而才用反又如字注同　不說音悅注及下同　羔袖本又作褎在又反　公孫剽
匹妙反一音甫遙反字林匹召反　相之息亮反　唁衛侯魚變反徐作唁音唁弔失國曰
唁　糞土方問反　或輓音晚　或推如字又他回反　舍新軍音捨下及
注同　知朔音智　之長丁丈反　麤褻直例反　無帥所類反注同
未任音壬　出其君如字徐出音黜　印之音仰本亦作仰　雷霆徒丁反又音挺
本亦作電　匱神其位反　乏祀本或作之祀誤也　弗去起呂反　親暱女乙
反　其難乃旦反　瞽爲詩音古　盲者莫庚反　以風方鳳反

箴諫之林反　士傳直專反注同　不與音預　非謗如字本或作誹音亦同又
甫味反　其技其綺反　遒人在由反徐又在幽反又子由反　木鐸待洛反　徇
於似俊反　鈴也力丁反　以從子用反本或作縱　爲庸于僞反　囊
殿多練反　弗儆音景　之隘於懈反　要而一遙反　險阨於革反
右我音又　世胙才故反　不壞如字服本作懷　緊烏兮反　命女音汝　環
戶關反　史佚音逸　仲虺許鬼反　侮之亡甫反　左相息亮反
析羽星歷反　見意賢遍反　行歸下孟反注同　經十五年
傳十五年　令聞音問　重勞直用反　敢間間廁之間　過魯
古禾反　公監工銜反　罷戎音皮又戶買反　蔿于委反　子馮皮冰反
從子才用反　槀師音託　公子成音城　屈到居勿反　箴尹之林
反　宮廄徐音救　無觎羊朱反徐音喻　無覬音冀　寘彼之豉反下同

周行戶郎反注及下同 周徧音遍下同 各任音壬 曰圻音祈 四十
乘繩證反下千乘同 師茷扶廢反徐音伐 爲質音致 子晳星歷反 女
父音汝 諸卞皮彥反 其相息亮反注及下皆同 易淫樂以豉反之輕也 皆喪息浪
矇音蒙 不爲于僞反下文爲之攻之同 湨古闃反 卿共音恭
反 堵苟音者苟本或作狗 娶於七住反

經典釋文卷第十七

經四千九百二字
注一萬一千八十六字

經典釋文卷第十八

春秋左氏音義之四 起第十六盡第二十

唐國子博士兼太子中允贈齊州刺史吳縣開國男陸德明撰

襄三第十六　杜氏　盡二十二年

經十六年　湨梁古闃反徐公壁反　軹縣之氏反韋昭音枳　重序直用反　數侵所角反　圍郕音成　傳十六年　虒也彼虯反　羊舌肸許乙反　叔向許丈反　就閒音閑　乘馬繩證反　烝于之承反冬祭也　警居領反　守手又反　莒犂徐力私反一音力兮反　比公音毗注同　將爲于僞反下文爲夷同　之使所吏反　向戌舒亮反下音恤　公孫蠆勑邁反　子蟜居表反　遂相息亮反　從公才用反又如字注同　棫林爲逼反徐于目反　函氏音咸　欒黶於斬反　子格古百反　湛市林反徐

丈林反一音直斬反 阪音反徐又扶板反 復伐扶又反 孟孺本又作孺如住反子

速本亦作遬音同 徼之古堯反要也 要也一遙反 好勇呼報反 海

陘音刑徐古定反 魯隘於懈反 禘祀大計反 朝夕如字下同 釋慼胡暗

反本亦作慼 比執必利反 之閒音閑 中行戶郎反 圻父其依反下

音甫注同 嶅嶅五刀反 劬勞求于反 訇在古害反 無鳩居牛反集

也 經十七年 子輕苦耕反徐戶耕反 桃虛起居反 華臣

戶化反 傳十七年 莊朝如字凡人名字皆放此 司徒卬五郎反注

同 孫蒯苦怪反 曹隧音遂 越竟音境 遂飲於鴆反 重丘

直龍反 其瓶步經反 而詢呼豆反罵也 罵也馬嫁反 愬子悉路

反 臧紇恨發反 近防附近之近下居近澤門同 郰叔側留反 復還

守扶又反又音服 唁之音彥 以杙羊職反 抉烏穴反徐又古穴反 其傷如字一本

作瘍音羊　爲齊于僞反　臯比音毗　侵易以豉反　以鈹普皮反

畀余必利反與也注同　必騁勑領反　惡之烏路反注同　瘈狗徐居世反一音制字林作狾九世反云狂犬也　大宰音泰後放此　爲平公于僞反　妨於音芳　釁收如字又手又反　謳曰烏侯反　澤門如字本或作臯門者誤　之晳星歷反徐思益反白也　之黚徐音琴一音其廉反黑也　執扑普卜反杖也　以行下孟反

而扶恥乙反　吾儕仕皆反　有闔戶臘反　廬力居反　區區上于反小貌　有詛莊慮反　有祝之又反　分謗補浪反　庬本又作龐　衰七雷反本又作縗同注同

不緝七入反　苴七余反麻有子者也　絰帶直結反以苴麻爲絰及帶　杖竹杖也禮記云苴杖竹也　菅古顏反草也　屨九具反以草爲屨　食鬻之六反一音羊六反謂一朝一溢米暮一溢米　倚廬於綺反廬倚東牆而爲之故曰倚廬　寢苫傷廉反編草也　枕草之鳩反注同王儉云夏枕凷冬枕草　枕凷苦對反一音苦怪反　不解音蟹　經十

八年　之使所吏反　入竟音境　齊數所角反　負芻初俱反　爲

傳十八年　長子丁丈反或如字　純留徒溫反或如字地理志作屯

曹于僞反　所殺申志反　首隊直位反　跪而其委反　奉之芳勇

反　梗陽古杏反　巫皋古刀反　二瑴古學反　而禱丁老反一音丁

報反　怙恃音戶　棄好呼報反　背盟音佩　謂數所角反　實先悉薦

反　後之戶豆反　守官手又反又如字　敢復扶又反下注復欲同　沈玉音鴆

或如字　魯濟子禮反　禦諸魚呂反　塹防七豔反　廣里古曠反注

同　析文星歷反　敢匿女力反　千乘繩證反　子盍戶臘反

公恐曲勇反　斥山澤音尺一音昌夜反　必旆步蓋反　跣陳直覲反注

同　乃脫勑括反注同一音他外反　旟幟申志反一音赤志反　夜遁徒困反

聲樂音洛注同　班別彼列反　連大並如字　塞隧音遂道也　殿丁練

反下及注同　郭最徐子會反　於隘於懈反　射殖食亦反下注同　中肩

丁仲反　矢夾古洽反或古協反　脰音豆頸也　其衷音忠　殺女音汝　乃

弛式氏反本又作施音同　亦舍音捨　皆衿其鴆反　城守手又反　克

邿音詩　雍門於用反　之萩音秋本又作秋　示閒音閑　其橋勑倫反又相倫反　以

反木名　劉難乃多反或如字　左驂七南反　迫音百　還于音旋一音患

枚每回反馬檛也　數所主反注同　闔戶臘反門板　馬檛陟瓜反　不恐曲勇反

郪棠音尤　扣馬音口　略行下孟反　以輕遣政反下同　斷鞅

音短　及濰本又作維音同水名　及沂魚依反　東莞音官　蓋縣古害反

下邳蒲悲反　入泗音四　欲去起呂反下同　揚豚徒門反　見使所吏

反　難易以豉反　於汾扶云反　子西守手又反下完守同　欒縣

尺由反　旃然章延反　入汴皮彥反　蓫于委反本又作蔿　子馮皮冰反

侵費扶味反　滑于八反　雍梁於用反　右回如字徐胡猥反　蝨牢力刀反　純門如字一音市荀反　漼水音雉　多潡丁弄反　幾盡音祈

吾驟仕救反

經十九年

祝柯古多反　鄟水好號反徐音郭又虎伯反字林口郭口獲二反　西郛芳扶反

傳十九年

督揚丁毒反　毋侵音無　彊我居良反　蒲圃布古反　過魯古禾反　如鞏音安　賄荀呼罪反　乘馬繩證反注四馬爲乘同　先吳悉薦反又如字　壽夢莫公反　元帥所類反　癉丁但反徐音旦　疽七徐反　生瘍音羊　惡創初良反　及著張慮反又直慮反　雍於用反　請見賢遍反　而視如字徐市至反下同　不可含戶暗反本亦作哈下同　口噤其蔭反　盥而音管　其爲于僞反下注爲懷子同　乃復扶又反　乃瞑亡丁反一音亡平反桓譚以爲荀偃病而目出初死其目未合尸冷乃合非其有所知也傳因其異而記之耳　兵幷如字又必政反　將中軍子匠反後

放此召伯上照反下同勞力報反來力代反之長丁丈反之仰如字

徐五亮反下同膏雨如字徐古報反常膏古報反又如字輯睦音集本又作集

鑄鍾之樹反聲應應對之應則借如字一音情亦反且夫音扶彝

器以之反而懲直升反娶于七住反其姪直結反騣聲子公反立適

中子音仲亦作仲下皆放此子嬖必計反屬諸之蜀反注同

丁歷反本或作嫡閒諸侯閒廁之閒少傅詩照反下注簡公猶少同崔杼直呂

反黥其京反刖音月又五刮反不暴蒲卜反於句古侯反瀆音豆

灑藍色買反徐所綺反藍音力甘反之難乃旦反注及下同甲守手又反下問守備同

圭嬀居危反亞宋子於嫁反實相息亮反注同號之徐胡報反

召也一音戶刀反將傳音附食高唐音嗣工僂呂侯反夜縋直僞反

醢衞音海大隧音遂控于苦貢反度齊待洛反共子音恭

經二十年　于向舒亮反

蹷其徐求月反拔也一音居月反又居衛反

于澶市然反　繁汙音紆　又近附近之近　公子燮悉協反

傳二十年　莒數所角反下同　和解古買反又戶買反　自復扶又反下

始復同　其好呼報反下皆同　背楚音佩　之偪彼力反　與於音預

呼於火故反　而去起呂反　褚師張呂反　段徐徒亂反　共公子音恭

常棣大計反　樂爾音洛　妻帑音奴　魚麗力馳反　樂只之氏反本

亦作言　奉使所吏反　之策初革反　出其君如字徐音黜　有餒

奴罪反餧也　經二十一年　以漆本或作溹徐音七　閭丘力於反

商任音壬　傳二十一年　公姑姊杜以公之姑及姊是二人也或曰列女傳稱梁有節姑姊謂父之妹也此云姑姊是父之姊也一人耳以杜氏爲誤案成二年楚侵及陽橋孟孫往賂以公衡爲質杜云衡成成公子也楚師及宋公衡逃歸臧宣叔云衡父不忍數年之不宴以棄魯國則公衡之年下計猶十七

八成公是其父固當三十有餘從成二年至此三十八歲姑又成公之姊則年近七十矣假令公衡非成公之子猶
是成公之弟成九年伯姬歸于宋伯者長稱九年始嫁則爲成公之妹成公不得有姊矣若成公別有庶長之姊以
成公公衡之年推之亦不復堪嫁故知二人也唯公羊以成公即位年幼據左氏成四年傳云公如晉晉侯見公不
敬公歸欲求成于楚得季文子諫而止此非年幼也反覆推之杜氏不誤 **妻之** 七計反下同 **其從**
才用反下同 **子盍** 胡臘反下盍反同 **詰盜** 起吉反治也 **務去** 起呂反下皆同
皁牧 在早反 **凡八等之人** 謂皁輿隸僚僕臺圉牧也 **洒** 西禮反 **濯** 直角反
軌度 待洛反 **不徵** 直升反 **當令** 力呈反 **復討** 扶又反 **公**
子鉏 仕居反 **叔孫還** 音旋 **殺之** 申志反又如字 **闞地** 求月反 **藺**
古典反縣衣也禮記云纊爲繭 **衣裘** 於既反 **鮮食** 息淺反少也下鮮過弁注同 **瘠則** 在亦
反 **瘦也** 所又反 **彊逐** 其丈反 **不相能** 如字徐乃代反 **幾巳** 其依
反 **不爲** 于僞反下文吾爲同 **作難** 乃旦反 **懷子好** 呼報反 **施** 式豉

春秋左氏音義之四　五

蜮著直據反又張慮反　易逐以豉反　酈豫音丙　叔罷彼皮反
不知音智下及注同　詩小雅案今小雅無此全語唯采菽詩云優哉游哉亦是戾矣　王
鮒音附　弗應應對之應下注同一本作不應　皆咎其九反　德行下孟反注同
較然音角　乘馹人實反傳也　無疆居良反下注同　有蟇莫胡反　勳
如字書作訓　宥之音又　緜古本反　殛紀力反　大甲音泰　而相息亮反
右王音又　宣子說音悅　之乘繩證反　入見公賢遍反下文始見幷
注同　言爲國于僞反下不爲己亦爲子皆同　妬叔丁故反　禍女音汝下同
人間間廁之間　於難乃旦反　掠之音亮　守臣手又反注同　罪重
直用反注同　郊甸徒練反　伏竄七亂反　輔相息亮反　保任音壬
傚之戶教反或作效　轘轅音袁　錮欒音固　齊殺申志反下同　剽
匹妙反　知起音智　中行喜戶郎反　邢蒯苦怪反　先二子悉薦反

欲與音預下同　其枚本亦作板　子爲于僞反　嘗射食亦反

經二十二年　寵近附近之近　傳二十二年　之守手又反

爲公于僞反　雨過古禾反　御叔魚呂反又魚據反　焉用於虔反

多知音智又如字　而傲五報反　使人所吏反注同　不任音壬　之壼丁故反　少正詩照反注及下少牢同　孫僑其驕反　有戲許宜反　不共音恭下共祀同　觀釁許靳反　差初宜反又初佳反一音七何反注同　池徐本作沱直知反一音徒何反注同　重之直用反　石盂音于　石㚖勑略反　公孫夏戶雅反下同　見於賢遍反又如字　嘗酎直又反　與執音預　燔焉本又作膰音煩祭肉也

閒二年閒廁之閒又如字　先瀆悉薦反　罷病音皮　荐至在薦反仍也　不惕他歷反懼也　朝夕如字　堪任音壬　黑肱古弘反　盡歸津忍反凡此例可求故特音之　復錮扶又反注同下復使下注復生不復行皆同

馬數所主反　十乘繩證反　令富力呈反　君焉於虔反下焉入同　泄
命息列反漏也又以制反　轘觀起音患車裂也　四竟音境下同　取殯必刃
反　吾與音預　殺吾如字一音試　遂縊一賜反　公子齮五綺反
屈建居勿反　弗應應對之應　不敢不見賢遍反　游販呼板反
大叔音泰　請舍音捨
襄四第十七　杜氏　盡二十五年
經二十三年　伯匄古害反　畀我必利反　復入扶又反注同
還與戶關反　君爭爭鬬之爭　雍榆於用反　朝歌如字　爲之于僞反
廢長丁丈反　立少詩照反　輕行遣政反　傳二十三年　喪
之如字徐息浪反　徹去起呂反　禮爲于僞反下注爲召下而爲並同　絕期居其
反　愬二悉路反　使慶樂往絕句　從陳侯才用反又如字　板隊

直類反注同　其長丁丈反　析歸父星歷反　塍之以證反又繩證反　以藩
方元反注同　有鄗之亮反又音章　知不音智又如字　無咎其九反　所
祐音又　而鵙式羊反　午匿女力反　而飲於鴆反　徧拜音遍
原屏薄經反　之難乃旦反　知悼音智　子少詩照反注同　嬖於必計反
七輿音餘　王鮒音附　侍坐如字一音才臥反　以走如字一音奏　民
柄彼命反　可強其丈反下注強取同　無解徒賣反　壘纍七雷反本又作裹音
同　冒莫報反　經直結反冒經以經冒其首也一云纏冒經三者皆墨之　內應應對之應
臺觀官喚反　備守手又反　既乘繩證反下騶乘超乘并注同　備隋待果反
隊也直類反　跳徒彫反　上獻子時掌反　左援音袁　斐豹音非一音
芳匪反　督戎丁毒反　閉著陟略反　帥卒子忽反　訟女音汝注同
射之食亦反　不中丁仲反　又注之住反注同　屬矢之玉反　梱本

音懷而覆芳服反注同　轢槐音歷　斷音短　肘張九反　王孫揮許韋反

召揚上照反　申鮮虞音仙　之傅摯音至本或作申鮮虞之子傅摯　晏父戎

音甫　貳廣古曠反注同　邢公音刑　牢成魯刀反一本作罕成　襄罷師

音皮徐音彼一音皮買反　狼音郎　蘧蒢其居反　胠起居反徐又音脅或起業反　侯朝

如字一音直遥反　桓跳徒彫反　大殿都練反注同　夏之戶雅反　御寇魚呂

反　駟乘繩證反　閒大國閒廁之閒又如字　其咎其九反　其難

乃旦反　欲殺申志反下同　以說音悅又如字　於背音佩　二隊徒對

反徐徒猥反　登大音泰　行徐戶郎反一音如字　隘道於懈反　熒戶扃反　廷

音庭本亦作庭　築壘力軌反　辟也音壁　郫婢支反　少水詩照反少水地名下

注孟氏之少立少同　京觀官喚反　趙勝音升一音申證反　晏氂力之反徐音來

無適丁歷反　公彌長丁丈反下皆同　公鉏仕居反　紇也恨發反

具敝車婢世反徐扶滅反　飲我於鴆反下皆同　吾爲于僞反下注爲定爲公鉏
同　重席直恭反　新樽音尊本亦作尊　復絜扶又反下非復下文復戰同　澡之
音早　慍而紆運反怨也怒也　位處昌慮反　朝夕如字　恪居苦各反
舍旃音捨　惡臧烏路反下之惡子之惡我亦君所惡同　騶側留反　豐點都簟反徐
之廉　好呼報反　羯居竭反　弗應應對之應　焉在於虔反　疾疢恥刃
反　之療力召反　將辟婢亦反徐甫亦反注同　藉除徐音借又如字藉亦借也
穿藏才浪反　隧正音遂下文且于之隧同　甲從才用反注同一音如字　娶
于七住反　鑄之樹反　蛇匜音移　所治直吏反　其姪大結反又丈一反
大蔡龜名也一云龜出蔡地因以爲名　宗祧他彫反　請爲先人于僞反下
爲己請自爲請爲其先人下文遂自爲也皆同　知不足音智　要君一遥反下同　毋
音無或下同　不聽吐定反　殺適丁歷反　蕩覆芳服反　盍以戶臘

反　誰居音基注同　猶與音餘　且于子餘反　杞殖市力反　華還
胡化反下音旋　狹路戶夾反　近莒附近之近　微盧力居反　得與音預
臧孫聞之見賢遍反　齊侯絕句一讀以見字絕句齊侯向下讀　知之音智下同
經二十四年　陳鍼其廉反　宜咎其九反　惡之烏路反
大饑居疑反又音機　傳二十四年　以上時掌反注同　所治直吏反
反　事見賢遍反　隰叔徐入反　主夏戶雅反注同　復爲扶又反下
同　旣沒其言立今俗本皆作其言立於世檢元熙以前本則無於世二字　大上音泰
史佚音逸　周任音壬　宗祊布彭反注同　寓書音遇寄也　長國丁丈反
反　之難如字又乃旦反　之賄呼罪反　沒沒如字一音妹沈溺也　將焉
於虔反　遠聞音問又如字　則樂樂則並音洛　也夫音扶下也夫同
臨女音汝　毋寧音無　浚我思俊反取也　以焚扶云反斃也服云焚讀曰債債

僵也　焚斃婢世反　子說音悅　爲重幣于僞反下注釁爲同　子西相
息亮反　介恃音戒因也注及下同　是以請請罪焉請並七井反徐上請字音情
遂啓疆其良反又居良反　蒐軍所求反　因閱音悅　數所主反　不
戢側立反藏也　黚其廉反又其今反如淳音耿弇反　陬縣側留反又子侯反韋昭音諏
計其音基又如字漢書作斤如淳斤音基　張骼庚百反一音古洛反　輔躒力狄反徐音洛
宛於元反　射犬食亦反徐神石反　子大叔音泰　卑下遐嫁反　常分
扶問反　部蒲口反徐扶苟反　婁本或作樓路口反徐力侯反部婁小阜也　小阜扶有反
在幄於角反帳也　而後食音嗣　御廣古曠反注同　己皆乘乘
車下乘字繩證反注及下皆同　皆踞俱慮反　轉張戀反注及下同衣裝也一音張孌反
衣裝側良反一本作囊　取冑直救反　於橐古毛反　入壘力軌反　搏
人音博徐甫各反　挾囚音協　復踞扶又反下復討同　曩者奴黨反鄉也

怯也去業反　之亟居力反急也注同　爲楚于僞反下注同　荒浦判五反
師祁犂力兮反又利之反　城郟古洽反　公孫揮許韋反　降下
戶嫁反又如字　以語魚據反　鬷蔑子公反　下人戶嫁反　言易以豉
反　且夫音扶　知人音智　已釁許覲反　經二十五年
雖背音佩　重丘直龍反　衛衎苦旦反　吳子遏於葛反徐音謁
傳二十五年　爲晉于僞反下爲己娶同　孟公綽昌若反徐本作卓音綽
使偃取之如字又七住反注同本或作娶字　辯別彼列反　坎下苦敢反　兌
上徒外反　巽下音遜　中男丁仲反　風隕于敏反　不可取七住
反注同　其繇直又反　蒺音疾藜力私反　無應應對之應　則喪息浪反
嫠也本又作釐力之反寡婦也　驟如愁又反徐在遘反　閒伐閒廁之閒注閒晉之
難同　之難乃旦反　欲殺申志反　以說音悅又如字　又近附近之近

下近於公宮并注同　**乃爲**于僞反下莒爲下注爲崔子同　**且于**子餘反　**公拊**芳甫
反拍也　**榼**音盍　**衆從**才用反　**重言**直用反　**別下**彼列反　**陪臣**
干徐云讀曰扞胡旦反注同服音如字　**掫**側留反徐又子俱反一音作侯反說文云掫夜戒守有所擊也從手
取聲字林同音子侯反服本作諏子須反云謀也今傳本或作諏猶依掫音　**行夜也**下孟反下同
又射食亦反　**之中**丁仲反　**股**音古　**反隊**直類反　**封具**求付反　**鐸父**
徒洛反　**僂**力侯反　**堙**音因　**祝佗**徒何反　**不說**他活反　**弁**皮彥反
申蒯苦怪反　**監取**古銜反　**以帑**音奴　**豭蔑**子公反　**死難**乃旦
反下皆同　**豈爲**于僞反注皆爲及下文同　**私暱**女乙反　**敢任**音壬當也　**而**
殺申志反　**吾焉**於虔反下同　**枕尸**之鴆反注同　**三踊**羊寵反　**叔**
孫還音旋　**而相**息亮反下同　**大宮**音泰注同　**曰所不與崔慶者**
本或此下有有如此盟四字者後人妄加　**乃歃**所洽反又所甲反　**故復**扶又反　**以**

帷位悲反 縛其直轉反 虞乘繩證反 推而如字又他回反 知匿女力反藏也

其暱女乙反親也 及弇於檢反又於廉反 狹道音洽 枕轡之鴆反

食馬音嗣 瘞於滯反 埋之無皆反 四髮所甲反 不蹕音必止行也

七乘繩證反注及下七百乘同 自泮普半反 以莊公說如字又音悅注同

隰鉏仕居反 獨使所吏反 三十帥所類反注及下注將帥同

正長丁丈反注同 處守手又反注處守同 守國者如字或手又反 宛没於元反

隊隧音遂徑也徐又徒猥反下同 井堙音因塞也 木刊苦干反除也

隧徑古定反 無別彼列反下文同 親御魚呂反 侵掠音亮 陳侯

免音問注同徐又音萬喪冠也 擁社於勇反抱也社社主也 而纍類悲反一音呂軌反

執縶陟立反 而見賢遍反注同 數俘所主反注但數同下芳夫反 祝祓芳弗反徐音廢

少弭亡氏反 道之音導 郯之役扶必反 左廣古曠反

遽以其據反　子捷在接反　子駢蒲賢反又蒲丁反　子孟音于　摯丁念
反方言云下也　隘於懈反　私卒子忽反下同　陳以直覲反注同　後駐張住
反　復逐扶又反下復伐陳同　傳諸音附　舒鳩潰戶內反　虞閼於葛
反　大姬音泰　妃胡公音配本亦作配　之長丁丈反　三恪苦洛反
五父佗徒何反　夏氏戶雅反　播蕩補賀反　介恃音戒　以馮
皮冰反　可億於力反　逞勑景反　億度待洛反　其衷音忠　開道
音導　其辟婢亦反注同誅也　一圻音祈　以衰初危反注同差降也　數圻
色主反下數甲兵數疆潦各并注同　城濮音卜　能詰起吉反　相鄭息亮反
以足舊將住反又如字下及注同　使庬匹婢反治也　度山待洛反注及下注同
以共音恭　藪澤素口反　焚燎力召反　之處昌慮反　辨別彼列
反下同　表淳音純　鹵音魯淳鹵埆薄之地也說文云鹵西方鹹地　埆薄音學　疆

居良反注同賈其兩反　潦音老　規偃於建反一音如字　豬陟魚反尚書傳云停水曰豬

町原徒頂反　防隄丁兮反　小頃苦穎反　牧隰州牧之牧　衍沃以善反賈云下平曰衍有溉曰沃　量入音良又音亮注同　步卒子忽反　甲楯食準反又音尹　器杖直亮反　而輕遣政反　獲射食亦反下同　必殪於計反死也　彊其居良反　鷹於陵反　鸇之然反徐又居延反　以語魚據反

朝夕如字　不說音悅注同詩作閱容也　匪解佳賣反　弈音亦圍棊也

棊音其

襄五第十八　杜氏　盡二十八年

傳此傳本為後年脩成當續前卷二十五年之傳後簡編爛脫後人傳寫因以在此耳　城郲古洽反

別二十彼列反　涖盟音利又音類　伯車音居　鍼也其廉反

傳為于偽反　特跳直彫反　傳寫直專反一本作轉　經二十六

年　君剽匹妙反　背國音佩　于澶市延反　以駮邦角反　世
子瘥才禾反　惡其烏路反　傳二十六年　子貟音云　不
應應對之應　暴骨蒲卜反徐扶沃反　道二國音導　能御魚呂反　拂
衣芳弗反　騫裳起虔反本或作褰音雖同義非也說文云褰袴也　於治直吏反
而力爭爭鬭之爭　已侈昌氏反又尸氏反　子鮮音仙　爲復于僞反注同
敬姒音似　強命其丈反　蘧伯玉其居反　瑗于眷反徐于万反　今殺
申志反　誰畜許六反注同容也一音勑六反　請使所吏反　可還音環　遂
見賢遍反一音如字　淹恤於廉反徐於嚴反久也　猶夫人也夫音扶　孫
襄居守手又反　復攻扶又反下復愬同　於竟音境　頷之本又作頷五感
反摇頭也　易生以豉反　大叔音泰　朝夕如字　負羈居宜反　紲息列
反　扞戶幹反　牧圉魚呂反下同　復愬悉路反　先輅音路本亦作路

先八邑徐悉薦反下同或如字　降殺所界反　見經賢遍反　人爲于僞反　及雩音于徐況于反如淳同韋昭音虛或一呼反　婁如字徐力俱反如淳音樓　城麇九倫反　皇頡戶結反　穿封戌音恤　易以豉反　別識彼列反　上其手時掌反下注同　介弟音界　道囚音導　抽戈勑留反　印一刃反　堇父音謹　以爲請于僞反又如字　更遣使所吏反　疆戚居良反注同　不得與音預　女齊音汝　爲衞侯故于僞反下爲臣注爲林父爲臣同　嘉樂戶嫁反注同　相齊息亮反下同　蓼蕭音六　大平音泰　緇衣側其反　粲兮七旦反　違遠于万反　宗祧他彫反　見周書賢遍反　將仲子兮將音七羊反注同本亦無兮字此依詩序　鄭七穆謂子展公孫舍之罕氏也子西公孫夏駟氏也子產公孫僑國氏也伯有良霄良氏也子大叔游吉游氏也子石公孫段豐氏也伯石印段印氏也　穆公十一子謂子良公子去疾也子罕公子喜也子駟公子騑也子國公子發也子孔

公子嘉也子游公子偃也子豐也子印也子羽也子然
也士子孔也子然二子孔巳子羽不爲卿故止七也
宋芮如銳反　諸隄徐丁兮反沈直兮反　共姬音恭　長而丁丈反　而
婉紆阮反　而很胡墾反　而惡烏路反下皆同　惠廧音牆或作牆　伊戾
力計反　復發扶又反　夫不音扶注同　惡女音汝　敢遠于万反　好之
呼報反　敢近附近之近　有共音恭本又作供下同　歆用苦感反　盟處
昌慮反　而聘勑景反　聒而古活反下同讙也　讙也呼端反　乃縊
一賜反　乃亨普彭反　使饋其位反　先之悉薦反又如字　左師令
力呈反　使者所吏反下文通使同　左師諛羊朱反　使夏戶雅反　先下
遐嫁反　子朝如字　娶於七住反　子牟亡侯反　爲申公如字舊于
僞反　爲國于僞反　杞梓徐上音起下音子皆木名也　不僭子念反下皆同
不濫力暫反　殄徒典反盡也　瘁在醉反病也　怠解佳賣反　爲之于僞

反下爲之不舉同　則飫於據反饜也　饜也本亦作厭於豔反下同　饌仕眷反
朝夕如字　救療力召反治也　析公星歷反　人寘之豉反　之
殿多練反注同　將遁徒困反　輕窕徐敕堯反又通弔反　易震以豉反　釣
聲音均徐居旬反　宵潰戶內反　桑隧音遂　申麗力馳反　復侵扶又
反　華夏戶雅反　之鄗許六反徐又起六反　蒐所留反　乘繩證反　閼
也音悅　秣馬音末　蓐食音辱　師陳直覲反　降彭城戶江反　而雍
害於勇反注同　之邢音刑　譙國在遙反　酇縣才多反又子旦反或作贊　楚
罷音皮　事見賢遍反　伯賁扶云反下同　鄢陵音偃　晨厭本又作壓
於甲反徐於輒反　而陳直覲反下成陳并注同　精卒子忽反　欒范易以豉
反注及下易成同賈音亦　行戶郎反注及下同賈音衡　欲令力呈反下同　不復扶又反下
復仕同　郤錡魚綺反　四萃在醉反　師熸子潛反火滅爲熸　娶於

本又作取七住反　女竇音汝　許恚一睡反　爲許于僞反下爲國同　昧
於音妹　貪冒亡報反又亡北反　釁於許覲反　以足子住反又如字　子
展說音悅下注同　不禦魚呂反　隳其許規反　縣門音玄　于汜音凡
徐扶嚴反　廩丘力甚反　所治直吏反　其竇音豆　介于音界　於
比必利反　經二十七年　孔奐呼亂反　不與音預下同　楚
先悉薦反又如字　晉歃所洽反又所甲反　弟鱄市轉反又音專　復患扶又反
倚順於綺反　傳二十七年　諸喪息浪反注同　不稱尺證反
爲賦于僞反注同　相鼠息亮反注同　鄘風音容　祇成音支適也注同
勿與音預　復攻扶又反　衣其於既反　枕之之鴆反　欲斂力驗
反　内我音納本又作納　以沮在呂反　止使者所吏反　不鄉許亮
反本亦作嚮　誰愬悉路反　公喪息郎反又息浪反　稅服徐云讀曰繐音歲注

同謂總衰也服音吐外反　總衰七雷反本亦作縗　一乘繩證反　通稱尺證反

少師詩照反　欲弭徐武婢反　之蠹本又作蠹丁故反　大菑音災

難之乃旦反下懼難同　我焉於虔反下將焉用之焉用有信焉能害我同　爲介音戒

後注同　折之設反注同徐又音制　俎莊呂反　使舉是禮也沈云舉謂記錄之也

黑肱古弘反　更相音庚　朝見賢遍反　使騶人實反　傳也陟戀

反　子晳星歷反　得復扶又反　以藩方元反　楚氛芳云反徐扶云

反　衷甲音忠徐丁仲反　單音丹盡也注同　斃婢世反踣也　踣也蒲北反

以僭子念反不信也　則夫如字或音扶　不與音預　先晉悉薦反或如字

狎主戶甲反更也　狎更音庚　德只之氏反　辨具皮莧反　一坐

才臥反　飲大夫於鴆反　而重直用反下二字同　聞於音問又如字

事治直吏反　無媿九位反　以語魚據反下同　能歆許金反　之

好呼報反　垂隴力勇反　二子石從才用反　草蟲直忠反　召

南上照反下同　忡忡勑忠反　既覯古豆反　則降戸江反又如字下注同

鶉之順倫反　賁賁音奔　牀笫側里反簀也　踰閾音域徐況逼反門限也

非使所吏反注同　簀也音責　盡心津忍反　其樂音洛下注及文至樂以安民並同

蔓音万　邂戸賣反　逅戸豆反　印段一刃反　蟋蟀所律反

大康音泰　其居音據　好樂呼報反下同　瞿瞿俱付反　受天

之祜音戸　匪敖五報反　焉往於虔反下政其焉往同　倡賦昌亮反

已侈昌氏反又尸氏反字林充豉反　五稔而甚反熟也穀一熟故為一年　皆數所主反

能去起呂反下皆同　蔽諸侯必世反徐甫世反服虔王肅董遇並作弊婢世反云踣也

無厭於鹽反徐於廉反　彼己音記　偏喪息浪反　聚東七住反　无

咎音無本亦作無下其九反　相崔息亮反　朝陽如字一音直遥反　盧蒲嫳

普結反徐敷結反 復告扶又反 難乃旦反 吾助女音汝 圉人魚呂反

請爲于僞反下注嫈爲爲齊莊同 堞其音牒徐養涉反 薛諸婢亦反徐甫亦反

蘧罷音皮 僕賃女鴆反 以喪如字又息浪反 經二十八年

以應應對之應 惡之烏路反 孫揭居謁反 耆酒市志反 爲

宋于僞反 傳二十八年 梓愼音子 玄枵許驕反 時菑

音災注同 發泄息列反下同 之宿音秀下同 角亢音剛又苦浪反 秏名

呼報反 時復扶又反 北燕烏賢反 蓟縣音計 不與音預下同

後賄呼罪反 重丘直龍反 從子才用反 圃布古反 石碏七略反

日其人實反 過此古禾反又古臥反 迋于況反往也後同 勞于力報反

而傲五報反下同 而惰徒臥反 君小國事大國古本無小字 將

爲于僞反 還之音環 使駟人實反 之休許虯反注同 乘皮繩證反

反　不易以豉反　之難乃旦反　曰女音汝　何與音預　跋涉白末

反草行爲跋水行爲涉　敢憚徒旦反　之頤以之反　無應應對之應　不

幾居依反又音祈近也　不能復扶又反下復顧同　裨竈避支反　鳥帑音奴

惡之如字一音烏路反　禍衝尺容反　之分扶問反　相鄭息亮反下

同　爲壇徒丹反　郊勞力報反　焉用於虔反下焉用作壇焉避之焉用盟同

宥其音又　其菑音災　怠解佳賣反　共其音恭　好田呼報反

耆酒市志反　數日所主反　見封賢遍反　之難乃旦反　妻

之七計反注及下注同　辯別彼列反下同　可相取七住反本亦作娶　斷章

音短　惡識宗音烏安也注同　皆嬖必計反下同　欲爲于僞反　而先

悉薦反　後之戶豆反　親近附近之近　兵杖直亮反　公膳市戰反公膳謂公家

供卿大夫之常膳　以鶩徐音木鴨也　則去起呂反藏也　其洎其器反肉汁也

說文云湑灌釜也字林巳莅反鐀其位反知無音智于萊音來無宇從才用

反奉龜芳勇反慶嗣繼嗣之嗣本或作慶慶嗣誤無悛七全反改寤

五故反而戕在羊反殘也救難乃旦反下外難同夫子愎皮逼反

大公音泰慶寔戶結反環公宮如字徐音患爲優於求反俳優也

優俳皮皆反絆之音半介慶音界抽桷音角擊扉音非門扇也

椽也直專反門闥戶臘反自後刺七亦反猶援音爰於甍

巳耕反屋棟也字林巳成反爲君于僞反下爲之誦同稅服吐活反一音如字反

陳直覲反于嶽五角反以鑑古暫反必瘁在醉反本或作萃食慶

封音嗣汜祭芳劒反弗說音悅茅巳交反鴟尺之反刺不敬

七賜反吳句餘古侯反下句瀆同而殲子潛反盡也喪羣息浪反

故鉏仕居反公子鉏也本或作故公鉏者非句瀆音豆邶蒲對反殿多薦反又如字

注及下同　非惡烏路反　且夫音扶　有幅音福　無黜勑律反放也　嫚
徐音慢　北竟音境　亂治也直吏反　能令力呈反　拱璧居勇反徐
音恭　其柩其救反　著崔杼丁略反　爲宋于僞反　過鄭古禾反
迋勞力報反　黄崖本又作涯魚佳反　濟澤子禮反　行潦音老　之
蘋音頻　藻音早　寘諸之豉反　之爲于僞反下除而爲之備一字並同　駕音加
鵞五何反　喪之如字又息浪反　之隙去逆反本或作郤　廢好呼報反
徵過張陵反審也本或作懲誤
襄六第十九　杜氏　盡三十一年
經二十九年　侯衎苦旦反　閽音昏守門人　殺吳子申志反　餘祭
側戒反　仲孫羯居謁反　杞復扶又反　使札側八反　北燕音烟
傳二十九年　親襚音遂說文云衣死人衣　遣使所吏反下同　賵

襚芳鳳反本又作贈　之比必利反　祓殯音拂徐音廢　凶邪似嗟反

桃茢音列徐音例　黍穰如羊反鄭注周禮云茢苕帚　郟敖古交反　熊麇

九倫反　取弁本又作卞皮彥反魯邑　公冶音也　璽書音徙印也廣雅云印謂之

璽說文作璽從土云王者印也籒文從玉　印也一刃反　致使所吏反注并下注而賞其使同

祇見音支本又作多音同服云祇適也　強之其丈反　邶風音佩　寄寓

音遇　服斂力驗反　年少詩照反　靡鹽音古不堅固也　啓跪其委反

以藩芳元反　明近附近之近　餼國許氣反　以貸他代反下同

施而始豉反下文同　叔向許丈反　知悼子音智　子大叔音泰下同

而夏戶雅反注下皆放此　肆以二反餘也詩傳云斬而復生曰肆方言云枿餘也秦晉之間曰肆　協

比毗志反　女齊音汝　相禮息亮反注同　司徒侈昌氏反又尸氏反　力

斃婢世反　專則人實斃之絕句　將及矣本或作侈將及矣者非　爲杞

于僞反下文爲之歌皆同　三耦五口反　邵伯上照反　鄶鼓父才陵反　黨
叔徐音掌　慍曰紆運反怒也怨也　虞號瓜百反　焦子消反　滑乎八反
玩好呼報反下好善同　瘠魯在亦反　毋寧音無　而焉於虔反　說
之音悅　壽終音授　召南上照反本亦作邵　未盡津忍反　安樂音洛
下注和樂聲下文樂而不荒同　邶鄘音容　盡被皮義反　以思息嗣反下注憂思同
以爲別彼列反　隕滅于敏反　有治直吏反　泱泱於良反又於郎
反弘大也韋昭於康反　大公音泰　將復扶又反下不復譏同　歌豳彼貧反　王業
樂而不淫音岳又音洛注同下而又何樂而可以樂放此　爲成王于僞反
如字又于況反　刪定所姦反　汧隴苦賢反　去戎起呂反又如字　渢渢
扶弓反徐敷劒反中庸之聲也韋昭音凡　大而婉紆阮反約也　險而依注音儉　易行以豉
反注同　思深息嗣反注同　自鄶古外反　至矣哉一本無矣字　不

倨音據徐音居倨傲五報反屈橈乃孝反不偪彼力反不厭於豔反徐於贍反不匱其位反施而始豉反不費芳味反不底丁禮反角徵張里反象箾徐音朔南籥羊略反有感戶暗反本亦作憾恨也大平音泰舞韶上昭反本或作招音同濩音護徐又音戶郭反、溝洫況域反韶箾音簫不幬徒報反覆也說晏音悅下皆同於難乃旦反下皆同赤歇許謁反縞帶古老反徐古到反繒也紵衣直呂反邃其居反瑗于眷反史朝如字下文公子朝同史鰌音秋猶爭爭鬬之爭于幕音莫其萃在醉反集也厚施式豉反、公孫蠆勑邁反宥之音又好以呼報反爲高氏于僞反下注爲子産同高豎上主反曾孫酀於顯反高傒音兮城縣音綿而寘之豉反旃之然反子晳星歷反言女音汝將強其丈反裨婢支反湛市林反本亦作諶其

與如字或音預　幾何居豈反　屢盟力住反　用長丁丈反下同　能紓直呂反徐音舒解也　紓解音蟹　將焉於虔反下同　喪其息浪反　驅除音並如字一讀上丘具反下直據反　經三十年　蘧罷音皮　世子般音班　侅夫乃定反　以惡王烏路反下惡宋同一音如字　共姬音恭注皆同傳亦放此　耆酒市志反　言復扶又反　于澶市然反字林丈仙反澶水在宋　傳三十年　問王子圍之爲政一本無圍字服虔王肅本同　吾儕仕皆反　焉與於虔反下音預下將與與與於食同　慝其女力反　相鄭息亮反　方爭爭鬭之爭下注駟良爭同　而愎皮力反很也　很也胡墾反　好在呼報反　相下遐嫁反　食音嗣　輿人之音餘衆也　年長丁丈反　夏正戶雅反　使走如字速疾之意也一曰走使之人也服虔王肅本作吏云吏不知歷者　于鹹音咸　僑如其驕反　及虺虛鬼反　二畫音獲下同　併三步頂反　復

陶徐音服一音福　魯使所吏反　以語魚據反　可婾他侯反薄也　咨度待洛反　鄭難乃旦反　詛盟側慮反　爲大子于僞反　娶於七住反　僭季丁甘反　子括古活反　將見賢遍反注同　單公音善　愆期起虔反下同　諸廷音庭注王廷同　嗚呼本又作烏乎音同　此夫音扶　覗躁早報反　圍蔿于委反　平時音止又音市本或作畤　甘過音戈　鞏成九勇反　瑕廖力彫反一音勑留反　或叫徐古弔反　于宋大廟音泰一本無大字　叫呼火故反　譆譆許其反　出出如字鄭注周禮引此作詘詘劉昌宗亦音出　亳社步各反殷社也　待姆徐音茂字林亡又反一音母女師也　結好呼報反　繕城上戰反　弱植徐直吏反一音時力反　大夫敖五報反本亦作傲服本作放云淫放也　以介音界　卿共音恭　者酒市志反　窟室口忽反地室也　公焉於虔反　壑谷呼洛反　而罷皮買反徐扶彼反　雍梁於用

反　醒而星頂反　左相息亮反　侮之亡甫反　汏侈音泰　禍

難乃旦反下及注同　弭難彌氏反　方爭爭鬭之爭　附著直略反　斂

伯有力豔反下同　不與音預下文不與同　之瀆徐音豆　師頡戶結反

介于音界下同　襚之音遂　枕之之鴆反　股音古　閒難乃旦反　與

子上用兩珪質于河質音如字一音致一本作與子上盟絕句用兩珪質于河別爲句

沈珪音鴆又如字　公孫肸許乙反　非復扶又反　子蟜居表反

公孫揮許韋反　生莠羊九反草也　降婁戶江反下及注同　奎婁苦圭

反　娵子須反　訾子斯反　東壁音璧　玄枵許驕反　爲任音壬

之比毗志反　公孫鉏仕居反　芋尹于付反　相楚息亮反下善相之同

去身起呂反　艾王魚廢反　爲宋于僞反　北宮佗徒何反

不信也夫音扶一讀以夫爲下句首　而偪彼力反　偪近附近之近　在治

直吏反　而要一遥反下注同　焉往於虔反　必大焉先並如字　復

命扶又反　如是三息暫反又如字　受筴初革反　惡其烏路反注同

分部扶運反　封洫況域反溝也　封疆居良反　大人之忠儉者

本或作大夫者非　踣之蒲北反　豐卷眷勉反徐居阮反　芻初俱反　豢音患

牛羊曰芻犬豕曰豢　而褚張吕反　褚褚勑六反又許六反本又作畜同　並畔薄杏

反又薄項反　殖之時力反徐是吏反此協下韻　經三十一年　所樂

音洛一音岳又一音五教反　殺者申志反　傳三十一年　語之魚據

反下吾語諸同　語偷他侯反　諄諄徐之閏反或一音之純反　盍與戶臘反

懦弱乃亂反　無厭於鹽反　民生幾何居豈反本或作民生無幾何　朝

不如字注同　讒慝他得反　以說如字　工僂力侯反　灑所蟹反舊所綺反

渻竈生領反徐本作省所幸反一音息幷反一音銷　孔虺許鬼反　之難乃旦反　好

其呼報反　大誓音泰本亦作泰　君欲楚也夫音扶　若不復扶又反

拱璧九勇反大璧也　毀瘠在亦反　之娣大計反　齊歸如字注同　公

子裯直由反　立長丁丈反　非適丁歷反　鮮不息淺反　比及

葬必利反一本無及字　三易如字又息暫反　縗本又作纕亦作衰同七雷反下同　衰衽

而甚反徐而鴆反裳下也　嬉戲許其反　惰而徒臥反　多涕他禮反　相鄭

息亮反　使盡子忍反　壞音怪下皆同　其館古亂反字從食字林云客舍也旁或作舍非

之垣音袁牆也　斥見賢遍反　是以令力呈反下注同　完客音九　其

閈戶旦反說文云閭也汝南平輿縣里門曰閈沈云閈也　閎獲耕反杜云門也爾雅云衖門謂之閎是也爾

雅又云所以止扉謂之閎然爾雅本止扉之名或作閣字讀者因改左傳皆作各音案下文云門不容車此云高其

閈閎俱謂門耳於義自通無爲穿鑿　客使所吏反注同　雖從才用反下賓從同　葺

牆侵入反徐音集一音七入反覆也謂以草覆牆也　共命音恭　寡君使丐本又作匄古害

反士文伯名也今傳本皆作此字或作正字釋例亦然解
者云士文伯是范氏之族不應與范宣子同名作正是也
案士文伯字伯瑕又春秋時人名字皆相配楚令尹陽丐
字子瑕即與文伯名字正同又鄭有駟乞字子瑕匄與乞
義同則作匄者是又案魯有仲嬰齊是莊公之孫又有公
孫嬰齊是文公之孫仲嬰齊於公孫嬰齊爲從祖同時同
名鄭有公孫段字子石又云伯石印段字子石傳又謂之
二子石然印段即公孫段從父兄弟之子尚同名字伯瑕
與宣子何廢同乎 **褊小**必淺反 **介於**音界注同 **悉索**所白反一音悉各反 **不**
閒音閑 **未得見**賢遍反下及注同 **敢暴**步卜反下同 **燥濕**素早反
朽蠹丁故反蟲敗也 **以重**直用反下重罪同 **僑聞**其驕反 **重耳**直龍反
卑痺痺音婢亦音卑 **無觀**古亂反 **臺榭**音謝本亦作謝土高曰臺有木曰榭 **庫廄**九又
反 **平易**以豉反注同治也 **汚人**本又作圬同音烏汗人塗者 **塓館**莫歷反塗
也 **甸設**徒遍反 **庭燎**力妙反徐力遥反一音力弔反庭燎大燭 **行夜**下孟反下巡行
同 **巾車**如字巾車掌車官也劉昌宗周禮音居覲反 **脂轄**戸瞎反 **各瞻**之廉反視

也　憂樂音洛　菑患音災　當復扶又反　銅鞮丁兮反　數里
所主反　迫迮側百反　水潦音老　賔見賢遍反　嬴諸侯音盈受也
宴好呼報反　如是夫音扶讀者亦以夫爲下句首　之輯音集又七入反
之繹本亦作懌音亦　說繹音悅　莒犂徐力私反或音力兮反　比公音毗　去
疾起呂反　展輿音餘本又作與音同　殺之乃立殺音試本或作乃自立者誤
買朱鉏仕居反　故復扶又反　重明直用反　屈狐庸居勿反狐音胡
巢隕于敏反　闞音昏　戕在良反　餘祭側界反　傳國直專反　相
衞息亮反　過鄭古禾反　廷于況反　勞于力報反下及注同　棐林芳尾反本
又作斐　數世所主反　以濯直角反　以上時掌反　能斷丁亂反下
同　禪婢支反　諶市林反　乘以繩證反　鮮有息淺反　鄉校戶孝
反下同學也鄭　謗議布浪反　夫人音扶下幷注同　朝夕直遙反舊如字
國謂學爲校

所惡烏路反又如字　不遽其據反　使道音導注同　長而丁丈反　能操七刀反　日少詩照反注同　曰愿音願謹善也　知治直吏反下注之治同　其傷多一本作其傷實多　楝也丁弄反　榱崩所追反椽也　將厭本又作壓於甲反徐於輒反下同　學製音制　所庇必利反又音祕　貫則古患反習也注同　厭覆芳服反　慢易以豉反　鮮克息淺反　令聞音問本亦作閒　衛詩此鄁風刺衛頃公故曰衛詩　棣棣本又作逮直計反　可選息兗反注同　選數所主反下同　斟酌之林反　而降戶江反注同　而復扶又反　之行下孟反下同　可樂音洛又音岳

昭元昭公名裯襄公子母齊歸在位二十五年遜于齊在外八年凡三十三年薨于乾侯謚法威儀恭明曰昭

第二十　杜氏　盡三年

經元年　公子招常遙反　于虢瓜百反　當先悉薦反　取鄆

音運　不稱將子匠反下同　帥所類反　言易以豉反　弟鍼其廉反　莒

大鹵大如字徐音泰下音魯穀梁傳云中國曰大原夷狄曰大鹵　莒去疾起呂反

展出奔吳一本作莒展輿　疆鄆居良反注同　子麇九倫反　以瘧音虐

書弒申志反或作殺音同　傳元年　且娶七住反　爲介音界注同

人惡烏路反　褊小必淺反下同　從者才用反　請墠音善除地也

辱貺音況　布几本亦作机　筵音延　莊共音恭　草莽莫蕩反　而懲

直升反　不憾戶暗反　所雍於勇反本又作壅注及下注同　之祧他彫反遠祖廟

也　垂櫜古刀反弓衣也　先歃所洽反　復得扶又反下雖復同　而駕

如字又音加注及下同　衷甲音忠　楚重直用反　子相息亮反　東夏

戶雅反　淳于音純　不罷音皮　謗讟音獨　誹也方畏反　行僭

子念反下同　是穮彼驕反耘也　是蓘古本反　耘也音云除草也　饑饉

其靳反 耕鉏仕居反 之收手又反又如字 鮮不息淺反 是難乃旦反
反下注並同 特緝七入反 欲背音佩注同 誕也音但 便篡初患反 小
二子樂音洛注及下樂憂而樂同 小國共音恭注及下同 樂王鮒音附
旻亡巾反 馮河皮冰反 絞古卯反切也 而婉紆阮反注同 臧否悲矣
反舊方九反 持之如字本或作恃誤 當身丁浪反 瀆齊徒木反 其
使所吏反下注其使出使下召使者同 相趙息亮反注同 而爲于僞反下注爲諸侯同
深其脛戶定反 以藩方元反 之隙去逆反 之咎其九反注同
也賄呼罪反 思難乃旦反下同 辟汙音烏注及下同 疆居良反注及下
至莒之疆事同 場音亦注同 表旗音其 饕吐刀反 餮吐結反 夏有戶雅反
觀音館舊音官 扈音戶 鄠縣音戶 姚西典反又西禮反 邳皮悲反 嬴姓
音盈 狎主戶甲反 故更音庚 又焉於虔反注同 吳濮音卜 有釁

許靳反過也　勿與音預　無亢苦浪反徐又音剛禦也　禦也魚呂反　去
煩起呂反　宥善音又　小宛紆阮反　可復扶又反　褎姒音似　滅之
如字詩作威音呼悅反　少懦乃亂反弱也　過鄭古禾反　瓠葉戶故反
猶與賓客享之許丈反又普庚反　夫人音扶注同　於幕武博反　折
俎之設反　采蘩音煩　省穡所景反徐所幸反注同　死麕九倫反　脫
脫吐外反　我悅始銳反　使尨武江反　也吠扶廢反　常棣直計反　飲酒
兄弟比毗志反下注德比同　兕爵徐履反　於戾力計反下同
樂音洛注同　不復此扶又反注及下不復年并注同　勞趙孟力報反下以勞之同　於
穎營井反水名　於雒汭如銳反　劉夏戶雅反　弁端委本亦作弁冕端
委　子盍戶臘反何不也　亦遠績功本或作亦遠績禹功　大庇必利反又音祕
焉能於虔反下焉用焉能同　吾儕仕皆反　朝不如字下同　以語魚據反

將知音智　而耄莫報反亂也　不歆許金反　曾夭於兆反　幾被音祈　曾臯扶九反　數月所主反注同　賈而音古注同　欲贏音盈注同利也　而惡烏路反注及下同　嚻乎許驕反徐五高反注同　惡讙呼端反或作諠　指楹音盈柱也　可去起呂反　使強其丈反　贄幣音至　超乘繩證反　櫜甲古刀反本或作衷丁隆反　及衝尺容反交道也　我好如字一音呼報反　直鈞音均絕句　女皆音皆下同　奸之音干犯也　其長丁丈反下同　養其親如字下同　女嬖必計反　弗下戶嫁反　兵其從兄如字又才用反　無重直用反又直勇反　能亢苦浪反　私難乃旦反　而蔡蔡叔上蔡字音素葛反放也說文作𥻦𥻦音同字從殺下米云𥻦𥻦散之也會杜義下蔡叔如字　夫豈音扶　懼選息轉反徐素短反注及下同數也　選數所主反注及下文數世同　千乘繩證反下及注同　爲晉侯于僞反　造舟七報反注同造舟爲梁也李巡注爾雅云比其舡而度也郭云併舟

爲橋　自雍於用反　自齎子兮反本又作賫同　而還音環　不徑古定反

得見賢遍反　已坐才臥反　女叔齊音汝　未艾魚廢反注同　其

幾何居豈反下同　鮮不息淺反注同　五稔而甚反　不啻始豉反　視

蔭於金反本亦作陰　朝夕如字注同　日景如字又於領反　翫歲五喚反說文云

習厭也又作忨云貪也　而愒苦蓋反貪也　其與如字又音預　鄭爲于僞反

闔門音圭　實薰許云反　隧音遂　數子晳色主反又色具反　強與其丈

反下音預　大原音泰　崇卒子忽反下及注皆同　又阨本又作隘於懈反　不

便婢面反　以什音十　共車音恭　今去起呂反下皆同　爲行戶郎反

步陳直覲反下文五陳未陳同　五乘繩證反注五乘同　以徇辭俊反　前拒

九甫反　疆鄆居艮反注同　務婁並如字務又音謀一音無　瞀胡徐音茂一音謀

大厖武江反　也夫音扶　臺駘他才反　爲崇息遂反　闕伯於葛反

帝嚳苦毒反　相能如字又奴代反　相土息亮反　大夏戶雅反注及下
同　主參所林反注及下同　方震本又作娠之愼反又音申懷妊也　大叔音泰注及下同
懷胎他來反　屬諸之玉反　而蕃音煩　叔虞封唐是爲晉
侯案史記叔虞封唐侯叔虞之子燮父改爲晉侯　有裔以制反遠也　曰昧音妹　爲玄
冥師師長也爲水官之長　少皞詩照反下戶老反　之長丁丈反下殖長同　纂
昧子管反　宣汾扶云反　洮他刀反　障大澤之尚反又音章注同　陂障
彼皮反　顓頊音專下許玉反　沈音審　姒音似　癘音例　疫音役　禜之音詠
徐又音營　營欑子管反　哀樂音洛　朝以如字　所壅於勇反　湫
子小反集也徐音秋又在酒反服云著也　底丁禮反滯也服云止也　露羸劣危反、下同　嬪
御婢人反　以惡如字又烏路反　取同七住反　辨別彼列反　有省
所景反徐所幸反注同　去同起呂反　其與如字又音預　幾何居豈反　而

好呼報反　怙富音戶　近女附近之近下同　如蠱音古　以喪息浪反
不祐音又　以降音絳下及注同罷退也或音戶江反　容彈徒丹反又徒旦反
慆吐刀反下同　堙音因　乃舍音捨注同　發見賢遍反　赤聲徵張里反
爲菑音災下同　喘渴昌兗反　洩注息列反下如字　思慮息利反
主相息亮反　改行下孟反　其咎其九反　能御魚呂反本亦作禦
淫溺乃狄反　耆欲時志反　皿蟲命景反說文讀若猛字林音猛　巽下音遜
艮上古恨反　長女丁丈反下同　少男詩照反下同　而說音悅　城
韡尺州反　櫟音歷徐失灼反　郟古洽反　爲介音界　出竟音境　縊而一豉反絞也
殺之申志反　絞也古卯反　幕音莫　平夏戶雅反　宮廄居久反
共王音恭　爲長丁丈反　從車才用反　五乘繩證反下同
之餼許氣反　一卒子忽反　底祿音旨　且夫音扶　不侮亡甫反

鰥寡古頑反　史佚音逸　自別彼列反　蘧罷音皮　蘧啟彊其良

反又居良反　汏侈音泰　自說徐音悅一音始悅反　不數所主反　既烝

之承反冬祭名　趙衰初危反　及雍於用反　經二年　惡之烏路

反　少姜詩照反傳放此　致襚音遂　傳二年　來見賢遍反

脩好呼報反　所以王于況反周弘正依字讀　而說音悅　四臣大顛閎天

散宜生南宮适　四輔謂先後奔奏疏附禦侮　彌縫扶恭反　補合如字一音閤

賦節才結反徐又如字　式訛五禾反　譽之音餘注同　殖長丁丈反

召南上照反下同　爲平公于僞反下文爲之請同　使見賢遍反下見彊同

亢也苦浪反　淇音其　澳於六反　爲好呼報反後文注皆同　少齊詩照

反　以適丁歷反　介休音界下許虯反　郊勞力報反注皆同　女無音汝

下及注皆同　郊使所吏反下同　以近附近之近下同　欲去起呂反　擊

創初良反　乘遽其據反爾雅云馹遽傳也孫炎注云傳車驛馬　傳中戀反　驛音亦
務共音恭下文注皆同　無厭於鹽反　女嬌居表反　朝夕如字下同
以印一刃反　褚師張呂反注同　之衢其于反　非伉苦浪反　儷力計
反　其使所吏反　已頗普多反　經三年　重丘直恭反
卿共音恭傳放此　大雨于付反　雹蒲學反　傳三年　張趯他歷
反　爲此來于僞反　閒朝閒廁之閒　而數於所具反徐所主反　守適
丁歷反注同本或作嫡下同　而令力呈反　復薦扶又反下不出者皆同　有知
音智　朝夕如字　奉質徐之二反又音如字　多難乃旦反　不腆他典反
焜胡本反又音昆服云明也　燿羊照反服云照也　殞命于敏反　之好呼報反
徽福古堯反　大公音泰　要也一遙反　敢譽音餘　董振之刃
反一音眞注同　嬪廧本又作嬙在良反　獨任音壬　在褢七雷反本亦作褱　經

直結反 其睨音況 吾弗知絕句 四量音亮下及注同 豆區烏侯反注及下
皆同 以五升爲豆四豆爲區四區爲釜 舊本如此直加豆爲五升而區釜自
大故杜云區二斗釜八斗是也本或作五豆爲區五區爲釜者謂加舊豆區爲五亦與杜注相會非於五升之豆又
五五而加也 量貸他代反 蜃食軫反 蛤古荅反 賈如音嫁 民參
七南反又音三 賦斂力驗反 公聚徐在喻反一音在主反 朽蠹丁故反 三
老杜云八十以上上中下壽也服云工老商老農老也 凍丁貢反 餒奴罪反 上壽音授下同
以上時掌反 屨賤九具反 踊貴音勇刖足者之屨也 刖者音月又五刮反
而或燠於喻反徐音憂又於到反一音於六反 休之虛喻反徐許留反燠休痛念之聲也賈云
燠厚也休美也 將焉於虔反 伯戲許宜反 其相息亮反服如字 大姬
音泰 軍行戶郎反 公乘繩證反 卒列子忽反注同 無長丁丈反注同
罷敝音皮 滋侈尺氏反又昌氏反 道殣音覲餓死爲殣說又云道中死者人所覆

也毛詩作墐傳云墐路冢也　欒郤去逆反　阜才早反　隸力計反　不悛七全反

反改也　以樂音洛又音岳　慆憂吐刀反藏也　讒鼎仕咸反鼎名也服云疾讒之鼎也

昧旦音妹　丕顯普悲反　怠解佳賣反　況日人實反　此難乃旦

反　肸聞許乙反　近市附近之近下同　湫子小反徐音秋又在酒反下同　隘於賣反小

也　囂塵許驕反一音五高反囂聲也塵土也　爽塏苦待反爽明也塏燥也　燥也素早

反　朝夕如字下朝夕同　雖　有鬻羊六反賣也　令不與力呈反　爲

是于僞反　省於所景反下同　如祉音恥　遄已市專反　本壞音怪

故復音服下卒復爲其復欲復之同　還其音環　諺曰音彥　段相息亮反

筴初革反　賜女音汝　以胙才路反　之汏音泰驕也　猶荷戶可反任

也又音可　自郤稱尺證反　以別絕句　三傳矣直專反注同　乃舍音赦又音

捨下同　又焉於虔反　爲之請之于僞反下爲其復爲少姜下注爲之辟仇爲乎公逆

皆同　爲介音界　辟仇音避　公孫蠆勑邁反　而遠于万反　猜焉七才反疑也　糞除甫問反　實不忘我好呼報反下同絕句一讀以好字向下東竟音境下同　盧蒲嫳普結反又匹舌反　又見賢遍反　種種徐本作董董音章勇反短也　欲去起呂反　大夫比毗志反注同　衛衎苦旦反　子產相息亮反　之夢如字徐莫公反注同　又喪息浪反　而嬀九危反　一个古賀反

經典釋文卷第十八

經四千八百三十二字
注一萬一千二百六字

經典釋文卷第十九

春秋左氏音義之五 起第二十一盡第二十五

唐國子博士兼太子中允贈齊州刺史吳縣開國男陸德明撰

昭二第二十一 杜氏 盡七年

經四年 大雨于付反傳大雨雹同 雹蒲學反 沈子音審 爲齊于僞反 取鄫才陵反 傳四年 復田扶又反注同 與焉音預 不易以豉反注同 有難乃旦反下及注同 結驩喚端反 請閒徐音閑一音如字 虞度待洛反 方侈昌氏反又尺氏反 欲逞勅景反 所相息亮反助也 不殆直改反危也 多篡初患反 殺申志反 何鄉許亮反本又作嚮 四嶽音岳 岱音代在兖州 華如字又胡化反在雍州 衡如字在荆州 恒如字本或作常在冀州案作恒者是也北岳本名恒山漢爲文帝諱改作常耳 三塗山名

服云大行轘轅崤黽也　陸渾戶昏反又戶困反　大室音泰下文大室同大室即中岳嵩高

山也在豫州　沶鄉音市又音示漢書音義音穊或一音隸則當水旁作尔恐非本或作渫字誤也

燕代烏賢反　以享許庚反注同通也　其疆居良反　以喪息浪反下同

里丕普悲反　衛邢音刑　紂作直九反　以隕于敏反　許楚

使所吏反　叔向許丈反　時見賢遍反下注朝見昏見同　少安如字　將

焉於虔反注同　偪彼力反　可禦魚呂反止也下誰能禦之同　謂夏戶雅反下

同　西陸朝如字注同　覿徒歷反　在昴音卯　蟄蟲直立反下除中反

奎星苦圭反　沍寒戶故反閉也　以道音導　獨共音恭　黑牡茂后

反黑牡黑牲也　秬黍音巨黑黍　玄冥亡丁反　桃弧音胡以桃為弓　以禳如羊

反　凶邪似嗟反　皆與音預　喪浴音欲　祭寒而藏之本或作祭

司寒者非　祭韭音九　傳之直專反　輿人音餘　風壯側亮反　也

徧音遍　無愆起虔反過也　淒風七西反寒也　霖雨音林　震霆音亭
又音挺又音亭佞反　無菑音災下同　癘疾音例　夭札側八反一音截夭死曰札字林
作殀壯列反云夭死也　而殺如字又色界反徐色例反　豳風彼貧反　鑿在洛反
沖沖直忠反　凌陰陵證反一音陵　其蚤音早　以難乃旦反　夏
啓戶雅反注放此啓夏禹子　鈞臺音均　臺陂彼宜反　景亳步各反　鞏
縣九勇反　盟津音孟　岐陽其宜反　之蒐所求反　酆宮芳弓反
召陵上照反　向戌舒亮反下音恤　公孫僑其驕反　共職音恭　薦
守手又反　善相息亮反　屬有章玉反適也　宗祧他彫反　言爲于僞
反　將墮許規反布也服云輸也　後見如字一音賢遍反　爲仍而承反
有緡亡巾反　爲黎力兮反　汰也音泰　而愎皮逼反　很也胡墾
反　時見賢遍反又如字　費遂扶味反　大夫從才用反注同　屈申

居勿反　播於波佐反又波可反揚也徐云字或作幡數表反　爲用之於虔反　斧鉞音越　以徇似俊反　崔杼直呂反　楚共音恭　麇九倫反　士祖音但　與櫬初覲反棺也　造於七報反　所將子匠反下將帥同　釋其縛　與如字舊扶臥反　於鄢於晚反又於建反　爲許于僞反　城竟音境注同　與爭爭鬬之爭　言易以豉反　著丘公直居反徐直據反　去疾起呂反　潰散戶對反　將帥所類反　重發直用反　蠆尾勑邁反　渾侯溫反　罕徐許但反　於涼音良薄也徐音亮　棘櫟力狄反徐又失灼反　鄭縣才河反　沈尹射食夜反又食亦反一音夜　於夏戶雅反注同　汭如銳反　葴尹之林反　宜咎其九反　薳于委反　啓彊其良反又居良反　罷賴皮買反徐甫綺反　之難乃旦反　娶於七住反　天歷於甲反又於輒反　弗勝音升下同　上僂力主反　肩傴紆甫反　而猳音加猪也　喙許穢反口也　號

之徐胡到反一音戶刀反下同　從者才用反　志識申志反一音式　饋之求位
反餉也　召女音汝下同　始見賢遍反下接見同　問其姓女生曰姓姓謂子也
子長丁丈反下同　能奉芳勇反　曰唯維癸反徐以水反唯應辭猶唅也
爲豎上注反小臣也　取之七住反又如字　丘猶音由　強與其丈反下同
爲孟鍾于僞反又如字　釁鍾許覲反　使拘音俱　萊書音來萊書人姓名
觀於公古亂反注同又如字　見仲賢遍反下及注并杜泄見同　杜泄息列反
不食音嗣　何去起呂反注及下同　使寘之豉反置也本或作寘　于个古賀
反謂廂屋　廂也本又作箱息羊反　令空力呈反　而相息亮反　叔孫
婼勑略反　牛賂音路　使惡烏路反　葬焉於虔反下將焉用同　介卿
音界次也　左乎如字注同不便也舊音佐　不便婢面反　舍路式夜反置也注同或
音捨　而復賜扶又反　以媢冒冀反　經五年　舍中軍音捨

傳同 弁夷己侯反 姑幕己博反 蚡泉扶粉反 傳五年
臧氏子郎反 復以扶又反 取二分扶運反或如字 於殯必刃反
之柩其又反 僖閔音宏 詛諸側慮反 之衢其俱反 擲地直亦反
葬鮮音仙徐息淺反不以壽終爲鮮注同 不以壽音授 勿與音預 之虛
起居反 射之食亦反 中目丁仲反 使亂大從如字杜云使從於亂也服云使
亂大和順之道也 殺適丁歷反本又作嫡 又披普彼反析也 析也星歷反
其見賢遍反 塞闕悉代反 死語魚據反 周任音壬 德行
下孟反注同 坤上苦門反 艮下古恨反 以餒奴罪反餓也 爲阜
才早反 爲輿音餘 爲僚力彫反 晡時布吳反 日昳田結反 禺
中遇俱反 有應應對之應 謙下如字又遐嫁反 避難乃旦反 敗言
必邁反又如字注同 有攸音由 牝牛頻忍反舊扶死反 過鄭古禾反 勞

子蕩力報反後皆同　于氾徐扶嚴反　菟氏大胡反　子產相息亮反　其
使所吏反　往見賢遍反　贈賄呼罪反　女叔齊音汝　焉知於虔
反　子家羈居宜反　奸大國音干　取鄆音運　之難乃旦反下及注
並同　思莫徐息吏反謂羣臣慮也一音如字　無爲于僞反　屑屑先結反
以亟紀力反急也　以此諷方鳳反本亦作風音同　爲介音界　子大叔
音泰　索氏悉落反　焉能於虔反　道之音導　其好呼報反　度
之待洛反注同　吾仇音求　爲閽音昏　刖足音月又五刮反　羊舌肸
許乙反　享覜他弔反徐又他彫反　有璋音章　享饗並許丈反鄭服皆以享爲獻耳
覜見賢遍反下同　臣爲于僞反　君使所吏反　述職述其所治國之功職也
巡功巡所守之功績　巡守手又反　設机音几　不倚於綺反　有
好呼報反注及下同　飧有音孫熟食　陪鼎薄迴反徐扶坯反加也　城濮音卜

於邲皮必反　於鄢於晚反　重之以睦直用反　姻親音因　而
麇上陌反又其郎反羣也注同　中行吳戶郎反　范鞅於丈反　知盈音智
之將子匠反　張趯他歷反　張骼古百反或音各　輔櫟力狄反又力各反本又作
躒同　苗賁皇扶云反　之選息戀反　而使所吏反注及下注同　任出音壬
韓賦七邑韓襄起之兄子箕襄邢帶二人韓氏族韓須叔禽叔椒子羽四人皆韓起子凡七人人一
邑　百乘繩證反下皆同　羊舌四族見注不録　銅鞮丁兮反　若喪
息浪反　楊肸叔向本羊舌氏食采於楊故又號楊肸也　食我音嗣　長轂古木反
往遺唯季反　王欲敖五報反　叔向以其所不知絶句　多知
如字一音智　不敢見賢遍反　娶於七住反　自爲于僞反　驟見
仕救反　愬于悉路反　誘也音酉　惰徒臥反　閒而音閑注同又如字
朿陳直覲反　故重直用反　蓫射食夜反又音食亦反　常壽過古禾

反　於瑣素果反　遽不其據反　鵠岸五旦反　以馹人實反

傳也中戀反　蹶由居衛反　犒師苦報反　以釁許覲反　女卜音汝

以守手又反下同　余亟紀力反　好逆呼報反　使臣所吏反下並同

休解佳賣反　馮怒皮冰反盛也徐又數冰反注同　雖羸力危反　脩完音九

難易以豉反　豈爲于僞反　以禦魚呂反　一否悲矣反舊方有反

萊山音來　觀兵舊音官注云示也讀爾雅者皆官喚反注同　坻箕直夷反

雩音于徐況于反如淳同韋昭音虛　婁力侯反徐力俱反如淳音樓　五稔而甚反

經六年　華戶化反　合比如字又毗志反　薳罷音皮　傳六年

鑄刑之樹反　使詒以之反遺也　遺唯季反　虞度待洛反下同　刑

辟婢亦反下皆同　有爭爭鬭之爭注及下皆同　禁禦魚呂反　嚴斷丁亂反下

及注同　聳之息勇反　以行下孟反　說以音悅　莅之音利又音類

之長丁丈反　而傲本又作遨古堯反　其巧如字又苦孝反　夏有戶雅反注

同　相鄭息亮反　封洫況域反　立謗布浪反　參辟七南反一音三

日靖音靜　錐刀音追　盡爭此一字如字　數改所角反　見鍼

之林反　火見賢遍反注同　求貺音況　爲驩音歡　好貨呼報反注同

寺人本又作侍　柳良久反寺人名　惡之烏路反　盟處昌慮反下同　乃

與寺人柳比毗志反　見於賢遍反又如字　女夫音汝下并注同夫音方于反注

同　女喪息浪反　毋俾必爾反　過鄭古臥反又古禾反　從鄭伯

才用反或如字　以勞力報反注及下同　諸相側加反　不敢見賢遍反下見如見王王注見

鄭伯如見楚王私見鄭伯同　乘馬繩證反　降殺所界反　芻初俱反　采

樵似遙反下同　不抽勑留反　不強其丈反又其良反　匄本或作丐音蓋乞也說文

作匃云乞也遜安說亡人爲匃　廢黜勑律反　不慁戶困反患也　晉竟音境下注

同　楚僻匹亦反注及下同邪也　我衷音忠　僻邪似嗟反　效僻戶孝反下同　焉用於虔反　侯說音悅　遂泄息列反　乾谿苦兮反　城

父音甫　宮廄九又反　士匄古害反本或作丐　相息亮反爲介也注同　士鞅於丈反今傳本皆作士匄相士鞅古本士匄或作王正董遇王肅本同學者皆以士匄是范宣子即士鞅之父不應取其父同姓名人以爲介今傳本誤也依王正爲是王元規云古人質口不言之耳何妨爲介也案士文伯是士鞅之族亦名匄無妨今相范鞅即文伯也然士文伯名古本或有作正者解見前卷襄三十一年　爲介音界

左右諂勑檢反　諛羊朱反　經七年　暨齊其器反與也傳同　不

重直用反　叔孫婼勑略反徐又音釋　舊好呼報反　傳七年

于虢瓜百反　燕竟音境　瑤音遙　罋烏送反徐於容反　玉櫝徒木反　公

孫皙星歷反徐思益反　侯釁許覲反　濡上徐音須說文女于反一音而又而于二反

鄭縣音莫本又作莫　斝耳古雅反一音嫁玉爵也禮記夏曰醆殷曰斝周曰爵說文斝從斗

置也其位反 王旌音精 析羽星歷反 游至音留 於軫之刃反
芋尹于付反 斷之音短 封疆居良反下同 定分扶問反 溥
夭音普毛傳云大也今之左氏傳本或作普 之濵音賓 濵涯五佳反 所以共
音恭 有圉魚呂反養馬者也 女胡音汝 將焉於虔反 荒閱音悅
閱蒐所求反 僕區烏侯反徐又如字僕區刑書名也服云僕隱也區匿也爲隱匿亡人之法也
數紂色具反或色主反 逋逃布吳反 萃在醉反 藪素口反 故
夫音扶又方于反 之好呼報反 以輯音集又七入反 失隕于敏反 宗
祧他彫反 共王音恭 傳序直專反 郟敖古洽反 復有扶又反
質子音致又如字 使臣所吏反 質幣音至徐之二反又如字 而見賢遍反
以道之音導下同 勞于力報反下同 爲介音界 相儀息亮反
仲孫貜俱縛反又俱碧反 惡之如字或烏路反非也 降婁戶江反下同 大

咎其九反　取謫直革反譴也　譴也遣戰反　故復扶又反下復伐同

爲孟于僞反注及下爲杞取成同　孫守手又反下守臣同　挈苦結反　缾蒲丁反　之知音智注小知同　汲者音急　以借子夜反　喪邑息浪反　有猜七才反

開晉如字注同　桃虛起居反　萊音來　柞子洛反又音昨　長鬣力輒反

者相息亮反　鬚音須　先夸苦華反　好以呼報反注同　大屈居勿反大屈弓名服同又云大曲也賈云寶金可以爲劒出大屈地　見公賢遍反　公語魚據反

無適丁歷反　而傳直專反　祈禱丁老反一音丁報反　無瘳勑留反

黃能如字一音奴來反亦作熊音雄獸名能三足鼈也解者云獸非入水之物故是鼈也一曰既爲神何妨是獸案說文及字林皆云能熊屬足似鹿然則能既熊屬又爲鼈類今本作能者勝也東海人祭禹廟不用熊白及鼈爲膳斯豈鮌化爲二物乎　堯殛紀力反誅也本又作極音義同　鮌古本反禹父也　夏郊尸雅反注及下同　差也初賣反　爲豐于僞反下爲初言同　以夫音扶　能

任音王下同　析薪星歷反　負荷本亦作何河可反又音河　擔也丁甘反　復立

若屬音燭　有疆居良反　埸音亦　介而音界　公孫泄息列反　復立

扶又反　說也如字下及注同徐始銳反　治政直吏反　說而後信音悅

曰魄普白反　強死其丈反注及下同　馮依皮冰反注同　之胄直又反

從政三世矣子良公子去疾生子耳公孫輒輒生伯有良霄三世爲鄭卿　無腆他典

反　蕞爾在最反小貌　政柄彼命反　公孫鉏仕居反　馬師頡

戶結反　罕魋徒回反　所寘之豉反　爲子產于僞反注同　從嬖

必計反　庇其必利反又音祕　鵖本又作卽精亦反　鴒本又作令力丁反　急難

如字又乃旦反注同　行則搖音遙又以照反　宣子說音悅　還衞音環　陟

恪苦各反　高圉魚呂反　孟僖子病不能禮本或作病不能相禮相音息亮

反　相儀息亮反　郊勞力報反　適嗣丁歷反　而僂力主反

而傴紆甫反　敢侮亡甫反　饘之然反爾雅饘餬也　鬻之六反孫炎云淖糜也

以餬音胡　必屬音燭　說音悅　單獻音善　襄頭音傾　或憔在遙

反詩作盡　悴在醉反　多語魚據反　媢音周又直周反徐又勑周反　姶烏荅反

盂縶張立反　烝鉏之承反　使羈居宜反　相之息亮反下同　史

朝如字　跛也波我反　遇屯張倫反　之比毗志反注同　元亨許庚

反注元亨皆同　非長丁丈反注同　康叔名之如字徐武政反　其繇直又反

嗣吉何建本或作可建　又焉於虔反

昭三第二十二　杜氏　盡十二年

經八年　招常遙反　侯溺乃歷反　于徵師古丹反　蒐所求反

于紅戶東反　千乘繩證反　沛國音貝　子過古禾反　不稱將

子匠反　帥所類反　復稱扶又反　孔奐呼亂反　嬖人必計反

傳八年　魏榆地名服云魏邑也榆州里名　或馮焉皮冰反注同　聽濫力暫反失也　怨讟徒木反　崇侈昌氏反又尺氏反　虒音斯本又作虒同　祁巨之反一音巨支反　臨汾扶云反　怨遠于萬反注同　怨咎其九反下文同　僭而子念反注同不信也　是出如字又尺遂反　是瘁在醉反　賀矣古可反嘉也毛詩傳云可也　畀躬必爾反本又作俾　處休許糾反美也　適夫人丁歷反本又作嫡　公子勝升證反又音升　屬諸音燭　廢疾甫肺反　哀公縊一豉反　憂恚一睡反　疑爲于僞反下爲子良立宰爲之立宰同　故重直用反　相鄭息亮反下而相吾室同　若何弔也本或作若可弔也　千乘繩證反注同　數軍色主反　西竟音境　且見賢遍反　頃公音傾下文並同　鑄也之樹反　捷也在接反　孺子而樹反本亦作孺　長矣丁丈反　則數人色主反下同　去戎起呂反　著常張略反　子盍胡臘反下同

請從才用反　稽顙音啓下素黨反　請寘之豉反　於幄於角反　加絰直結反　使穿音川　封戌音恤　城麇九倫反　不諂勑檢反　皇頡戶結反　女知音汝下同　顓頊音專許玉反　鶉火市春反　析木星歷反　將復扶又反一音服　自幕音莫　瞽音古瞍素口反　舜重直用反　曰嬀九危反　已見賢遍反

經九年　仲孫玃俱縛反徐又居碧反　郎囿音又菀也於郎地築菀也舊于目反

傳九年　趙靨於減反　濮西音卜　於葉始涉反　其處昌慮反　閻嘉以廉反　張趯他歷反　詹桓之廉反　自夏戶雅反注同　駘他來反依字應作部　芮如銳反　歧其宜反　之長丁丈反下師長同　所治直吏反　斄城他來反又音來一音力之反本或作釐　蒲姑如字又音薄　商奄於檢反　樂安音洛　巴必加反　燕於賢反　亳步各反　以蕃方元反　屏周必幷反　廢隊直類反注同　是爲

于偽反注同 如卞本又作弁皮彦反 髦音毛 始冠古亂反 檮徒刀反 杌

五忽反 四裔以制反 以禦魚呂反 螭勑知反 魅本又作鬽武冀反 之姦

古顏反 瓜州古華反 敦徒門反 煌音皇 使偪彼力反 郊甸徒遍反

反 戎焉於虔反又如字 之咎其九反 封殖時力反 封疆居良反

以畜許又反一音許六反 牧音目又音茂 文之伯如字又音霸 子說音悅

與襚音遂贈死衣服 頳俘芳夫反 竇滑呼入反又于入反 以說如字

又音悅 將復扶又反下注復封皆同 水妃也芳非反一音配注同 所相息亮

反注同治也 妃以五成妃音配注並同 自為于偽反 戲陽許宜反

飲酒樂音洛 屠音徒禮記作杜 蒯苦怪反 請佐公使尊使音如字亦所吏反

以飲於鴆反下又飲同 女為音汝下皆同 甲子喪息浪反 人舍

音捨 為疾于偽反下為是同 公說音悅 知氏音智下同 悛七全反

荀躒本又作櫟力狄反徐音洛　舊好呼報反　勿亟紀力反　勸樂如字又五教反一音洛　焉用於虔反　以勦初交反又子小反勞也　經十年　耆酒市志反傳同　好內呼報反　侯彪彼虯反　宋公成音城何休音恤　傳十年　婺女武付反　非孛蒲對反　裨竈婢支反　之虛起魚反注同　玄枵許驕反　任氏音壬注同　大公音泰　之妣必履反　二十八宿音秀　說婦人音悅　而惡烏路反注同　而騁勑領反　傳言者直專反　先伐諸一本無伐字　焉往於虔反下焉歸同　不差初賣反　靈姑鈃扶眉反又音平　率吉所律反徐所類反　請斷丁管反注同　于稷杜云祀后稷之處也一云稷地名六國時齊有稷下館　之處昌慮反　有爭爭鬭之爭　可強其丈反注同　蘊利紆粉反　生蘖魚列反　蘊畜勑六反　滋長丁丈反　具幄於角反　幕音莫　從者才用反　衣屨九具反

載周如字詩作哉毛云哉載也鄭云始也能施始豉反下注同周徧音遍爲之
于僞反取郰古杏反獻俘芳夫反亳社步洛反視民如字詩作
示字不佻他彫反偷也畜牲許又反見新賢遍反下不得見下文因見同之
贅音至喪焉於虔反百乘繩證反自費芳味反下同幾千人
居豈反不可數所角反在衰七雷反本又作縗經直結反嘉服見
如字又賢遍反下同是重直用反以見賢遍反下同欲敗必邁反下同
自勝音升語諸魚據反親推如字又他回反注同能任音王下同喪
夫人息浪反夫音扶注同惡寺人柳烏路反寺又作侍柳熾尺志反炭吐旦
反則去起呂反其處昌慮反比葬必利反元公好呼報反
惡烏路反經十一年子虔其連反侯般音班雖殺申志
反傳放此比蒲音毗徐扶夷反禕祥子鳩反徐又七林反北宮他徒河反

厥愸魚靳反徐五巾反一音牛轄反　齊歸如字　傳十一年　萇弘直良反

歲復在扶又反下歲復在同　然壅於勇反注及後同　蔡近附近之近下同

於慼戶暗反　以斃婢世反　有縉武巾反　以喪息浪反下且喪君同

而隕于敏反　而亟欺冀反數也　無咎其九反下同　非胙本又作祚

在路反　無拯拯濟之拯救也注同　沒振之愼反　弃捐以專反　捄助

音救本亦作救　不可復振扶又反本亦無此字　脩好呼報反　夢以帷位悲

反一本作夢以其帷　幕孟音莫　其僚力彫反　薳氏爲彼反本又作蔿　之薳本又

作薳初又反副倅也說文薳從卄　副倅七對反　令副力呈反　雙生如字或一

音所敬反　鄉四月本又作嚮亦作向同許亮反　將焉於虔反　鮮矣息淺反

復在扶又反本或作復於　狐父音胡　有著張慮反徐治居反注及下同　常

處昌慮反　有禬古外反領會也說文云帶所結也　所以道音導下同　以語

魚據反　歸祐音又　岡山音剛　侯盧力吳反　相爲于僞反或如字　檀伯徒丹反　不羹舊音郎漢書地理志作更字　城櫟力狄反　而寘之豉反下同　不反　之長丁丈反　不勝音升　曼伯音萬　實出如字徐音黜　不掉徒弔反

經十二年　高傒音奚　成熊音雄　公子慭魚覲反一讀爲整正領反　不書將子匠反　帥所類反

傳十二年　將爲于僞反　過女音汝　迂直音于一音於　則朝如字　而堋北鄧反徐甫贈反下棺也禮家作窆彼驗反義同　登憚待旦反　爲賦于僞反　蓼蕭音六　壽樂音洛　相鄭伯息亮反下同　有酒如淮舊如字四瀆水也學者皆以淮牴之韻不切云淮當爲潍潍齊地水名下稱澠亦是齊國水也案澠是齊水齊侯稱之荀吳既非齊人不應遠舉潍水古韻緩作淮足得無勞改也　如坻直疑反徐直夷反杜云山名也詩云宛在水中坻坻水中高地也　中此丁仲反下及注同　如澠音繩　入時水如字本或作澠音同　代更音庚　齊

君弱吾君輕吾君以為弱也　軍帥所類反　強禦魚呂反　卒子忽反　乘繩證
反　公孫傁素口反徐又所流反　日旰古旦反　別種章勇反　沾縣
張廉反韋昭音拈字林他兼反　緜皐古刀反　肥累劣彼反又力輒反　伯絞古卯
反　跪尋求委反又音詭　弟過古禾反下庾皮之子過同　將去起呂反　孫
鮹音秋　南蒯苦怪反　費邑音祕　子更音庚注同　蒯語魚據反注同
殺適丁歷反　無頗普河反偏也　逃介音界注同　副使所吏反
湫乎子小反徐又在酒反一音秋　攸乎如字徐以帚反　愁隘於賣反　懸危音玄
本又作縣　深思息嗣反注同　枚筮武回反　汎卜芳劍反　遇坤苦門
反　之比毗志反注同　之長丁丈反　外內倡昌亮反　和戶臥反　供
養九用反下餘亮反　弗當如字注同或丁浪反　且夫音扶注同　欲令力呈反
參成七南反又音三　飲鄉人於鴆反　有圃布古反園也　之杞音起

枸杞音苟本又作狗　通稱尺證反　倍其音佩　爲季于僞反下同

守于本亦作狩同手又反注同　潘子普干反　司馬褻音篤本亦作督　鄖尹午五刀反徐許驕反　之援于眷反　雨雪于付反　王皮冠一本作楚子皮冠　秦復陶復音服一音福陶音徒刀反復陶雨衣也　所遺唯季反　翠被普義反注及下同　豹舄音昔　執鞭必緜反或革傍作更者五孟反非也　析父星歷反　從才用反　莫見音暮下賢遍反　去冠起呂反　舍鞭音捨　熊繹音亦　呂級音急本又作汲　燮父素協反下音甫下同　有分扶問反下及注皆同　辟在匹亦反　泝鄉音市又音示　篳路音必　藍縷力甘反下力主反　草莽武黨反　跋涉蒲末反　以共音恭　禦魚呂反　長曰丁丈反　少曰詩照反　曾居才能反一本作甞　遠我于萬反　不羹音郎　千乘繩證反　子與音預　剥圭邦角反　鏚音戚斧也　柲音祕柄也　如響許丈反本又作嚮音同　響應應對

之應　以斷音短　淫慝他得反　出復扶又反　左史倚於綺反徐其綺反
反　相息亮反　三墳扶云反　八索所白反本或作素　周行下孟反如字又　獲
車轍直列反　祭公側界反　祈招常遙反又音昭　祈父音甫
歿音没　祇宮音祁又之　篡初患反　殺申志反　其焉能於虔反
愔愔一心反徐於林反安和貌　金冶音也　去其起吕反　饋不食其位反
數日所主反　於難乃旦反　克勝升證反又音升

昭四第二十三　杜氏　盡十七年

經十三年　圍費音祕　乾谿苦兮反　長垣音袁　不與音預注同
讒慝他得反　侯廬音盧又力居反　傳十三年　囚俘芳夫反
冶區夫上音也區音烏侯反一音上于反　衣之於既反　食之音嗣　而共
音恭　若憚待旦反　爲之聚也于僞反　將焉於虔反　其效戶孝

反遠于委反掩於檢反而質音致蔡洧于軌反使與音預於
守手又反中犨尺州反郊竟音境蔓成然音萬羣喪息浪反
常壽過古禾反其子從如字朝吳如字子晳星歷反強
與其丈反己徇音紀下似俊反能爲于僞反黑肱古弘反不羹
音郎許葉始涉反築壘力軌反辟音壁本亦作壁請藩方元反注同離也
離也依字應作籬今作離假借也力知反須務牟己侯反史狸皮佳反徐扶蟹反又
扶移反又或扶瞻反本或作箄音同罷敵音皮徐甫綺反一音蒲買反魚陂彼宜反
後者劓魚器反截鼻之刑訾粱子斯反注同而潰戶內反知擠子細反隊
也說文云排也一音子禮反溝壑許各反隊也直類反祗取音支王
沿以全反順流也夏戶雅反漢水也入鄢於建反一音於晚反入本或作至芋尹于付
反徐又音羽冉奸音干謂斷丁管反棘闈音韋棘里名闈門也孔晁云棘楚邑

闈門卷　王縊一豉反　殉而似俊反　觀從謂子干本或作謂子干曰

夜駭戶楷反　相恐丘勇反下同　而呼好故反下同　周徧音遍

不書殺申志反　熊居音雄　衣之於既反　子旗音其　五帥所類

反謂蕩侯潘子司馬督鄖尹午陵尹喜五人　見舟賢遍反　淮汭如銳反　羣賂

音路　宥罪音又　爲君于僞反　犨櫟力狄反　自說音悅　不復

扶又反下將復使同　毋勤音無　王柩其久反　訴天本又作詢呼豆反徐許后反

而呼火故反　余畀必利反徐甫至反與也　無厭於鹽反　共王音恭

家適丁歷反下無適音同　乃徧音遍　見於賢遍反下注微見同　巴姬必加反

密埋亡皆反　大室音泰　五人齊側皆反本又作齋　而長丁丈反注及下同

跨之苦化反　肘加中九反　皆遠于萬反　皆厭於甲反徐又於豔反

紐女九反璧紐也　齊識申志反又如字　屬成然音燭　市賈音古　好惡

並如字又上呼報反下烏路反下皆放此　爲應應對之應　無釁許靳反　苛音何本或

作荷音同下同　慝他得反　羋姓彌爾反　以去起呂反　數其所主反

又遠于萬反　其貴已矣已音無又音如字　下善遐嫁反　齊肅側皆反莊

同嚴也　藏賄呼罪反　不從子用反　不厭於豔反　好學呼報反

趙衰初危反　顛頡戶結反　從出才用反　賈佗徒河反　齊妻

七計反　欒魯官反　郤去逆反　轂戶木反　方相息亮反下同　共有

音恭　輿主烏報反　無施式豉反　虎祁音斯　爲取于僞反　郵故

已杏反　下邳皮悲反　四千乘繩證反下及注皆同　羊舌鮒音附　幄

幕於角反下音莫四合象宮室曰幄在上曰幕軍旅之帳也　淫芻初俱反說文云刈草也　蕘如遙

反飼牲曰芻草薪曰蕘　屠伯音徒　饋叔其位反　一篋苦協反　瀆貨徒木

反　無厭於鹽反　數也音朔　爲此役也如字或于僞反　以底音旨

傾覆芳服反　閒朝閒廁之閒　長幼丁丈反　巡守手又反　方嶽音岳　於好呼報反下注同好同　不治直吏反舊如字　齊儀許宜反　不旆步貝反　復旆之扶又反　以恐丘勇反下同　遡于音素　朝夕如字注同　幾亡音祈　不共音恭注及下注同　雖瘠在亦反　僨於方問反什也　仆也音付一音蒲北反　杞鄫才陵反　近魯附近之近　數以音朔　敢與音預下文不與同　造于七報反　爲墠音善本或作壇　會處昌慮反　先盟悉薦反　好以呼報反　使人所吏反　咎之其九反　瀆易以豉反　競爭爭鬬之爭下爭競同　蒙裹音果　司鐸射徒洛反下食亦反又食夜反　奉壺芳勇反　以蒲本又作匍同步都反又音扶本亦作扶　伏本又作匐同蒲北反又音服　守者手又反又如字　御之魚呂反　往飲於鴆反　箭筩音童又音勇　子服湫子小反徐音椒又子鳥反案子服湫又作子服椒止一人耳　從才用反注同

為治直吏反　不警音景　舊好呼報反　守備手又反　若為于偽反，下為夷、將為同　何寥勑留反　差也初賣反　諺曰音彥　將焉於虔反　卿稱尺證反　坐叔才臥反　使近附近之近

經十四年

去疾起呂反　意恢苦回反　惡之烏路反

傳十四年

以舍音捨　司徒老祁巨夷反，字林上尸反　閒差初賣反　遂劫居業反　畀子以及今絕句　能復扶又反　子韓皙星歷反　假好呼報反　分貧如字，徐甫問反　長孤幼丁丈反　收介特音界，又古賀反，注同　單身音丹　宥孤音又　賦稅始銳反　罪戾力計反　詰姦起吉反，責問也　慝他得反　屈罷音皮　召陵上照反　好於呼報反，注同　邊疆居良反　著丘直居反，徐直據反　庚輿音餘，本亦作輿　共公音恭　惡公子烏路反，下同　公子鐸待洛反　氏比毗志反　無厭於鹽反，本又作饜，下注同

居鄖音云　公子鉏仕居反　郤許六反又起六反　命斷丁亂反注同
蔽罪必世反斷也注同徐甫世反王補弟反　鬻獄羊六反賣也　掠美音亮取也
敗官必邁反又如字　之稱尺證反　臯陶音遥　乃施如字服云施罪於邢
侯也孔晁注國語云慶也尸氏反　荅當丁浪反　三數色主反又色具反下同　不
爲于僞反　末減武葛反末薄也減輕也　義也夫音扶一讀方于反下同　爲頗
普河反　故重直用反　經十五年　籥入羊略反　去樂起呂
反　爲叔弓于僞反　復立扶又反　不遠于萬反　傳十五
年　將禘大計反　齊戒側皆反　有咎其九反　之祲子鴆反祆氣也
喪氛芳云反徐扶云反惡氣也　蓋見賢遍反　莅事音利　去樂起呂反注
及下同　故爲于僞反　費無極扶味反　亦長丁丈反　必及於
難乃旦反　故寘之豉反　女何音汝　而背音佩　鼓聚才喻反

好惡呼報反下烏路反或並依字讀下並注皆同　不愆起虔反過也　復加扶又反

以庇必利反又音祕　所喪息浪反　而繕市戰反　守備手又反　請降戶江反

民見賢遍反　將焉於虔反　以賈音古下同　戴本又作鳶悅全反

鞮丁兮反　不與音預　荀櫟力狄反本又作躒　爲介音界　樽以本或作尊又作鱒並同

分器扶問反年內同　彝器以之反常也　而遠于萬反又如字

故數音朔　大蒐所求反　姑姓其吉反又其乙反　闕鞏九勇反

出鐙開代反　處參所金反注同　鍼音咸　鉞音越　秬音巨　鬯音暢　彤弓徒冬反

虎賁音奔　東夏戶雅反　福祚之不登叔父絕句　焉在於虔反下將焉用之同

孫伯黶於斬反　女司典音汝　數典色主反

所樂音洛下文注皆同　絕期居其反下同　靜默亡北反本或作嘿同

經

十六年　誘音酉　雩音于

傳十六年　無質之實反信也或音致

既而復扶又反　蒲隧音遂　下邳普悲反　取慮上音秋下力居反如淳取
音陬訾之陬慮音郲婁之婁　如陂彼皮反　郯人音談　甲父音甫　之亢
苦浪反　也夫音扶　我肆以制反勞也徐又以自反注同　恭恪苦各反　禦
之魚呂反止也注及下同　適縣音玄注同　幾爲居豈反數也服音機近也　言數
音朔　陵侮亡甫反　夫猶音扶　不衷丁仲反又音忠　衷當丁浪反或如字
刑之頗普河反　類如字事類也一音力對反注同徐又力猥反　放紛芳云反
放從子用反　罷民音皮　承命以使所吏反下奉命以使同　百乘繩證反
反　受脤市軫反　數世色主反　焉得於虔反下將焉用之同　僻匹亦
反　邪似嗟反　共朴普角反　之守手又反　無幾居豈反　可偷
他侯反　若屬音燭　盡求戶臘反　之難乃旦反下同又如字　一共音恭
下而共無藝同　何厭於鹽反　不復扶又反下弗敢復并注同　賈罪音古下我無強

賈同　銳乎悅歲反細小也　成賈音嫁本或作價　請夫音扶　重求直用反
比耦毗志反　更相音庚　以艾魚廢反　蓬蒲東反　蒿呼高反　藜
力兮反　蘿徒弔反　我無強其丈反下強奪同又其良反注放此　毋或音無下同　訽
奪古害反舊又姑末反乞也　寶賄呼罪反或作貨　勿與音預　以好呼報反下及注
並同　背盟音佩　以徼古堯反　餞宣子賤淺反字林子扇反　子蟜才何
反字林才可士知二反說文作齹云齒差跌也在河千多二反　蔓草音萬　避戶賣反　逅戶豆
反　瑪子如佳反　別於彼列反　彼己音記　舍命音赦又音捨　不
渝羊朱反　褰裳起虔反　涉溱側巾反　不復扶又反　令子力呈反下
同　愛樂音洛又五孝反　擇兮他洛反　印段一刃反　其唱昌亮反本
或作倡同　和女戶臥反下同女音汝　貺起音況　皆昵女乙反親也　數世
色主反　私覿其靳反　命起舍音捨　夫玉音扶　藉手在夜反注同

語季魚據反　奢傲五報反　惡識烏路反　尚少詩照反　屠擊
音徒　豎柎音附又方于反　蓺山音藝　令繁力呈反　經十七年
陸渾戶門反　孛音佩一音勃　長岸五旦反　傳十七年
菁菁子丁反　者莪五河反　樂且音洛　饌仕眷反　禦之魚呂反注同
正月音政　慝未他得反　於夏戶雅反下文當夏四月注當夏家同　是宿
音秀　瞽奏音古　嗇夫音色　少皞詩照反下胡老反　己姓音紀又音祀
師長丁丈反　縉雲音進　共工音恭　大皞音泰下同　少皞摯
音至　燕也於見反　鶬音倉　鴳本亦作鷃於諫反　鷩雉必滅反　爲扈
市軫反　鵻鳩音隹本又作隹本或作鷦子遥反或子堯反　鵙鳩本又作雎七徐反
鷙而音至本亦作摯下同　有別彼列反　鳲本亦作秸簡八反又音吉　鵴本亦作鞠居六反
爽鳩所丈反　鶻鵰陟交反又陟留反又音彫　五種章勇反下同　曰鶚

音存又音遵本或作蹲　鷗雉側其反　曰翟音狄又音濁　曰希如字一音丁里
反本又作鵗　曰暈許韋反　度量音亮　九扈音戶　鳻扶云反又如字　鶥
勑倫反　唶唶側百反又子夜反又助額反　嘖嘖音責又音蹟　顓頊音專下許
玉反　屠蒯苦怪反　於雒音洛　乃警音景　獻俘芳扶反　以應
應對之應　夏之戶雅反下文同　星見賢遍反　彗所以似銳息遂二反　嚮
許亮反又作向　火出而見賢遍反下及注皆同　其與如字又音預　之虛
起居反下同　之分扶問反　濮陽音卜　之牡茂后反　相搏音博本又
作薄音同　當復扶又反　禆竈婢支反　瓘古亂反　斝古雅反　玉瓚才旦
反　勺也上若反　以禳本亦作攘如羊反下同　陽句古害反　魴也
音房　易用以豉反　乘舟如字又繩證反下同　環而如字又音患　塹之七豔
反　其隧音遂　炭吐旦反　閭盧戶臘反下力居反　喪先王息浪反

長鬣力輒反　髭子斯反　鬚音須　我呼呼路反，又如字，下同　皆迭待結反，又音弟。更也　迭更音庚

昭五第二十四　杜氏　盡二十二年

經十八年　入鄅音禹。許慎、郭璞皆音矩。國名　瑯邪音郎，本或作郎　自葉始涉反

傳十八年　毛伯過古禾反　萇弘直良反　稔之而審反。孰也　侈故昌氏反，又尸氏反　夏伯戶雅反　昏見賢遍反　壬午大甚本或作火甚　其處昌慮反，下祭處同　故登以望氣本或作以望氛氣　數日所主反　禳火如羊反　今復扶又反，下同　國幾音祈，又音機，下同　竈焉於虔反　有中丁仲反　里析星歷反　將有大祥本或作火祥，非也　身泯面忍反　將先悉薦反　以知音智　使輿音餘

其柩巨久反　爲其于偽反　欲令力呈反　巡行下孟反，下文行火下

注履行同 主祏音石 石函音咸 易救以豉反 各儆音景 寘諸之豉反 所𤇍許靳反炙也 玄冥亡丁反 四鄘音庸城也 賦稅始銳反 妘姓音云 盡俘芳夫反 從帑音奴 不說學音悅 歸以語魚據反 上替他計反 殖也時力反 生長丁丈反 爲火故于僞反下將爲蒐同 祓禳芳佛反徐音廢 蒐場直良反 處小昌慮反 過女音汝注同 而鄉許亮反本亦作向注同 及衡昌容反 使從才用反 登陴婢支反 忌守手又反一音如字 撊然遐板反勁忿貌 勁忿古政反 恐懼上勇反 讒慝他得反 之閒閒廁之閒 荐爲在遍反重也 荐重直用反下文同 他竟音境注同 楚喪息浪反 君盡戶臘反 許先悉薦反 而復扶又反 蔽障章亮反 不可易以豉反注同輕也 子說音悅 於析星歷反

經十九年 爲鄅于僞反 加殺音試 不

舍音捨 傳十九年 城郟古洽反 其僅音覲 以持如字本或作恃怙之恃非也 鄍陽古闃反 伍員音云 少師詩照反 王爲之于偽反注同 與逆音預 嬴氏音盈 向戌傷亮反下音恤 圍蟲直忠反 悼公瘧魚略反病也 舍藥音捨注及下注舍子同 鄍人五兮反 伐濮音卜 之伯音霸又如字 諸夏戶雅反 僻陋匹亦反 城父音甫 而寘之豉反 王說音悅 紀鄣音章 贛榆古弄反如淳音耿弇反下音俞 釐婦力之反寡婦也依字作嫠 紡焉方往反 以度待洛反注同 而去之起呂反藏也裴松之注魏志云古人謂藏爲去案今關中猶有此音 紡纑力吳反麻縷也 夜縋直偽反 鼓譟素報反 上之人亦譟一本作城上之人亦譟 共公音恭 幼少詩照反 駟氏聳息勇反懼也 札側八反一音截大死也字林作殀壯列反云夭死也 瘥才河反小疫也字林作瘥 夭於表反短折也 昏如字未名而死曰昏 小疫音役 又喪息浪

反　懼隊直類反　立長丁丈反注同　實剝邦角反　諺曰音彥　無

過古禾反下同又一音古臥反　猶憚待旦反　其使所吏反注同　沈尹戌

音恤　葉公始涉反　子旗音其　以挑徒了反　民樂音洛　勞罷

音皮本或作疲　洧淵于軌反　爲縈爲命反　我覿大歷反　見也賢遍

反　之知音智　蹶由九衛反　舍前音捨又音赦　經二十年

自鄸莫公反一音亡增反字林音夢案夢字字林亡忠反　之使所吏反　兄縶張立

反　華亥戶化反　君爭爭鬬之爭　惡之烏路反　侯盧力烏反本又作

盧力於反　傳二十年　望氛芳云反氣也　幾亡音祈又音機　後

弭彌耳反　汏侈音泰　奮揚方問反　大子冤於元反　遺令力呈

反　使而所吏反又如字　再奸音干　使還音環下還豹同　盍以戶臘反

棠君尚君或作尹　弟貟音云　之長丁丈反　吾知音智注及下知也同

一音如字 不逮音代一音大計反 度功待洛反 擇任音壬注同 愈差初賣

反 其旰古旦反 僚也力彫反 姑爲于僞反 乃見賢遍反 鱄

設諸音專 吴殺申志反 而惡烏路反 御戎魚呂反又如字 公孫

援于眷反 拘向勝九于反 其廩力甚反 大子欒力官反 爲

質音致下同 辰及地皆元公弟案公子辰是景公之母弟地是辰兄皆當爲元公之子今

注皆作元公弟誤耳 無慼千歷反 狎齊豹戶甲反輕也 與鄆音絹 惡

北烏路反 褚師中呂反 圃布五反 欲去起呂反 公子朝如字 適

母丁歷反本亦作嫡 見宗魯賢遍反 爲驂七南反 乘焉繩證反注及下驂乘

與乘一乘駟乘就公乘皆同 勿與音預又如字 吾遠于萬反 借我子夜反

親近附近之近 閒難乃旦反 是僭子念反不信也 祝鼃烏媧反 寘

戈之豉反 要其一遥反 從公孟如字又才用反 華齊戶化反下同

及閎音宏 斷肱丁管反下古弘反 以中丁仲反下中南楚同 乘驅如字又繩
證反 閎門音悅 慶比如字又毗志反 鴻驪音留雕徒回反 復就扶又
反 之衢其俱反 遂從才用反注及下注同 肉袒徒旱反 氏爭爭鬭之爭
之處昌慮反 射公食亦反 欲令力呈反 從公才用反又如字下從
公同 析朱星歷反 鉏仕居反 竇出音豆 頃公音傾 在竟音境
草莽莫蕩反 之好呼報反 宗祧他彫反 以其良馬見賢遍反下
注客禮見同 爲未于僞反 致使所吏反注同 乘馬繩證反又如字 將掫
側九反又祖侯反行夜也 行夜下孟反 從者才用反 牧圉魚呂反 扞
外一戶旦反 執鐸待洛反 終夕與音預下不與聞謀與於青之賞同 燎力召反又
力弔反一本作終夕與與於燎 偏賜音遍 苑何忌於元反 名牢力刀反
女何音汝 不爲于僞反 疢於居又反病也 回邪似嗟反下同 知

難乃旦反下同　郹甲五兮反　鬼閻似廉反又以冉反　必盥古緩反　而
食音嗣下食公子同　所質音致下同　費遂扶味反　求去起呂反　滋長
丁丈反注及下同　其詢許候反恥也本或作詬同　少司詩照反下注少皞同　寇牼苦耕
反　三公子爲質如字信也注同　公遽其據反　而女音汝　齊侯
疥舊音戒梁元帝音該依字則當作痎說文云兩日一發之瘧也痎又音皆後學之徒僉以疥字爲誤案傳例因
事曰遂若痎已是瘧疾何爲復言遂痁乎　遂痁失廉反瘧疾也　期而音基　不瘳勑留反
裔款以制反　齊㜪必計反　君盍戶臘反　史嚚魚巾反　公說
音悅　屈建居勿反　事治直吏反　不媿九位反本又作愧　無猜七才
反　建以語魚據反　與焉音預注同下祝史與焉亦同　以蕃音煩　祉音恥
爲信于僞反又如字下爲暴君使同　外內頗普何反　邪似嗟反　辟違匹亦
反　從欲子用反下注從同或音如字　厭私於豔反注同　撞鍾直江反　斬艾

本又作刈魚廢反　輸掠音亮　其聚才住反又如字　誘讟徒木反　無悛七全
反　數美所主反　矯誣居表反　求媚眉記反　其言僭子念反下
僭令同　嫚武諫反　萑蒲音丸　舟鮫音交　藪之素口反　薪蒸之丞反麤曰薪
細曰蒸　鹽蠶市軫反　入從其政如字一音征　偪介彼力反下音界　迫
近附近之近　強易其丈反　其賄呼罪反　則應應對之應注同　養長丁丈
反　皆詛莊慮反　祝有益之又反下善祝同　億兆於力反　公說音悅
去禁起呂反下以去其否同　薄斂力驗反　已責本或作債音同　除逋布胡反
于沛音貝　旆以之然反　躔之于鬼反是也　至自佃音田本亦作田
遙臺市專反　而造七報反　和夫音扶　焉得於虔反　如羹
音庚舊音衡　醓呼兮反　醢音海　以亨普庚反煮也　燀之章善反然也
炊也昌垂反　齊之才細反又如字　以泄息列反減也　無爭爭鬭之爭

和齊並如字一讀上戶臥反下才細反　騣子工反總也　嘏古雅反大也　總也音揔
一氣杜解以爲人氣也服云歌氣也　五聲宮爲君商爲臣角爲民徵爲事羽爲物　角
徵張里反　大蔟音泰下七豆反　貕實人誰反　無射音亦　七音宮商
角徵羽變宮變徵也　八風易緯通卦驗云東北曰條風東方曰明庶風東南曰清明風南方曰景風西南
曰涼風西方曰閶闔風西北曰不周風北方曰廣莫風條風又名融風景風一名凱風　六府水火金木
土穀　三事正德利用厚生　哀樂音洛下及注皆同　周流傳本皆作流然此五句皆相對
不應獨作周流古本有作疏者案注訓周爲密則與疏相對宜爲疏耳　豳風彼貧反　專壹
如字董遇本作摶音同　季萴仕側反　虞夏戶雅反　大公音泰　爽鳩
氏樂之一本作之樂　鮮死息淺反　水懦乃亂反又乃臥反一音儒　民狎
戶甲反　而翫五亂反　以治直吏反　數月所主反　萑音丸　苻音蒲又如
字　盡之本或作盡殺之殺衍字　糾之居黝反　汔可許乙反其也　苛

政音何　無本又作毋　從子用反注同　及　詭隨九委反　式遏於葛反　慘不
七感反曾也　不絿音求急也　是遒在由反又子由反聚也　經二十一
年　頃公音傾　披其普彼反　傳二十一年　將鑄之樹反
無射音亦注同　律中丁仲反　泠州鳩力丁反字或作伶樂官也或作冷字非
不窕他彫反　不槬戶化反　心億於力反安也　則樂音洛　不咸如字
本或作感戶暗反　適子丁歷反　以長丁丈反　不解佳賣反　攸塈
許器反息也　欲惡烏路反　歸費音祕注同　故爲于僞反　人恐丘勇
反下注同　華貙勑俱反　少司詩照反　相惡如字又烏路反　亟言欺冀
反　飲之於鴆反下同　及從才用反　張匄古害反本亦作丐　而訊
音信問也　又重直用反　將見賢遍反　不勝音升　曰任音壬　鄭翩
音篇　豐愆起虔反本或作衍　雎陽音雖　舊鄘音容本或作墉　廚人直誅

反濮音卜　先人悉薦反　後人戶豆反　盡及戶臘反　二師色類
反注同　苦雒古含反　偃州員音云又音圓　死難乃旦反　而不能
送已君絕句　待復扶又反下文復即之同　乃徇似俊反　揚徽許歸反說
文作徽云識也　徽識本又作幟申志反又昌志反一音式　去備起呂反　褢首音果　而
荷何可反又音何　翟僂新力主反　說甲他活反下注同　華姓他口反下注同
不訾本又作呰才斯反又音紫　曹翰胡音寒又戶旦反　中行戶郎反　楮
乇音者乇又作巫　爲鸛古喚反　爲鵞五多反　皆陳直覲反　莊堇
音謹本或作莊堇父　干犨尺由反　將注之樹反　則關烏還反本又作彎同下同
傅矢音附　相余息亮反　豹射食亦反又音食夜反下及注皆同　狎更
音庚　殪一計反死也　抽殳音殊　長丈直亮反又如字　折股之設反下及注
同　扶伏並如字上又音蒲下又蒲北反本或作匍匐同　言女音汝　伍乘繩證反注

及下同　君焉於虔反　摶膺音博　而呼好故反　我廷求枉反恐也

廷恐匡勇反　睢上音雖　乃復扶又反　蓬越于委反　朱愬音素

懼泄息列反又以制反　經二十二年　別從彼列反　大蒐

所求反　昌閒如字　叔鞅於丈反　單子音善　鞏縣九勇反　子

朝難乃旦反　郟古洽反　鄏音辱　傳二十二年　苑羊於元反

牧之州牧之牧　齊帥所類反　下之遐嫁反　大惡烏路反　無過

古禾反　無亢苦浪反　不衷音忠　能復扶又反下復欲同　省臧悉井反又

所景反下子郎反　邊卬五郎反　祁犂力私反又力兮反　仲幾音機　樂

鞔音晚　後弭彌氏反　王子朝如字凡人名字皆如字朝張遥反或云朝錯是王子朝之後此音

潮案錯姓亦有潮音　之長丁丈反　說之如字又音悅　王語魚據反　伯

盆扶粉反一音扶云反　劉摯音至下同　惡賓烏路反下注同　願去起呂反

有欲位之言一本位作立　自斷丁管反　自憚徒旦反　其犧也許宜
反　遽歸其據反　實難乃旦反　弗應應對之應注同　皆從才用反　略
北芒音亡　榮錡魚綺反　錡澗古晏反　見王賢遍反注同
行下孟反　僞羅音狄　鳶悅全反　鞮丁兮反　涉佗徒多反　守之手又
反又如字　之喪息浪反下注羣喪同　郊要一遙反　餞賤淺反　召莊上照反
伯奐音喚　單旗音其　不捷才接反　背盟音佩下注同　樊頃子
音傾本或作須字　令單力呈反　以說如字或音悅　奔平畤音止又音市一
本作于平畤下同本或作平壽誤　鬷子工反　稠直由反　鞏簡九勇反　圃
車音補　鄩音尋　肸許乙反　東圉魚呂反　荀躒力狄反　于社市者
反本或作杜下皆同　王子匄古害反　司馬督音篤　于氾音凡　于解音蟹
任人音壬　右行詭戶郎反下九委反

昭六第二十五　杜氏　盡二十六年

經二十三年　叔孫婼勑略反　執使所吏反　庚輿音餘　雞父音甫　胡子髡苦門反　沈子逞勑并反　夏齧戶雅反下五結反　大倉音泰

傳二十三年　郊鄩音尋　潰戶內反　告閒音閑　道經音經　公孫鉏仕居反下同　將禦魚呂反　欲過古禾反下遂過同　茅地亡交反　斷其丁管反　弗殊如字說文云死也一曰斷也　而麋其月反又音厥又居衞反　人愬息路反　言使所吏反　重發直用反下重發同　將焉於虔反下同　命介音界注同　去衆起呂反　士彌亡支反　牟亡侯反　分別彼列反　從者才用反下同　以芻初俱反　蕘而昭反　期焉本又作朞同居其反又從旦至莫爲朞　模法莫胡反字從木　不解音蟹　爲叔孫于僞反　告女音汝　吠狗扶廢反　必葺七入反補治也　毀壞音怪

取訾子斯反　尹圉魚呂反　劉佗徒河反　阪道音反又扶板反　近
東附近之近　西闈音韋一音暉　攻蒯苦怪反　而好呼報反　苟鑄
之樹反　執殳音殊　著丘公直除反又直慮反　師熸子潛反字林子兼反
無復扶又反下注往復敗復增脩同　而狂求匡反　帥賤所類反注及下帥賤同
去備起呂反　敦陳直覲反下未陳幷注同　師譟素報反　所厭於甲反本
又作壓同　在鄎古闃反　吳大子諸樊案吳子遏號諸樊王僚是遏之弟子先儒又以
爲遏弟何容僚子乃取遏號爲名恐傳寫誤耳未詳　以傲古堯反　要其一遙反　乃
縊一賜反　薳澨市制反　公爲于僞反注及下注鄰國爲之守相爲同　囊瓦
乃郎反　城郢以井反又餘政反　守在手又反下文除守其交禮並同　四竟音境
下及注同　四援于眷反　民狎戶甲反　國焉於虔反　其疆居良反
場音亦　之壘力軌反　辟也音壁　不僭子念反　不懦乃亂反又乃臥反弱

也不耆巨之反一音巨支反強也坌扶粉反冒莫報反一坼音祈士數所主反經二十四年仲孫貜俱縛反徐俱碧反郁於六反檠本又作釐力之反又音來傳二十四年南宮嚚魚巾反見王賢遍反度義待洛反注同紂有直九反億兆於力反有治直吏反于鄔烏戶反緱氏古侯反又苦侯反鄔聚才住反梁其踁戶定反而欸苦代反不腆他典反從者才用反蒞問音利乾祭音干下側界反介衆音界注同大也其使所吏反猥出烏罪反陽不克莫絕句攻瑕戶加反及杏戶孟反皆潰戶內反大叔相息亮反釐不本又作斄力之反其緯有貴反之隕于敏反蠢蠢昌允反動擾貌動擾而小反本又作動攝吾儕仕皆反瓶之本又作缾步丁反惟罍音靁器也黃父音甫用成周之寶珪于河本或作沈于河沈音直蔭反又

如字　拘得音俱　王定而獻之本或作王定之　東訾子斯反　吳疆
居良反　略行下孟反下同　吳踵章勇反　躡楚女輒反　疆埸音亦
背犴五旦反　勞王力報反　之汭如銳反　歸王如字又其媿反遺也　乘
舟繩證反又如字　歸遺唯季反　壽夢莫公反　圉陽魚呂反　之帥
所類反注同　幾如是居豈反又音機　爲梗更猛反病也　經二十五
年　叔詣五計反　鸜其俱反嵇康音權本又作鴝音劬公羊傳作鸛音權郭璞注山海經云鸜
鵒鴝鵒也　鵒音欲　重上事直龍反又直用反　公孫音遜本亦作遜注及傳同　魯
竟音境下同　唁公音彥弔失國曰唁　不與音預　小斂力驗反　取鄆音運
傳二十五年　車轄本又作舝胡瞎反　將爲子僞反　酒樂
音洛下哀樂同　相近附近之近　禮坐如字又才臥反　樂哀音洛注及下同　皆
喪息浪反下同　以妻七計反　強橫華孟反　公若從才用反又如字注同

逞其志敕景反　焉得於虔反　之行下孟反注同　發見賢遍反下解見同　角徵張里反　六畜許又反又褚六反　麋亡悲反　磨九倫反本亦作麇　黼黻上音甫下音弗　畫繢戶對反　昬媾古豆反妻父曰昬重昬曰媾　姻音因壻父曰姻　亞於嫁反本亦作婭同兩壻相謂曰亞　重昬直龍反　治功直吏反　以效戶孝反　長育丁丈反　民有好呼報反下注及下於好皆同　惡烏路反下注及下於惡皆同　哀樂音洛下及注皆同　以赴禮者赴或作從　之難乃旦反　子焉於虔反　宋背音佩下同　以使所吏反　師己音紀一音祀　童謠音遙　往饋求位反　遺也唯季反　跦跦張于反又張留反跳行貌　跳行直彫反　徵褰起虔反袴也字林己偃反又音愆　與襦本或作襦而朱反袴也　袴也苦故反說文作絝　裯父直留反下音甫下同　喪勞息浪反注同　娶妻七住反　申夜姑本或作射音夜又音亦　相其息亮反注同　季姒音似　人

檀直丹反人名也或市戰反　扶己勑乙反　秦遄市專反　又愬音素又作訴

展與夜姑並如字公思展及申夜姑也與及也讀或作餘音者非也　將要一遙反下同

將爲于偽反　季郈音后字林下遘反　相近附近之近又如字　介其又作芥音界

不下遐嫁反　從弟才用反後從者皆同　將禘大計反　謀去起呂反

公賁音奔又扶云反又彼義反　侍人本亦作寺人　僚柤側加反　數月所主反下數世同

不見賢遍反　臧孫以難如字注同　郈孫以可絕句　勸勸公逐季氏也

儌幸古堯反　舍民音捨　臣與音預　若泄息列反又以制反注同漏泄也

如闞口暫反　於沂魚依反　五乘繩證反　慝作他得反姦惡也

日冥亡定反　可畜勑六反本亦作蓄下皆同　將蘊本亦作藴紆粉反

鬷戾子公反下力計反　陷西陷沒之陷　北隅本或作堣音同　而踞音據

犢丸音獨下胡官反　箭筩音童又音動一音勇　爲近于偽反　自咎其九

反下同　令魯力呈反　下之遐嫁反　莒疆居良反　若胙才路反

勠力音六又力彫反　繾音遣綣起阮反繾綣不離散也　好亡呼報反　而惡

烏路反　幄內於角反　焉可於虔反　於難乃旦反　不與音預　稽音啓顙息黨反

乘馬如字騎馬也　自鑄之樹反　復納扶又反　齊於側皆反本又作齋

俱輕遣政反　將爲于僞反　而相息亮反

以歿音沒　褊蒲田反　柎步口反又音附　以藉在夜反　苓牀力丁反

骸骨戶皆反　昵宴女乙反　失隊直類反　祇辱音支　僂力主反又

力具反　句居具反　與僭子念反注同　魴假音房　賈正音嫁注同　計

簿步戶反　戈楯食準反又音允　州屈居勿反一音其勿反　茄人音加　熊

相息亮反　禖音梅　郭卷音權或眷勉反　爲巢于僞反　經二十六

年　帥賤所類反　鄭陵音專又市轉反一音徒丸反　召伯依注當言召氏

傳二十六年　魯竟音境　女賈音汝　縛直轉反卷也　如瑱他殿反　易懷以豉反　高齮魚綺反　五千庾羊主反十六斗曰庾　能爲于僞反下當爲下文爲魯君同　其說如字又始銳反　公子鉏仕居反　公孫朝如字　納質音致　信女音汝　欲降戶江反下同　之飲於鴆反　於淄側其反　以厭於冉反又於葉反注同　入汶音問　不勝音升注同又始證反　炊鼻昌垂反　泄聲息列反　射之食亦反下及注皆同　中丁仲反下中手同　楯瓦常允反又音允瓦楯脊也　脊也子亦反　繇音由過也　朐其俱反本又作軥同車軏　汏他達反矢激也　輣車防留反車轅也　匕入必履反矢鏃也　車軏於革反　矢激古狄反　矢鏃子木反或七木反　斬鞅於丈反　殪於計反死也　吡之昌實反　將亢苦浪反下同　復吡扶又反下復欲同　而罵馬嫁反　白晳星歷反　鬒之忍反黑也　須眉本又作鬚脩于反　苑何於阮反　刜芳弗反說文云

擊也又父勿反又忿勿反　斷其丁管反　鑿遣政反又音罄又苦頂反一足行也字林丘貞反　雚谷音丸又古

呼曰火故反　林雍乘繩證反　褚氏張呂反一音勑呂反

亂反　知躒音智下音歷　女寬音汝本亦作汝　闕塞素代反　之長丁丈

反下文同　非適丁歷反　而好呼報反　則治直吏反下同　瀆嫚武諫

反　賂吾音路　于滑于八反　重見直用反下賢遍反　為後還于偽

反下且為同·　圍澤魚呂反　隄上音低或音啼　成公般音班　以藩

方元反亦作蕃　傾覆芳服反　而溺乃歷反　于難乃旦反　王愆起虔反惡

疾也　于毳直制反　以閒閒廁之閒注同猶與也一音如字　與也音預下同

效官戶教反　尚少詩照反下文同　而長丁丈反下文同　攜王戶圭反　奸

命音干下同　替之他計反　郟古洽反　鄏音辱　與鄫才陵反　于戲

許宜反　生穨徒回反　施于以豉反　避難乃旦反　處氾音凡

黜去起呂反下同　爲王于僞反　降妖本又作訞於驕反說文云衣服謌謡草木之怪謂之妖　頡王子斯反　共職音恭　有閒閒廁之閒注及下以閒先王并注同　貫

剥亂布角反　羣不弔如字舊丁歷反至也注同　無猒本又作厭於鹽反

瀆古患反習也　瀆易以豉反　倍奸音佩　傲五報反　佷戶懇反　嬌

誣居表反　震盪本又作蕩徒黨反　竄在七亂反字林七外反　攸底音旨

奬順將丈反　狡猾古卯反滑又作猾于八反　毋速音無　其難乃旦反

無適丁歷反　遠晉于萬反　彗星似歲反又息遂反　分野扶問反

使襄如羊反　祗取音支　不謟本又作慆他刀反疑也　聿懷戶橋反

夏后戶雅反注同　公說音悅下注喜說同　有施式豉反下不出者皆同　豆

傴烏侯反　公量音亮下同　其施之如字又始豉反　厚斂力驗反　與

女音汝　少惰徒臥反本亦作憜同　工賈音古本亦作商賈　不滔吐刀反慢也

慢也武諫反本又作漫武半反　臣共音恭下同　而箴之林反　而婉於阮反

經典釋文卷第十九

經典釋文卷第二十

春秋左氏音義之六　起第二十六盡第三十

唐國子博士兼太子中允贈齊州刺史吳縣開國男陸德明撰

昭七第二十六　杜氏　盡三十二年

經二十七年　居于鄆音運　吳弒申志反注同　君僚力彫反　信近

亟欺冀反　罷音皮　殺始察反　郤去逆反　宛於阮反又於元反　附近之近　祁犁力兮反又力之反　扈音戶　曹伯午音五　邾快苦夬反

傳二十七年　掩餘於檢反　後復扶又反　蔿尹由九反

工尹麇九倫反　沈尹戌音恤　有復音福　校人胡孝反　沙汭如銳反　以殺申志反下文同　鱄設諸音專　上國有言賈云上國與中國同服云上古國也　不索所白反　堀室本又作窟同苦忽反　掘其勿反又其月反

夾之古洽反又古協反下同　以鈹普皮反說文云劒也　恐難乃旦反　寘劒之豉反　炙章夜反　抽劒勑留反　刺王七亦反　闔廬戶臘反　相傳直專反　立適丁歷反　使命所吏反　說之音悅　鄢將師於晚反又音烏戶反　費無極扶味反　比毗志反　而惡烏路反注同　賄而呼罪反　譖郤側鴆反　飲子於鴆反　好甲呼報反　吾幾音祁　羣帥所類反　爇如悅反燒也　一編必然反又必千反　菅古顏反　秉秆古但反說文云禾莖也或古旦反　苫也式占反李巡云編菅茅以覆屋曰苫　把必馬反　槀古老反　炮之陟交反又彭交反燔也　燔音煩　及佗徒河反　匄古害反　呼于火故反　而說他活反　堅守手又反　不慆他刀反疑也　也夫音扶　且知子餘反　近鄖附近之近　之難乃旦反年末同　進胙才故反　詛也側慮反　中廏九又反　謗讟音獨　去朝起呂反朝如字下朝

夕同　喪大子息浪反　邇近附近之近　幾及音祈又音機　將焉於虔
反　矯子居表反　不愆起虔反　疆埸居良反下音亦　知者音智
在坐才臥反　曰重直勇反又直恭反　重見賢遍反注同　子慭魚覲反
媟息列反　經二十八年　斥丘音尺一音昌夜反　竟音境傳同
傳二十八年　其造七報反　一个古賀反注同　單使所吏反
反　逆著中略反一音直略反　祁勝巨之反字林云大原縣上尸反　鄔臧舊烏戶反又音偃案地名在周者烏戶反隱十一年王取鄔留是也在鄭者音偃成十六年戰于鄢陵是也在楚者音於建反又音偃昭十三年王沿夏將入鄢是也在晉者音於庶反字林乙祛反郭璞三倉解詁音瘀於庶反鬬騶音厭飫之飫重言之大原有鄔縣唯周地者從烏餘皆從焉字林亦作隖音同傳云分祁氏之田以爲七縣司馬彌牟爲鄔大夫即大原縣也鄔臧宜以邑爲氏音於庶反舊音誤　惡直如字又烏路反　實蕃音煩　多
僻匹亦反本又作辟　立辟婢亦反　無與音預　爲之于僞反　慭使

魚覲反發語音也　楊食我音嗣　叔向許丈反　欲娶七住反　夏姬戶雅

反下皆同　庶鮮息淺反少也注同　吾懲直升反　妾媵繩證反又時證反　少

妃詩照反　子貉己白反　黰黑之忍反美髮也說文作㐱又作鬒云稠髮也　以

鑑古暫反鏡也　后夔求龜反　取之如字又七住反　君長丁丈反　貪惏

力耽反方言云楚人謂貪爲惏　無饜本亦作厭於鹽反　忿纇本又作類力對反戾也服作類

后羿音詣　簒夏初患反　共子音恭本亦作恭　末喜本或作嬉音同國語云桀

伐有施有施氏以末喜女焉韋昭注漢書云嬉姓也　妲己丁達反下音几國語云有蘇氏之女也韋昭云

己姓也　褒姒音似龍漦所生褒人所養者也毛詩云姒姓也鄭箋云姒字也　孋姬本又作麗

亦作驪同力知反獻公伐驪戎所得而以爲夫人穀梁傳云滅虢所得莊子云艾封人之子　女何音汝

不敢取七住反又如字　強使其丈反　叔向嫂素早反兄妻也依字宜如此

長叔丁丈反　是豺本又作犲同仕皆反　莫喪息浪反　梗陽古杏反

盂音于下文同　銅鞮丁兮反　魏戊音茂　知徐音智　榆次資利

反又如字　樂霄音消　趙朝如字　僚安力彫反　見於賢遍反注及下見魏

子竝同　成鱄音鄟又市轉反又音附　不偪彼力反　淫行下孟反　唯

此文王詩作唯此王季　帝度待洛反下及注同　莫其詩音亡白反又如字爾雅云貊莫安

定也下及注同　克長丁丈反下及注同　王此于況反注能王同　帝祉音恥　施

于以豉反注同　應和應對之應下如字又胡臥反　勤施式豉反注及下注同　徧

服音遍注同　悔吝力刃反　近文附近之近　鬷蔑子工反　以上時掌

反注同下并　娶妻七住反　爲妻于僞反　射雉食亦反　女遂音汝

下同　夫音扶　不颺餘常反　吾幾音祁　毋隳音無下許規反損也　不

能斷丁亂反　閻沒以占反　閭於如字又音問　饋入求位反　比

置必利反　今坐力呈反　自咎其九反　食之音嗣　軍帥所類反本

又作率同　屬之玉反注同　厭於鹽反又於鹽反注同　經二十九年　來
喑音彥　復不扶又反　鄖潰戸對反　傳二十九年　君祗
音支　故復扶又反　召伯上照反　不說音悅　數日所主反　于
鄬列反　勉　買馬音古買也注同　具從才用反下同　衣屨九具反　乘
馬如字又繩證反　塹而七豔反　隋塹徒火反　將為如字一音于偽反　之
櫝徒本反棺也　為作于偽反下同　以食音嗣　帷裏古火反　龍見
賢遍反下見龍朝夕見同　莫知音智下謂之知實知注無知同　豢音患養也　飂力謬反古
國名　有裔以制反　甚好呼報反　者時志反　以飲於鴆反下同　食
之音嗣下不能食能飲食之之食夏后同　乃擾而小反順也　鬷川子工反　有夏
戸雅反下皆同　少康詩照反下少皞同　乘龍繩證反　河漢各二杜云合為四也
服云河漢各二乘　所治直吏反　以更音庚注同代也　復承扶又反　潛

醢音海　不知音智　朝夕如字下朝夕見同　若泯彌忍反滅也　乃坻
音亘又丁禮反止也　鬱堙音因塞也　君長丁丈反下皆同　句芒古侯反注及下皆同
祀重直龍反下皆同　祀犂力兮反　蓐收音辱本又作辱　摧徂回反
玄冥亡丁反　中霤力救反　在乾其連反本亦作乹　之姤古豆反　巽
下音遜　爻辭戶交反　其夬古快反　兑上徒外反　亢龍苦浪反
其巛本又作坤空門反　之剥邦角反　艮上古恨反　少皞戶老反
曰重直龍反　曰該古咳反　顓音專頊許玉反　共工音恭　大皞
音泰　烈山如字禮記作厲山　以上時掌反　汝濵音賓　中行戶郎反
以鑄之樹反　計令力呈反　被廬皮義反下力居反　文公搜本又
作蒐所求反　中軍帥所類反　擅作市戰反　今復扶又反　其咎
其九反　與焉音預　朝歌如字　經三十年　去疾起呂反

頃公音傾　傳三十年　且徵直升反明也本或作懲誤　非復扶又反

詰之起吉反　子蟜居表反　共使所吏反　在共音恭注及下同

備御魚呂反注同　及辨皮莧反　嘉好呼報反　之閒音閑下同　執

紼音弗索也　輓索本又作挽音晚下悉各反　明厎音旨　印段一刃反　少

鄉詩照反注同　女盇音汝下胡臘反下同　有省所景反下同　監馬古銜反

於竟音境　莠尹音誘　吾好呼報反一本作若好吾　邊疆居良反　以

重直用反　之胄直又反　大王音泰　翦喪息浪反　以祚才故反

姑億於力反安也　將焉於虔反　播揚彼我反又波賀反注同　防壅

於勇反　以灌古亂反　斷其丁緩反注同　伍負音云　叉惡烏路反

莫適丁歷反　任患音王　以肄本又作肆以制反下同勞也　罷倣音皮下文

同　亟肄欺冀反注同　數也所角反　經三十一年　荀躒

力狄反　適歷丁歷反　重丘直龍反　以濫力甘反或力蹔反　昌慮
音閭又如字　傳三十一年　無咎其九反下注放此　爲子于僞反
出君如字又勑律反　跣行素典反　于費音祕　探言他南反　知
伯音智　之好呼報反　施及以豉反　宗祧他彫反　夫人音扶下及注同
敢與音預　之難乃旦反　敢復扶又反　一乘繩證反　衆從
才用反　馬稽音啓又古兮反　不爲利回于僞反下不爲同　義疚久又反病
也　懲不義直升反下同　而去起吕反下同　攻難乃旦反　以徼
古堯反　貪冒亡北反又亡報反　將寘之豉反　數惡所主反注同　之
稱尺證反　婉而於阮反　言別彼列反　羸而本又作裸力果反　入
郢以井反又羊政反　之應應對之應　有謫直革反　經三十二年
取闞口暫反　國參七南反　傳三十二年　彊事居良反

小爭爭鬭之爭 之分扶問反 其殃於良反 狹小音洽 俾我本又作卑同必爾反注同 親暱女乙反 弛周式氏反注同 重耳直龍反 徽文古堯反下同 蟊賊已侯反 無徵怨張升反召也 滎施式豉反 勿與音預 以紓音舒 又焉於虔反 褎序初危反注同 衛彪彼蚪反 傒音兮 大咎其九反 之渝羊朱反 譴怒弃戰反 揣高卑丁果反度高日揣又初委反 度高待洛反下文及注同 仞溝本又作刃而慎反 洫況域反 相也息亮反下同 幾時居豈反下皆同 知費芳貴反 書餱音侯本又作餱 糧音良 屬役之欲反 授帥所類反注同 而效戶孝反致也 徧賜音遍 從公才用反下同 雙琥音虎 陪貳蒲回反 有妃音配 世從子用反本亦作縱 始震如字一音身 嘉聞音問 遂以名之如字又武政反 受費音祕 殺適丁歷反

定公上定公名宋襄公之子昭公之弟謚法安民大慮曰定第二十七

杜氏　盡七年

經元年　仲幾音機　大雩音于　煬宮羊讓反　禱之丁老反

隕霜于敏反　殺叔本或作菽音同　傳元年　涖政音利又音類　奸

義音干　大咎其九反　屬役之欲反　原壽過古禾反　荒蕪音無

近吳附近之近　去其起吕反　柏梈音郭　庚寅栽才代反又音再注同

薛郳五兮反小邾國　爲夏戶雅反注同　于邳皮悲反　仲虺許鬼反

左相息亮反　薛焉於虔反　納侮亡甫反　過分扶問反　故

復扶又反　萇弘直良反　旣厭於豔反　其祚才故反　亟言起冀

反　不中丁仲反　故朝夕如字　羈未居宜反子家子名　得見賢遍反下

同　而從君才用反注義從同又如字下從君從公放此　守龜手又反　壞隤徐音

懷又戶怪反下徒回反　如闞口暫反　惡昭烏路反又如字　駕鵞音加下五何反

自旌音精　惡之如字又烏路反　將焉於虔反　葦簡九勇反　而

好呼報反　經二年　兩觀古亂反注及下同　囊瓦乃郎反

傳二年　爲我于僞反注及下同　見舟賢遍反　夷射姑音亦一音夜

閽音昏守門人也　以敲苦孝反又苦學反說文作毃云擊頭也字林同又一曰擊聲也口交反又

口卓反訓此敲云横擿也又或作摮或作搞口交反　經三年　子穿音川　子拔

皮八反　傳三年、臨廷音庭下同　鉼水步丁反本又作瓶　鑪力吳

反　炭他旦反　隋也徒火反　先葬悉薦反又如字　五乘繩證反　殉五

人辭俊反　藏中才浪反　卞急皮彥反　而好呼報反下文及注同　躁疾

早報反　于郯音談　肅爽上如字又所六反下音霜肅爽駿馬名　駿馬音俊

先從才用反下同　飲先於鴆反　自拘九于反　弄馬魯貢反　請

相息亮反注同　夫人音扶注同　以償市亮反　不共音恭注同　而沈音鴆

若復扶又反　爲質音致　經四年　國夏戶雅反　召陵上照

反　楚竟音境　公孫生本又作姓音生　皐鼬由又反　復稱扶又反

異處昌慮反　伯成音城　劉卷音權一音眷勉反　劉蚠扶粉反

爲告于僞反下爲蔡同　孔圉魚呂反　皆陳直覲反　死難乃旦反

并數所主反　惡之烏路反　傳四年　水潦音老　疾瘧魚略

反　祇取音支　羽旄音毛　析羽星歷反下放此　或旆步貝反　旐

音兆　令蔑力呈反下欲令蔡同　嘖有仕責反至也一音責　忿爭爭鬬之爭　祝

佗徒河反　從才用反下從旅從同　大祝音泰下大祝大卜大史大原同　共二音恭

注同　徼大古堯反　且夫祝音扶　出竟音境下同　祓社音弗徐音廢

釁鼓許靳反　鼓鞞步西反本又作鼙　以從如字又才用反　嘉好呼報反

將長丁丈反　欲令力呈反　先衞悉薦反下文先衞同　歃也所洽反又所甲反

反　以蕃方元反　相王悉亮反　分魯公扶問反下並同　大輅音路

本亦作路大輅金路也下皆同　大旂其依反交龍爲旂諸侯所建　錫星歷反錫同姓也　夏

后戶雅反下皆同　之璜音黃美玉名　封父音甫下同封父國名　繁弱扶元

反繁弱弓名　索素洛反下同　長勺市灼反下同　輯其音集又七入反　共

魯音恭下文以共王職同　倍敦本亦作陪同步回反　典策本又作冊亦作策或作筴皆初

革反　彝器羊之反　逆散彼諍反　皆令徐力呈反　少皡詩照反注及下

同下胡老反　之虛起居反注及下皆同　綪七見反　茷步貝反又音吠　旃旌章然反

闕氏徒刀反　繁氏步河反　錡氏魚綺反　封畛之忍反一音眞　甫田

布五反本亦作圃同　塗所徑音徒下音經　鄭藪素口反　蓋近附近之近下近

戎同　相土息亮反　東蒐所求反　巡守手又反　聃季乃甘反

疆以居良反注及下同　闕鞏九勇反甲名　沽洗鍾名上音孤下音息典反　之
長丁丈反下文乃長衞同　惎音忌毒也　閈王閒廁之閒　道紂音導　蔡蔡叔
上素達反放也注同下蔡叔如字　七乘繩證反　改行下孟反　見諸賢遍反
之昭上饒反說文作佋　伯㫘徒練反　晉重直龍反　鄭捷在接反
齊潘普安反　宋王臣如字本或作王如林反　玆丕普悲反　可覆
芳服反　弘說音悅　爲之于僞反下楚爲沈同　臨力鴆反　黃父音甫　語
我魚據反　無怙音戶　無敖五報反　無復怒扶又反重也注同　伍
負音云　州犂力兮反　嚭普鄙反　子乾其連反　爲質音致　舍
舟音赦置也又音捨弃也注同　淮汭人銳反　夾漢古洽反　沿漢悅全反
上下時掌反注同　遮使正奢反　大隧音遂　冥亡丁反本或作寘之豉反
阨於懈反本或作隘音同　惡子烏路反　而好呼報反　而陳直覲反下文及注同

江夏戶雅反　難而乃旦反　其卒子忽反下同　其乘繩證反　廣
死古曠反　雍澨市制反　季芊面爾反楚姓　畀我必利反世族譜季芊畀我皆平
王女也服云畀我季芊之字　涉睢七餘反下同　鍼尹之林反　燧象音遂火燧
以繫象尾　被創初良反　吳句古侯反　到而古頂反　褁之音果　雲
夢如字又音蒙　中肩丁仲反　奔鄖音云　以從才用反下同一音如字
將殺如字又申志反下我殺同　蔓成音萬　不茹音汝　矜寡古頑反　非
知音智　殺女音汝　其衷音忠　又竄七亂反　竄匿女力反　施
及以豉反　之辟匹亦反　若難乃旦反　楚竟音境　鑪金音慮氏也
金名本又作鑪　使見賢遍反下注敢見同　以約如字又於妙反　申包必交反
以荐在薦反　荐數也所角反　草茅舊作茅亡交反今本多作莽莫蕩反下同
無厭於鹽反　疆居良反　埸音亦　逮吳音代　取分扶問反　勺飲

市灼反又音灼　爲之于僞反　同仇音求　經五年　傳五年
周亟紀力反注同　行東野下孟反下桓子行同　璵本又作與音餘　璠音煩又方
煩反　斂力驗反　當去起呂反　不狃女九反　彼爲于僞反注同　子
洩息列反　使僭子念反　逆勞力報反下同·　時從才用反下從父昆弟皆從
王並同　百乘繩證反注同　于沂魚依反　遂射食亦反又食夜反　散
卒子忽反　堂谿芳兮反下同　居麇九倫反下同　暴骨步卜反　以
歆許金反　闉音因　輿音餘本又作與羊汝反　罷音皮　復失扶又反　葉公
舒涉反　從其母如字又才用反　公父音甫　公何藐亡角反一音彌小反　成臼
大詛莊慮反　父歜昌欲反　秦遄市專反　焉能於虔反
其九反　聊屈其勿反又居勿反　藍尹力甘反　亹亡匪反　其帑音奴
舍音捨又音赦　謀殺申志反　大難乃旦反　爲君于僞反下爲身同

無厭於鹽反　遠丈于萬反　以妻七細反　脾洩婢支反下息列反脾洩地名　祖而音但　經六年　祁犂力兮反又力之反　公爲于僞反　圍鄆音運　傳六年　爲晉于僞反注同　儋翩丁甘反下音篇　豚澤杜孫反　蝥大夫必計反　之難乃旦反　盤鑑盤又作槃步丹反又蒲官反下古暫反　爲質音致注同　大姒音泰下音似　鄭俘芳夫反　強使其丈反注同下放此　不復扶又反　其釁許靳反　爲之于僞反　欲令力呈反　終纍力追反又力軌反　夫差音扶下初佳反　小惟子位悲反本又作帷亦如字　之帥所類反　大惕他歷反　於鄀音若　此見賢遍反下文見涸并注同　爲戍于僞反下同　令使所吏反　其憾戶暗反　說子音悅　有難乃旦反下文同　見涸侯溫反又侯困反　飲之於鴆反　楊楯食允反又音允　貫禍音古　爲國于僞反下同　越疆居良反　而使所吏反下

同　比趙毗志反　亳社步各反　詛于側慮反　五父音甫之衢其俱反

姑蕕音由又作猶一音由舊反　單劉音善　經七年　于鹹音咸

非使所吏反　于沙如字又星和反　傳七年　中貳丁仲反　復

黨扶又反　瑣素果反　涉佗徒何反　捘子對反　公斂力檢反又音廉或音

慮黜反　隳伏許規反　而女音汝下文同　苫蒍始占反　於難乃旦

反　黨氏音掌

定下第二十八　杜氏　盡十五年

經八年　阜馳由又反　國夏戶雅反年末注同　于瓦顏寡反　燕

縣音煙　侯柳力九反本或作抑　曲濮音卜　不見賢遍反　之璜音黃

封父音甫　傳八年　六鈞音均三十斤爲鈞　古稱尺證反

異強其丈反　而傳直專反　子鉏仕居反　與一人俱斃婢世反什

也顏高與一人俱為子鉏所擊而什 什也音赴又蒲北反孫炎云前覆曰什 偃且如字射

食亦反下同 子鉏中丁仲反下同 頰古協反 殪於計反死也言顏高雖為子鉏所擊偃什且射

子鉏中頰而死言其善射也一讀且音子餘反云偃且人姓名也檢世族譜無此人一讀者非也 乃呼

火故反注同 也殿丁電反注同 單子音善 儋翩丁甘反下音篇 伐孟

音于 好逆呼報反 其使所吏反 使涸侯溫反又侯困反 大行音泰下戶

郎反一音衡 稟丘力甚反 之郛芳夫反 焚衝昌容反戰車也說文作輴云陷陣車

也 或濡人于反 馬褐戶葛反褐馬衣也 必復扶又反 盡客苦百反

苫越式占反 僑如其驕反 入竟音境 中行戶郎反 鄭澤

音專又市轉反本亦作傳音同 涉佗徒何反 焉得於虔反 將歃所洽反

捘衞子對反擠也 及捥烏喚反 捘擠也子計反一音子禮反說文云排也

晉詬呼豆反恥也 語之魚據反 為質音致注及下同 羈紲息列反 以從

才用反下注從弟下從者同　有難乃旦反　以激古狄反　監帥古銜反

爲周報于僞反下同　季寤五故反　不狃女九反　欲去起呂反

更季氏音庚代也舊古孟反下皆同　禘于大計反　蒲圃布五反　先癸

已悉薦反　以鈹普皮反　盾食允反又音允　夾之古洽反　陽越殿丁見反　而

咋謂仕詐反暫也　於難乃旦反　圉人魚呂反　以爲于僞反

騁勑領反　射之食亦反下同　不中丁仲反　闔門戶臘反　劫公居業

反　州仇音求　說甲本又作稅同他活反　得脫徒活反或他活反　曰嘻

許其反懼聲　辨舍上音遍注偏同下如字　于讙音歡　駟歂市專反　鄧

析星歷反　經九年　伯蠆勑邁反　分器扶問反　傳九

年　向巢舒亮反　衰絰七雷反下田結反下同　舍鍾音捨　其邪似嗟

反注同　彤管徒冬反　邶風音佩　雖說音悅　竿旄音干下音毛

鄘風音容 蔽芾芳味反蔽芾小貌 召伯音邵注同 所茇畔末反草舍也 而
祇音支 若麟本又作驎呂辛反 俘爲芳夫反 萊門音來 天菑音災
師罷音皮 焉於虔反 頃覆音傾本又作傾下芳服反 鍥苦結反刻也 其
軸音逐 葱靈初江反或音怱 輜車側其反說文云衣車也 爲衛于僞反下同
必娶七住反 卿相息亮反 於靁力又反 所樂如字又五孝反
犂彌力兮反 又譎古穴反 曩者乃黨反曏也 之難乃旦反下同 如
驂七南反騑馬也 之靳居覲反車中馬也本或作如驂之有靳非也 與書爭爭鬬之爭又如
字 千乘繩證反 不復扶又反 褚師中呂反 其師所類反注同
事見賢遍反 致禚諸若反 媚武冀反 杏戶猛反 晳星歷反 幘音策
又音責齒上下相值也說文作齰音義同 而衣於既反 貍力之反 製音制裘也 吾貺音況
賜也 令常力呈反 不共音恭 三禭音遂 比殯必利反 故挽音晚

親推如字又他回反　經十年　夾谷古洽反又古協反二傳作頰谷音古木反

鄆音運　讙火官反　汶陽音問　孔子相息亮反　圍郈音后字林下遘

反　弄馬魯貢反　暨其器反與也　仲佗徒河反　石彄苦侯反　向

魋大回反　靜難乃旦反　傳十年　丘相息亮反注同　兵劫

居業反　合好呼報反下同　裔以制反遠也　之俘芳夫反　謀夏戶雅

反　不偪彼力反　爲愆去連反　遽其據反　辟之婢亦反又音避注同

去萊起呂反　出竟音境　三百乘繩證反　盟詛側據反　茲無

還音旋　以共音恭注同　要盟一遙反　犧象許宜反又息河反注同犧象皆尊名

秕音鄙穀不成者也字林音匕又作粃又必履反　稗皮賣反草似穀者　子盍戶臘反下同

齊爲衛于僞反　邯音寒鄲午音丹　城其西北而守之一本或作

城其西北隅　宵熸子潛反　涉佗徒河反　如植市力反立也一音直　不適

市專反　若藐音邈又亡小反　射之食亦反下并注同　劒鋒芳逢反　在揚水向
己許亮反亦作嚮　逆呵呼多反　刺之七亦反　復圍扶又反　衆兒
卒章本或作揚之水卒章　齊使所吏反注同　爲之于僞反下注爲齊同
音凶一音凶勇反　得紓音舒　偪魯彼力反　必倍步罪反　走呼火故反
介侯犯音界　犯殿丁見反　物識申志反又如字　與之數色主反注
同　名簿步古反　孌必計反　籧其居反　富獵力輒反　尾鬣力輒反爾
雅舍人注云馬鬉也鬉音子工反　扶雕勑乙反　盡腫章勇反　有頗普多反
出竟音境　展爲于僞反注猶爲同　迋吾求往反又古況反歎也　褚師
張呂反、　屬與音燭　封疆居良反　所惡烏路反十一年傳注同一音如字
經十一年　叔還音旋　叔詣曾孫也案世族譜叔還是叔弓曾孫此云叔
詣誤也　傳十一年　經十二年　墮郈許規反毀也注及下傳同

毀壞音怪又戶怪反　公孟彄苦侯反　孟縶陟立反　墮費音祕
大雩音于　傳十二年　滑于八反　羅殿丁見反下同　曹竟音境
下同　在行戶郎反　申句須音劬　樂頎音祈　保障之尚反又音章　子
爲不知並如字一本爲作僞　陽不知也陽本亦作佯音同　經十三年
垂葭音加　圁音又　大蒐所求反　比蒲音毗　士吉射食亦反又
食夜反　朝歌如字　傳十三年　鄍氏古闃反　郔意茲彼命
反又音丙　傳必張戀反又直專反注同　數日所主反　言當丁浪反　衛侯
乘繩證反下同　乘廣古曠反　比君必利反　乃介音界　侯輕遣政
反　著丁略反　是以爲于僞反注同一音如字　而寘之豉反　好不
呼報反　其從才用反　說劍他活反注同　不與音預又如字　中行
戶郎反　知文子音智　相惡如字又烏路反下同　曼多音萬　荀躒力狄

反　沈之如字又音鴆　三如字又息暫反　折之設反　肱古弘反　欲令力呈
反　史鰌音秋　於難乃旦反下注同　者鮮息淺反　必與音預注同
始惡烏路反　將去起呂反　宋朝如字　愬音素　經十四年
趙黶於減反　佗人吐何反又徒何反　子䍧子郎反　皆惡烏路
反　檇李音醉依說文從木　亂陳直覲反下同　黎陽力兮反　于洮吐刀
反　歸脤市軫反　盛以音成　蒯苦怪反　聵五怪反　比蒲音毗
莒父音甫　傳十四年　惡董烏路反　知文音智　盍以戶臘
反　發難乃旦反　與謀音預　將焉於虔反　莫矣音暮　乃縊
一賜反　背楚音佩　陳好呼報反　句踐古侯反　陳于直覲反
三行戶郎反下同　屬劒之欲反下同又之住反　自剄古頂反本又作刎　闔廬
戶臘反　將指子匠反　一屨九具反　於陘音刑　夫差音扶　於

廷音庭本又作庭　曰唯惟癸反舊以水反　于脾婢支反　析星歷反　成鮒音附　桃甲如字本又作姚　爲夫人于僞反　獻盂音于　婁豬力侯反字林作貗力付反云求子豕也下張魚反　盍歸戶臘反　艾五蓋反老也字林作豭音艾豕三毛聚居者　豭音加牡豕也　戲陽速許宜反　少君詩照反本亦作小君　將戕在良反殘殺也　以紓音舒　諺曰音彥　於潞音路　籍父音甫　經十五年　鼷鼠音兮　食處昌慮反　渠蒢直居反　下昃音側　城漆音七　傳十五年　之贄音至　替也他計反　近亂附近之近　下皆同　取費芳味反　而中丁仲反　微知著知之難並如字又音智　其易以豉反　子鹺才何反　爲之于僞反　事見賢遍反　遽音渠　挐女居反又女加反　不耐音附　不克襄息羊反成也

哀上哀公名蔣定公之子蓋夫人定姒所生敬王二十八年即位謚法恭仁短折曰哀　第二十九

杜氏　盡十三年

經元年　得見賢遍反下同　此復扶又反　一處昌慮反　傳

元年　而裁才代反又音再注同說文云築牆長版　圍壘力軌反　周帀子合反

廣丈古曠反　高陪並如字高又古報反注同　厚一戶豆反　夫屯徒門反夫

兵也屯守也　故令力呈反　以辨扶免反又方免反別也　別也彼列反下同

係纍力維反　出降戶江反　使疆居良反　夫椒音扶椒又作栱子消

反　槜李音醉　大湖音泰　甲楯食允反又音允　會稽古外反下古兮反會

稽山名　上會稽時掌反　大夫種章勇反　大宰音泰　嚭普鄙反

伍員音云　去疾起呂反本又作去惡　有過古禾反國名注及下同　澆五叫反一音五

報反下同　殺斟之林反　灌古亂反　斟鄩音尋　寒促仕捉反　夏同姓

戶雅反下注皆同　夏后相息亮反注及下注同　復爲扶又反　后緡亡巾反

○舊有昬忌亡亮反五字今刪　方娠音震又音身懷妊也　自竇音豆　少康詩照反　之長丁丈反　惎澆音忌毒也　庖正步交反　妻之七計反注同　二姚羊昭反虞姓也　諸綸音倫　有鬲音革　之燼徐刃反又秦刃反　女艾上如字又音汝下五蓋反　諜澆音牒　季杼直呂反　誘豷許器反　過戈並古禾反　之績一本作迹　吴難乃旦反　務施始豉反下同　而長丁丈反下同　可竢本又作俟音仕待也　介在音界　求伯如字又音霸　生聚才喻反又如字　爲沼之兆反池也　汙池音烏　故復扶又反　邯鄲音寒下音丹　逢滑于八反　士芥古邁反草也　不艾魚廢反　暴骨步卜反　如莽亡黨反　孔圉魚呂反　烝鉏之承反下仕居反　不重直龍反　崇壇徒丹反　不形徒冬反丹漆也　鏤魯豆反刻也　不觀古亂反注同　臺榭音謝　取費芳味反　天有菑音災　癘本或作天無菑癘非　疾疫音役　而

共音恭　熟食者分如字一讀以分字連下句　猶徧音遍　卒子忽反　乘繩證
反　與焉音預　不罷音皮　陂池彼宜反　妃嬙本又作廧或作嬙在羊反　嬪
御毗人反　玩好呼報反　夫先自敗也已夫音扶本或作夫差先自敗者非
經二年　取鄟火號反又音郭　及沂魚依反　易也以豉反
句繹古侯反下音亦　以要一遥反　于鐵天結反　皆陳直覲反
傳二年　伐絞古卯反　郢也以井反　立女音汝　三揖一入反三
揖卿大夫士也　祇辱音支　立適丁歷反下適孫同　大子絻音問喪冠也
衰絰七雷反下田結反　子般音班　先陳直覲反下注同　爰契苦計反又苦結
反　謀協以故兆絕句　詢可也思遵反　斬艾魚廢反　欲擅市戰
反　而滅其君滅或作戕音殘　除詬呼豆反又音茍　作雒音洛　千里
百縣縣方百里　縣有四郡郡方五十里　斯役如字字又作廝音同何休注公羊云艾草

爲防者曰厮汲水漿者曰役蘇林注漢書云厮取薪者韋昭云析薪曰厮 **志父** 音甫杜云志父趙簡子之

改名也服云趙鞅入晉陽以畔後得歸改名志父春秋仍舊猶書趙鞅 **絞縊** 一賜反 **以戮** 音六

桐棺三寸 禮記云夫子制於中都四寸之棺五寸之椁以斯知不欲速朽也鄭康成注云此庶人之制也

案禮上大夫棺八寸屬六寸下大夫棺六寸屬四寸無三寸棺制也棺用難朽之木桐木易壞不堪爲棺故以爲罰

墨子尚儉有桐棺三寸 **不設屬** 音燭注同次大棺也 **辟** 步歷反注同親身棺也禮大夫無辟 **之**

重 直龍反下同 **王棺四重** 禮記云水兕革棺被之其厚三寸杝棺一梓棺二杝棺辟也梓棺二

屬與大棺也被水牛及兕之革爲一重辟爲二重屬爲三重大棺爲四重 **君再重** 君謂侯伯子男侯伯已下

無革棺屬與辟爲一重大棺爲再重上公則唯無水革耳兕革與辟爲一重屬爲再重大棺爲三重 **大夫一**

重 大夫唯屬與大棺爲一重今云不設辟者時僭耳非正禮也 **襆馬** 普卜反 **載柩** 其又

反 **爲衆** 于僞反 **鄭無恤** 音尤 **其怯** 去業反 **百乘** 繩證反

牖下 羊九反 **麇之** 上隕反麇束縛也注同 **朿詰** 起吉反 **痁作** 詩占反瘧

疾也　瘧疾魚略反　禱曰丁老反一音丁報反　在難乃旦反下注爲難同　自

佚音逸　持矛亡侯反　絕筋居銀反　中肩丁仲反　斃于婢世反本亦作

弊　踣蒲北反　蠭旗芳恭反旗名　復伐扶又反　傳傁素口反又作叟

有知音智　未艾魚廢反又五蓋反　公孫尨武江反　稅焉始銳反

爲范于僞反下文爲其主同　幕下音莫　姚般子姚子般　林毆丁見反　而

射食亦反　伏弢吐刀反弓衣也　嘔血本又作喀烏口反吐也　吐也他露反

兩靷以刃反　洩庸息列反一音作息引反未詳　中悔丁仲反　經三

年　曼姑音萬　爲子于僞反　欒髡苦孫反　傳三年　司

鐸待洛反　南宮閱音悅　曰庀匹婢反具也　女音汝　命不共音恭

校八戶教反注及下同　乘馬繩證反注及下皆同　脂轄戶瞎反本又作鎋同　爲駕

于僞反　之易以豉反　欒難乃旦反　濟濡子細反又子禮反注同　帷幕位悲

反下音莫鬱攸音由鬱攸火氣也蒙葺七入反一音丁入反以悛七全反次也
縣教音玄富父音甫槐音懷官辦辦具之辦注同猶拾音十瀋也尺審
反汁也北土呼汁爲瀋去表起呂反注同之槀古老反注同所鄉許亮反
槀積子賜反道還本又作環戶關反又音患注同𦬊令力呈反南孺子
如住反共劉音恭其郛芳夫反惡范氏烏路反注同經四
年盜殺申志反蔡侯申今本皆如此案宣十七年蔡侯申卒是文侯也今昭侯是其玄孫不
容與高祖同名未詳何者誤也公孫姓音生本又作生或一音性恥爲于僞反亳
社步洛反頃公音傾傳四年也承音懲直升反公孫翩
音篇而射食亦反下同文之鍇音楷又音皆又客駭反併行步頂反
中肘丁仲反下竹九反公孫旰況于反眅普版反字林匹姦反葉公始涉
反負函音咸繒關才陵反泝江音素入郢以井反又以政反單

浮餘音善　氏潰戶內反　陸渾戶門反　豐析星歷反注同　菟和音徒　監尹古銜反　少習詩照反又如字少習即武關也　之難乃旦反　將爲于偽反下注同　以畀必利反與也　楚復扶又反　甯跪其委反　郈鄖降戶江反　遂墮許規反　取邢音刑　任音壬　欒力官反　鄗呼洛反郭璞三蒼解詁音朧字林火沃反韋昭呼告反闞駰云讀磽确同　逆時音止　盂音于　經五年城眦頻夷反　杵臼昌呂反下求又反　傳五年　惡張烏路反下同　柳朔良久反　夫非音扶　好不呼報反　不去起呂反　以僭子念反後同　爲吉射于偽反　燕姬於賢反　未冠古喚反　鬻姒音育下音似　子荼音舒又音徒又丈加反　嬖必計反　齒長丁丈反　閒於音閑又音閒廁之閒又如字　疾疢敕覲反本或作疹乃結反　謀樂音洛　寘羣之豉反羣或作諸　於萊音來　公子黔巨廉反又音琴　公子鉏仕居反　不

與音預下同 埋亡皆反 而侈昌氏反又尺氏反 惡而烏路反 不解佳賣
反 攸塈許器反息也 鮮矣息淺反 不濫力暫反 濫溢音逸
經六年 郲瑕音遐 任城音壬 亢父苦浪反又音剛下音甫 廢長
丁丈反 立少詩照反 于相莊加反 楚子軫之忍反史記作珍 殺茶
音試下皆同 傳六年 復脩扶又反 城父音甫 駗乘繩證反
偃蹇約免反下紀晚反 驕敖五報反 必偪音逼 盍戶臘反下同 去
諸起呂反下同 需音須疑也一音懦懦弱持疑也 多難乃旦反 鮑牧州牧之牧
乘如繩證反 晏圉魚呂反 五辭本又作辤說文辤不受也受辛宜辤之辤籀文
大冥亡丁反 舍其音捨 夾日古洽反 大史音泰下同 若縈
音詠 禳祭如羊反 而寘之豉反 其夭於表反 又焉於虔反
爲祟息遂反 竟內音境 睢七餘反 漳音章 楚昭王知大道矣

本或作天道非 夏書戶雅反下注同此語在尚書五子之歌書無帥彼天常一句下亦微異 其

行如字又下孟反尚書作厥道 乃滅而亡尚書作乃底滅亡 且于子餘反

上乘繩證反 闕止苦暫反 王也而林反 洩言息列反又以製反

欲令力呈反下同 與饋其位反 差車所宜反 鮑點之廉反又如字 女

忘音汝 而折之舌反又帀列反注同 而背音佩後年皆同 故要一遙反

去鬻起呂反 拘音俱 江說音悅 句竇音鉤下音豆 不匱其位反

多難乃旦反 少君詩照反 長君丁丈反 夫⿰子焉子音扶⿰子焉或作孺同

於駘他才反又徒來反 野幕音莫 殳音殊 冒亡報反 淳音純 駐於

中住反 經七年 皇瑗于眷反 于繒才陵反本又作鄫 傳

七年 百牢力刀反 吳過宋古禾反 以後如字又戶豆反 上物

知如字一音時掌反注同 道長丁丈反注及下注同 既共音恭 大伯音泰注同

斷髮丁管反　贏以本又作倮力果反　故效戶孝反　將焉於虔反
惡賢音烏安也注同　無數所主反　不樂音岳一音洛　不禦魚呂反
擊柝音託以兩木相擊以行夜也字又作欜同　以聞於音問又如字　晝掠中救反下音亮
于繹音亦　鄒縣側留反　乘韋繩證反下及注同　馮恃皮冰反注同
辟匹亦反注同　振鐸待洛反注同　公孫彊其良反　好田呼報反下同
弋以職反繳射也　田弋之說如字說之音悅下大說同　彊言霸說如字一音始銳反
而奸音干　揖巨音集一音於入反　鍾邘音于　經八年
褚師中呂反　之詬呼豆反　取讙音歡　及闡尺善反　伯過古禾反
官使所吏反　傳八年　肥殿丁練反下注同　詬之本又作詢呼豆反詈辱也
詈辱力智反　吳爲于僞反下注則爲之隱惡同　不狃女九反
死其難乃旦反　曾所在增反　且夫音扶　之行下孟反又如字　所

春秋左氏音義之六

惡烏路反又如字注同 之好呼報反下文好焉同 欲覆芳服反 子泄息列反又
作洩 與斃婢世反 子洩率絕句 故道險絕句 吳竟音境 僑田
其騎反 拘鄙音俱下同 之漚烏豆反 菅古顏反 水滋音玄本亦作茲子絲
反 濁也字林云黑也 道之音導 澹臺待甘反 內應應對之應 析朱鉏
星歷反注及下同 泗上音四 私屬音燭 於幕庭亡博反 設格更百
反 令士力呈反 試躍羊灼反 與焉音預注同 任行音壬 三遷息暫
反 析骸戶皆反本又作骨 而爨七亂反 及虧去危反 吳輕遣政反
負載如字謂載書或音戴 造於七報反 萊門音來 為質音致下同 復求
扶又反 妻之七計反 魴侯音房 前為于僞反 荐之本又作栫在薦
反 荐雍也於勇反 使女音汝 千乘繩證反注及下同 故諷方鳳
反 愬之音素 於潞音路 縻之亡隕反束縛也 經九年 雍

乓於勇反　傳九年　公孟縶昌灼反本又作卓同　武子賸以證反
作壘力軌反　塹戍七豔反　郟張古洽反又音甲　城邗音寒　射陽
食夜反又音亦　可游音由　可馮皮冰反　之需音須　以祉音恥　儆
音景　經十年　不與音預　書殺申志反　孟彄苦侯反
傳十年　郯子音談　于郎音息　兵弁必政反　八殺申志反
襲重直龍反又直用反　取犂力兮反又力之反　及轅音袁一音于眷反　名陽
音習本或作濕音同　來復扶又反　壽夢音蒙　少子詩照反　經十一
年　轅頗破可反又普多反　艾陵五蓋反　公與伐音預下同　傳
十一年　齊爲于僞反　無丕普悲反　一子守手又反　從公
如字又才用反　御諸魚呂反本又作禦　竟音境注同　自度待洛反　封疆居良反注
同　二子之不欲戰也宜絕句　黨氏音掌　強問其丈反　而

共音恭 不成丈夫也本或作大夫非 蒐乘所求反下繩證反 閱音悅

孟孺子而住反 鍉直利反 邴洩音丙又彼命反 管周父音甫 年

少詩照反 徒卒子忽反注同 雩門音于 繇役本或作傜同音遙 陳

瓘古喚反 涉泗音四 爲殿丁練反 抽矢勅留反 策其初革反本或作筴

誰不如如字一音而庶反注同 惡賢音烏注同 宵諜音牒 齊人

遁徒困反 諜閒閒廁之閒 語人魚據反 能默本亦作嘿亡北反 其

嬖必計反 童本亦作僮音同 汪烏黃反 錡魚綺反 乘繩證反 無殤音商八歲至十九爲殤

用矛亡侯反 皆陳直覲反 轅咺況阮反 稻醴音禮以稻米爲醴酒

粱糗起九反糗乾飯也以粱米爲之一音昌紹反 腶脯丁亂反字亦作鍛加薑桂曰腶脯也

爲郊于僞反 于嬴音盈 公孫夏戶雅反 虞殯必刃反 陳

子行如字又戶郎反 具含玉戶暗反本又作哈 公孫揮許韋反 問遺

唯季反　王卒子忽反　八百乘繩證反　兵從才用反又如字　勞公

力報反　甲劒鈹普悲反　寘之之豉反　新篋苦協反　褽以音尉薦也

一本作褽之以玄纁　玄纁許云反本亦作勳　加組音祖　不衷音忠善也　饋賂

其位反或作餽下音路　是豢音患養也　也夫音扶　爲沼之兆反　其泯

己軫反　盤庚步干反　之誥古報反　不共音恭注同　則劓魚器反　殄

大典反　無俾必爾反　易種章勇反注同　從橫子容反　育長丁丈反

使於所吏反　屬其音燭注及下同　屬鏤力俱反又力侯反屬鏤劒名　墓

檟古雅反木名　脩守手又反　子朝如字　妻之七計反　於犂力兮

反　孔姞其乙反又其吉反　向魋徒回反　於鄖音云　少禘詩照反下

大計反　子慭魚覲反一作整征領反　而飲於鴆反　遂聘匹政反　夏

戊戶雅反下同戊音茂　胡簋音軌　遽止其據反　度其待洛反注及下同

之難乃旦反　別其田如字一音彼列反　施取尸豉反　斂從力豔反

貪冒亡北反一音莫報反　無厭於鹽反　經十二年　諱取七喻反又如字本或作娶　橐皐章夜反或一音託　逡音峻又七倫反　遒音囚又音巡　繇音遥

螽音終　傳十二年　取于七喻反本亦作娶　與弔音預注同

不絻音問　放經大結反　故去起呂反　奉贄音至　以要一遥反注同

尋重直龍反　寒歇許謁反　且姚子餘反　之斃婢世反　不摽敷蕭反又普交反擊也　國狗音苟　之瘈吉世反狂也　噬也市制反　齧五結反本或作嚙　藩衛方元反注及下同　籬也力知反　歸餼許氣反

以難乃旦反注同　子盍戶臘反　不爲于僞反　是墮許規反注及下皆同

囂說音悅下同　乃舍音捨釋也又音赦　效尤戶教反　蟄者直立反

隙地去逆反　閒田音閑一本作間地一音如字　彌作亡支反又亡爾反　頃丘

苦頴反又音傾王暢勑亮反一本作王暢喦五咸反戈古禾反錫音羊一音星歷反爲
之于僞反今倒丁老反爲別如字又彼列反經十三年男
成音城本或作戊近濟附近之近自去起呂反其僭子念反星孛步內
反乃見賢遍反陳夏戶雅反區夫烏侯反故復扶又反
傳十三年使徇似俊反成讙火官反郜延古報反或古毒反爲
虛並如字或音墟非單平公音善不與音預二隧音遂注同道也謳
陽烏侯反自泓烏宏反姑蔑亡結反之旗音其大朿音泰孟康云大
音闔屬徒音燭注同地守手又反下注同復戰扶又反王惡烏路反注
同自到古頂反爭畝所洽反又所甲反爲長丁丈反注下同大伯
音泰日旰古旦反德輕遣政反見晉侯如字又賢遍反對使所吏
反以見賢遍反於吳有豐芳中反八百乘繩證反下及注同

六人從才用反戶牖音酉坐爲才臥反恐之丘勇反不共音恭而祇音支綮兮而捶反又而水反一盛音成又市政反注同與褐戶葛反之父如字又音甫睨之五計反視也麤則本或作麄七奴反以呼火故反殺其丈夫直兩反本或作大夫誤悖慼補內反

哀下第三十　杜氏　盡二十七年

經十四年西狩手又反冬獵反獲麟呂辛反又力珍反瑞獸也解見詩音嘉瑞常恚反無應應對之應中興丁仲反小邾射音亦句繹古侯反下音亦寘于之豉反宗豎上主反宋向舒亮反魋徒回反子狂其廷反趙鞅於丈反復入扶又反星孛步內反

傳十四年鉏商仕居反要我於妙反又一遙反注同千乘繩證反年內同闞止苦暫反憚之大旦反驟顧仕救反數也數顧所角反而遺唯季

反 之潘芳袁反注皆同米汁也 沐音木 米汁之十反 介達音界媒介也亦因也

長而如字又丁丈反 上僂力主反 與之言政說音悅 立女音汝

我遠如字又于萬反 數人所主反 廩丘力甚反 子芑盈音己 在

幄於角反帳也 之處昌慮反 御之魚呂反本亦作禦 檀臺大丹反

大史音泰 將爲于僞反下文逆爲余請下注爲公同 需音須疑也 屬徒之欲反

攻闈音韋 弇中於檢反又音淹 狹路音洽 及耏音而 撟命本又作矯

居表反 出雍於用反 務施式豉反 數請所角反 以鞌音安

余長丁丈反注同 少長詩照反 所惡烏路反 迹人子亦反 有

介音界大也 麇九倫反獐也本又作麕己悲反 難以乃旦反下文及注同 子頎音祈 騁

而勑領反 祇取音支 欲質音致注及下同 乃舍音赦又音捨注同 夏

后戶雅反 之璜音黃 惡之烏路反 阬氏苦庚反或音剛 丘輿音餘

三日齊側皆反本又作齋　伐齊三如字又息暫反　子洩息列反　將圍魚呂反　爲成于僞反　從者不得入才用反　有司使所吏反注同　恨恚一瑞反　弗内如字又音納　祖音但　免音問　于衢其俱反　聽共音恭注同

經十五年　高無丕普悲反　大雩音于　公孟彄苦侯反

傳十五年　桐汭如銳反　既斂力驗反下同　造于七報反下文同　介將命音界下文注皆放此　謟勞力報反　水潦音老　廩然力甚反傾動貌　隕大夫于敏反下同　以重直用反下注同　寡君敢辭上介絕句　芋尹于付反　荐伐在徧反　備使所吏反盡芋尹蓋辭同　共音恭注同　積子賜反又如字注同　具殯必刃反　積聚才喻反又如字　草莽亡黨反　内之如字又音納　陳瓘古喚反　過衛古禾反　既斵陟角反　喪公室息浪反下并注皆同　故爲于僞反下文齊爲衛故爲請於伯姬并注同　有背音佩

將焉於虔反　同好呼報反　冠氏如字又古喚反　自濟子禮反　生禚媢諸若反　于贏音盈　孔圉魚呂反　蒯苦怪反　聵魚怪反　悝苦回反　渾良夫戶門反　長而美舊丁丈反又如字　使之所吏反又如字　無與音預　外圃布五反　而乘繩證反下及注同　欒寧力丸反　姻妾音因　杖戈直亮反又音丈　輿豭音加　被甲皮寄反　迫孔悝本又作叔悝　於廁初吏反　強盟其丈反　故劫居業反　欲令力呈反　炙未章夜反下同　召獲上照反注同　其難乃旦反注及下皆同　復入扶又反　有使所吏反　焉用於虔反　若燔音煩　必舍音捨又如字　盂黶音于下於減反　斷纓丁管反　去之起呂反　瞞成莫干反　褚師中呂反

經十六年　子還成音旋　夏四月己丑孔丘卒孔子作春秋終於獲麟之一句公羊穀梁經是也弟子欲記聖師之卒故採魯史記以續夫子之經而終於此

上明因隨而作傳終於哀公從此已下無復經矣魯襄二十二年生至今七十三也本或作魯襄二十三年生至今七十二則與史記孔子世家異此本非也傳十六年鄖武子於晚反肸也許乙反逋布吳反竄七亂反寘諸之豉反其衷音忠單平公音善余嘉乃成世絕句之休許虯反注及下同美也公誄力軌反說文云謚也旻天巳巾反不弔如字又音的至也不憖魚覲反且也俾屏必爾反下必領反煢煢求營反在疚久又反病也尼父音甫言喪息浪反則愆起虔反飲孔悝於鳩反令人力呈反反祏音石藏主石函西圃布五反石函音咸許公為如字人姓名返祏音反本亦作反人爭爭鬬之爭先射食亦反下同三發如字一音廢皆遠于萬反之殪於計反車從才用反又如字注同於稾音託城父音甫華氏戶化反使諜徒協反葉公始涉反邊

竟音境下同　衛藩方元反注同　好復言呼報反　告女音汝　如卯
來管反　而長丁丈反　楚國第大細反次第也　乃不復扶又反　不
悛七全反　有熊音雄　宜僚者本或作熊相宜僚相音息亮反　與之言說音悅
其喉音侯　不為利于偽反下同　諂勑檢反　威惕佗歷反　不泄
息列反又以制反　鎧苦代反　杖直亮反　而劫居業反　以袂彌世反
扶豫章烏穴反　無聚才住反下同　儌幸古堯反　無饜於豔反
後庇必利反又音祕　圉公陽魚呂反　不胄直又反　以幾音冀本或作冀
得艾魚廢反一音五蓋反注同　夫有方于反或音扶　奮心方問反　將旌音精
以徇似俊反　箴尹之林反　使興國人如字興謂興發也一本作與羊汝反
而縊一賜反　微之如字匿也爾雅云匿微也　微匿女力反　生拘音俱
而長丁丈反注同　將烹普庚反　王孫燕烏賢反又烏練反　須黃

求龜反舊求悲反　弗去起呂反　輿猳音加　而強其丈反　傳十七年

虎幄於角反　幄幕武博反　成絕句　求令名者絕句　應爲應對之應

乘衷甸時證反說文作佃云中也春秋傳乘中佃一轅車也　兩牡茂后反　袒裘音但

御之魚呂反下同　笠澤音立　夾水居洽反　而陳直覲反　左右句古侯反注同

卒子忽反注及下注同　相著直略反　鼓譟素報反　幷力如字又必政反

以難乃旦反　使椓中角反訴也　其處昌慮反　國觀工喚反

陳瓘工喚反　齊柄彼命反　其聚才住反注及下注邑聚同　積聚子賜反

問帥所類反　皆相息亮反注及下而相國弁注同　今復扶又反　率賤所類反本又作帥下同　鄀俘音若下芳夫反　州蓼本又作鄝音了　封畛之忍反一音眞

不諂本又作滔佗刀反疑也　有憾本又作感戶暗反　君盍戶臘反　舍

焉音捨又音赦注同　公孫朝如字　鶉火音純　枚卜亡杯反　之觀
工喚反注同　之虛去魚反下文同　濮陽音卜　被髮皮義反　之瓜古華
反　并數必政反下所主反　懼難乃旦反下文而難作同　其繇直又反
窺尾勑呈反赤也　衡流華盲反又如字　方羊蒲郎反注同　裔焉以制反
闔門戶臘反　塞竇音豆　復伐扶又反　叔向許丈反　怙亂音戶
般師音班下同　自郢音絹　從子才用反　而隊直類反　折之設反　股
音古　己氏音紀又音祀　髡之苦存反　呂姜髢大計反又庭計反髮也
髲也皮義反　與女音汝下同　其焉於虔反　諸潞音路　平公敹
如字一本作鶩五報反又五刀反　東莞音官　武伯相息亮反　鄖衍以善反
石魋徒回反　鄖地音云　曼姑音萬　彘也直例反　皇瑗于眷
反　子麇九倫反　鄖般仕咸反　慍而紆問反怒也　不與音預

杞姒音似 適子丁歷反 召令力呈反 傳十八年 皇緩戶管反 從子才用反 闉鄭音憂 將卜帥所類反 燧象音遂 皆爲于僞反 遂固于委反 於析星歷反 能蔽志必世反注同斷也尚書能作克克亦能也 昆命于龜本或依尚書作昆命于元龜 蔽斷丁亂反下同 傳十九年 至冥亡丁反 于敖五刀反 三種章勇反 敬王崩故也案傳敬王崩在此年世本亦爾世族譜云敬王四十二年崩敬王子元王十年春秋之傳終矣據此則敬王崩當在哀公十七年史記周本紀及十二諸侯年表敬王四十三年崩子元王仁立則敬王是魯哀十八年崩也六國年表起自元王及本紀皆云元王八年崩子定王介立定王元年是魯哀之二十七年則與杜預世族譜爲異又世本云魯哀公二十年是定王介崩子元王赤立則定王之崩年是魯哀二十七年也衆說不同未詳其正也 傳二十年 廩丘力甚反 爲鄭于僞反下爲降同 于艾五蓋反 以說如字又音悅 親暱女乙反 有質如字信也 先造七報反

犯閒閒廁之閒　諸夏戶雅反　不共音恭　在難乃旦反　簞音丹
笥也　笥絲嗣反　問遺唯季反　句踐古侯反　溺人乃歷反　史
黷於減反　謗言博浪反　傳二十一年　遺使所吏反　爲
公于僞反年末及注同　之皐古刀反緩也　數年所主反注同　不覺音角又古孝反
高蹈徒報反　令齊力呈反　先期悉薦反　將傳中戀反　遽其據反
比其必利反　傳二十二年　甬東音勇　會稽古外反下古兮
反　句章九具反如淳音拘韋昭亦音拘　洲也音州水中可居曰洲　焉能於虔反
乃縊一賜反　傳二十三年　與有音預　執紼音弗　輿人
音餘衆也　不腆他典反　旌繁步干反注同　知伯音智　御之魚呂反
及壘力軌反　以守手又反　宗祧他彫反　犂丘力兮反　濕
也音習本又作隰　涿聚丁角反　始使所吏反　傳二十四年

汶陽音問　欲徼古堯反　令繕市戰反　萊章音來　天奉扶用反　又焉於虔反　讆言戶快反過也謂過謬之言服云僞不信言也字林作𢡃云夢言意不慧也音于例反　餼臧許器反　大史音泰注同　毋嬖必計反　釁夏許靳反下戶雅反　女爲音汝　娶於七住反下同　孝惠娶於商商宋也定公名宋是哀公之父故爲諱而稱商也　釁夏　孝公稱尺證反又如字　始惡烏路反注同　適郢以井反適郢越王句踐之太子名　親說音悅　將妻七計反　大宰嚭普美反　納賂音路

傳二十五年　藉圃布五反　褚師張呂反　韈亡伐反足衣也　見君賢遍反　有創初羊反　磬之許角反又許各反　嘔吐也　嘔吐於口反下他故反　抵徙音紙　屈肘竹九反　必斷丁管反　亥乘時證反　公文要一遙反　夏丁戶雅反　其帑音奴　飲公於鴆反　大叔音泰　從孫甥如字又才用反注同　少畜詩照反　優

狡音憂下古卯反　拳彌音權　俳優皮皆反　甚近附近之近下注皆同　喪
邑息浥反　譟以素報反　鄭子士音綃　禦之魚呂反後放此　彌援
音表　欲令力呈反　而易以豉反　閒也閒廁之閒下注內閒爲君閒皆同　適
冷力丁反　城鉏仕居反　以鉤古侯反本或作拘同注同　之卒子忽反
陳名直覲反　揮音暉　彼好呼報反　先道音導注同　共評音平又音
病　難面乃旦反　弗內如字又音納　五梧音吾　郭重直龍反又直用
反　爲祝之六反又之又反注同　上壽時掌反下音授又音受　惡郭烏路反
訾毀音紫　請飲於鴆反注同　獲從才用反又如字　劬勞其俱反
以激古歷反　之數所角反　不樂音洛　公孫音遜本又作遜
二十六年　樂莅扶廢反　君愎皮逼反　很也胡懇反　掘褚
其勿反又其月反　國幾音祈又音機　守陴毗支反　中重直龍
本或作搰胡忽反

反下同設守手又反恐公丘勇反公子黚起廉反相之息亮
反令苟力呈反注同爲悼公于僞反遂復扶又反從昆才用
反樂溷戶門反又戶困反朱鉏仕居反樂輓音晚惡之烏路反下
注惡其同欲去起呂反連中如字一音輋輿空澤如字輿發也或作輿非
沃宮烏毒反六子晝音獲劫之居業反少寢詩照反注下同
大宮音泰惑蠱音古又匿女力反所弑申志反北首手又反注
同咮加張又反烏口復盟扶又反唐盂音于子潞音路使
徇似俊反無別彼列反注同於使所吏反孫於陳音遜本亦作遜下及
注除孫莊子皆同甯武乃定反宛濮於阮反下音卜傳二十七年
駘上他來反又音臺封竟音境三子皆從如字注同或才用反非也此
夫音扶臨難乃旦反多忘亡亮反本又作妄下文放此駟歃市專反

屬孤子音燭注同　乘車繩證反注及下皆同　㵸聚中角反　陽之役音習
多難乃旦反　未女音汝下同　毋廢音無　傍河蒲浪反　徑濟音經
陰子禮反下同　國參七南反　成子衣於既反　製音制雨衣也　杖戈直亮
反又音丈　於阪音反一音扶版反　衷焉音忠善也　中行戶郎反　輕車
遣政反　以厭於甲反又於輒反　有爲于僞反下爲鄭同　三思息暫反又如字
之侈昌氏反又尺氏反　去之起呂反下而去同　之衢其俱反　有陘
音刑　因孫音遜下同　而好呼報反　畀下之戶嫁反一本畀作早　桔戶結
反　秩大結反　俘芳夫反　鄭戶圭反　魁苦回反　壘力軌反　適子丁歷反
不悛七全反　甚知伯其冀反毒也　遂喪息浪反下同　後序
中紓時汝反又直呂反　汲郡音急　簡編必仙反又布千反下同　科斗苦禾
反科斗蟲名形似科斗　彖象吐亂反　繫辭戶計反　殤叔音傷　大歲

音泰　周赧王女版反　齊湣王巳謹反一音巳巾反　足見賢遍反　儀

父音甫　守于手又反本亦作狩　數條所主反　洞澤大弄反一音童　爲

洞古熒反又音熒又音迴　熒澤音熒　之甗魚輦反又音言一音彥　仲王而林

反　居亳步博反　大甲音泰　中分並如字又丁仲反　而相息亮反下

同　老叟素口反　昬忘巳亮反　爲其于僞反　粗有才故反又音麤

經典釋文卷第二十

經典釋文卷第二十一

春秋公羊音義

唐國子博士兼太子中允贈齊州刺史吳縣開國男陸德明撰

春秋公羊序

掾弋絹反　治世直吏反　之論盧困反下持論同　釀嘲陟交反　胡
毋音無　隱括古奪反結也

春秋公羊經傳解詁佳買反下音古訓也　隱公第一

何休學學者言爲此經之學即注述之意
元年　正月音征又音政後放此　開辟婢亦反本亦作闢　之稱尺證反下之稱
畢稱同　徽號許韋反　器械戸戒反　夏以戸雅反後放此以意求之　物
見賢偏反下竝見同　之治直吏反　夫不音扶　而去起呂反下去惡同

刺欲七賜反後皆同更不音　隱長丁丈反注及下皆同　已冠工亂反下同　適子丁歷反下同　醮於子笑反　俱勝以證反又繩證反　以上時掌反他皆放此　扳隱普顏反又必顏反引也舊敷間反　能相息亮反　背正步內反下同　爲桓于僞反注同　繆公音穆　玃且俱縛反下子餘反　娙娣大結反下大計反　愛爭爭鬬之爭下同　邾音誅　婁力俱反邾人語聲後曰婁故曰邾婁禮記同左氏穀梁無婁字　儀父音甫本亦作甫人名字放此　于昧亡結反穀梁同左氏作蔑　及暨其器反下皆同　曷爲如字或于僞反後皆同此　褒之保刀反　不見賢徧反下皆同　爲其于僞反注爲其獨爲皆同　歃血所洽反又所甲反　詛命莊慮反　約束並如字一音上於妙反下音戍　故復扶又反下復爲同　王魯于況反下而王同一音如字後王魯皆放此　倡始尺亮反　造次七報反　其處昌慮反　惡之烏路反下惡不惡其皆同　大甚音泰或勑賀反　近正附近之近　柯之音歌　克段徒亂

反于鄎音偃　郤缺去逆反下起悅反　忍戾力計反　讞于魚列反

宥之音又赦也　內難乃旦反下此難同　州吁況于反　宰咺況阮反一音況元反

之賵芳仲反　稱爾乃禮反　稱妣必履反　乘馬繩證反注乘馬同

玄纁許云反　以共音恭　曰賻音附　曰禭音遂　猶遺唯季反

隱爲于僞反下注爲內并年末注同　告于古毒反一音古報反　歸唅本又作含戶暗反下同

一使所吏反　別公彼列反　上僭子念反　而治直吏反下皆同

所傳直專反下文所傳并注同　來被皮寄反　于宿音夙國名　者

說音悅　而逮音代又大計反　故省所景反後省文皆同　祭伯側界反五年注放此

選舉息變反　不肖音笑　采邑七代反　不日人實反此傳皆以日月爲例後放此

見恩賢偏反下見治皆同　少殺所介反　麤觕才古反又七奴反說文大也

諸夏戶雅反凡諸夏皆放此　攢函才官反下音咸　大平音泰　毋期

音朞齊衰音咨本亦作齋下七雷反自盡津忍反二年惡其烏路
反外好呼報反非朝直遥反凡此字不音者皆同踰竟音境今本多即作境
字更不音所傳直專反年末相傳同莒人音舉入向舒亮反國名更相音庚報
償時亮反擅興市戰反無駭戶楷反貶彼檢反損也昉於甫往
反適也滅郜古報反復見扶又反下不復同見音賢徧反當爲于僞反下爲後
背隱同背隱音佩履緰音須左氏作裂繻遠別彼列反猶譴遣戰
反親迎魚敬反注及下同先女悉薦反妃匹音配又芳非反下治
直吏反未離力智反下同將取七住反紀子伯左氏作子帛遠
害于萬反將燔扶元反胡母音無姒氏音似已去起呂反
畢下遐嫁反三年殺其申志反下殺其君同子翬許韋反諂
謀勑檢反懦弱乃亂反又乃臥反越紼音弗以別彼列反下同恩

殺所界反　爲天于僞反下故爲主爲傳所爲同　尹氏左氏作君氏　子朝如字

劉卷音權　貶去起呂反　見譏賢徧反下同　造次七報反　覆

問芳服反　孫順音遜　宋繆公音穆左氏作穆凡此後放此　北首手又反

解緩古邂反又古賣反　當時丁浪反又如字下同　與夷如字又音餘凡人名字及

地名之類皆放首音假借字則時復重出　愛女音汝下及注同　壼終戶臘反四年傳同

公馮皮冰反　生母音無下同　傳與直專反下音与　馮弑音試注同　不爭

爭鬬之爭　四年　牟婁武侯反　見疾賢徧反年末見衆同　差爲初賣

反　弑其申志反弑字從式殺字從殳不同也君父言弑積漸之名也臣子云殺卑賤之意也字多亂故

時復音之可知則不重出也　君完音丸　要之一遙反注同　慢易以豉反　與

弑音預下及注同　說子音悅　將辟音避今本多即作避字後不更音　可復扶又

反　本爲于僞反下自爲傳吾爲皆同　作難乃旦反注同　禱解丁老反或丁報

反下古賣反又古買反　曰覎戶狄反　于濮音卜一音剥　石碏七略反一音七
洛反　纂初患反　五年　觀魚左氏作矢魚　浚思俊反　洙常朱反
登來依注登音得　罟音古　郭谷之尚反又音章　未解戶買反或佳買反
故復扶又反下不得復同　濟上子禮反注同濟水之上　入盛音成左氏作郕
將尊子匠反注及下皆同　咎如音羔　分別彼列反　元率所類反本又作帥
隱爲于僞反下注同　下傚戶教反　八佾音逸列也　之相息亮反注及下
同　自陝失冉反何云弘農陝縣也一云當作郟古洽反王城郟鄏　邵公上照反又作召音同
絀陟勑律反　夫樂音扶發句之端放此　朝廷徒佞反　好義呼報反下
同　聞徵張里反　好施式豉反　不敢爭爭鬬之爭　離也力智反下
同　姦邪似嗟反　未曾在能反下同　淫辟匹亦反　釋縣音玄
治定直吏反　簫韶常昭反　夏曰戶雅反下同　大護戶故反　伐

紂直久反　螟亡丁反蟲食苗心　設苛音河　彄卒苦侯反　始見賢編
反　彊渠羌反下同　惡其烏路反　六年　輸平式朱反隳也左氏作
渝平　猶隳許規反　狐壤如丈反　見隱賢編反　獨惡烏路反
死難乃旦反　于艾五蓋反　編年必連反字林聲類皆布千反一音甫連反、昊
天戶老反　更年音庚　暴師步卜反　七年　從適丁歷反本亦作
嫡下同　賢行下孟反下異行同　以鄳戶圭反　號稱尺證反　美惡
烏路反又如字注同　所傳直專反　見其賢編反　故復扶又反　至令
力呈反　崩弛尸爾反又式氏反　分別彼列反　大廟音泰下同　其難
乃旦反　惡凡烏路反　八年　要宋一遙反　爲事于僞反下欲爲
魯爲小國爲桓井年末注皆同　使宛於阮反人名也一音烏卯反又烏勉反　歸邴彼命反又
音丙鄭邑左氏作祊　皆從才用反　巡守手又反本又作狩下除猶守守視以外同　絜

齋側皆反本多即作齋字後放此更不音 而共音恭下同 其費芳味反 廣卌古曠反 袤卌音茂 槀穀古老反 甚惡烏路反下同 背叛步內反 錄使所吏反 循行下孟反 度量音亮 贄音至 至嵩夙忠反 歸格本又作假同古百反 于禰乃禮反本又作藝 復書扶又反下故復同 難也乃旦反一音如字注及下同 見重賢偏反下同 包來左氏作浮來 高傒音兮 公行戶孟反 死難乃旦反 令暈力呈反 僅能其靳反 之應應對之應 九年 震電徒練反 雉雊古豆反 可見賢偏反 雨雪于付反 俶甚尺叔反始也 大甚音泰 俠卒音協穀梁云所俠 少略詩照反 于邴左氏作防 十年 復稱扶又反又音服 明爲于僞反下爲先爲同 公敗必邁反凡臨佗曰敗皆同此音 于菅古顏反 取郜古報反 取闞苦暫反 取漷火虢反又音郭 及沂魚依反 數動所角

反　因見賢徧反下同　易也以豉反下及注同　屬爲音燭適也　入盛
左氏作郕後皆放此　十一年　別外彼列反　見法賢徧反年末注同
復出扶又反下文不復注故復同　祁黎祁音巨之反又上之反黎音力兮反又力私反左氏作時來
爲弟于僞反年末注同　數行所角反　之釁許靳反　弒也申志反注及下並同
冠氏古亂反下同　僵尸居良反　之處昌慮反　去正起呂反

桓公第二　何休學

元年　繼弒申志反注皆同二年放此　爲下于僞反下爲告同　去王起呂反
以見賢徧反　故復扶又反下同　恭孫音遜　朝朝直遙反上如字下　莫
夕音暮　別治直吏反　背叛音佩凡背叛之類皆放此　近許附近之近　分
別彼列反　于越本亦作粵音同　以上時掌反凡言以上皆放此　蓄積勑六反

二年 舍此音捨下同 見先賢偏反下形見見目見斥見見恩竝同下悉薦反

殤公式羊反 死焉於虔反注同 致難乃旦反 儼然魚檢反本又作儼

重道直用反 故爲于僞反傳爲隱諱下注不爲諱爲後同 傳聞直專反注傳聞

以復扶又反下不復同 少殺所介反下同 煬宮餘亮反舊

及下注傳之皆同始鄣反同

子般音班 令宋力呈反 相長丁丈反下同 有帥所類反下

爲卒子忽反下皆同 封彊居良反 未解音蟹 妻娟音胃妹也

大廟音泰下及注同 所嗜市志反 僾音愛又烏改反 慨然苦愛反 與

會音預 三年 于嬴音盈 以見賢偏反下并年末以見同 以復扶又

反下同 去之起呂反 不歃本又作歃所洽反又所甲反 近正附近之近下及注同

相背音佩 于盛音成 于讙呼官反 親迎魚敬反下同 爲夫

于僞反下同 分別彼列反 僅有其靳反劣也 之行下孟反 耗減

呼報反下佳斬反　國喪息浪反　四年　公狩手又反冬獵也　曰度

本又作搜亦作蒐所求反簡擇也　長大丁丈反年末同　未離力智反　苑囿音又

左膘毗小反又扶了反三蒼云小腹兩邊肉說文云脅後髀前肉　射之食亦反下同　右

髃本又作髃魚俱反又五苟反說文云肩前也字林云肩前兩乳骨也五口反　中心丁仲反下同

如鐙都鄧反又音登　遠心于万反　之庖步苞反　左脾方爾反又步啓反股

外也本又作膘　右髃羊紹反字林子小反一本作胠音賢　汚泡普交反又百交反　因

以捕音步本又作搏音博又音付　共承音恭　爲田于僞反下皆同　伯糾居黝

反　氏采七代反後放此　益弟大計反　五更音庚　食音嗣　於辟必亦

反　親祖音但　而饋其媿反　而酳以刃反又士刃反　其近附近之近

下同　王札側八反　叔肸許乙反　下去起呂反　見其賢偏反

五年　惐呼述反狂也齊人語　不與音預　著治直吏反　見意賢偏

反下文注並同　以別彼列反　縣車音玄　從王如字又才用反下及注同　撮

要七活反　不爲于僞反下所爲與爲六年同　一與音餘下同　苞苴子餘反

應變應對之應下同　蝩音終本亦作螽說文螽或螽字　過我古禾反又古臥反

六年　寔來市力反　慢易以豉反　見其賢偏反下見無正同　大閱

音悅　任用音壬　陳佗大何反　侯般音班　据戕在良反　鄫子才陵

反　惡乎音烏烏乎猶於何也注同　而去起呂反　嚴公音莊本亦作莊案後漢諱

莊改爲嚴　桓與音餘　正稱尺證反　疾惡烏路反　射天食亦反

徧告音遍　七年　樵之似遙反薪也　火攻音貢又如字下同　可

復扶又反　郱步丁反　鄑子斯反一音晉　郚音吾　其難乃旦反　不愉他侯

反本又作偷　下去起呂反　見不賢偏反　八年　烝之承反冬祭也

曰祠嗣絲反　非卵力管反　猶食音嗣下同　以別彼列反　曰

礿予若反本又作禴同　於祊必庚反　少牢詩照反　索牛所百反　譏

亟去冀反數也注及下同　數也所角反　屬十音燭下同　今復扶又反下同

則黷徒木反　渫黷息列反　敬養餘亮反　散齊素旦反下側皆反

相君息亮反下同　洞洞大董反　弗勝音升　濟濟子禮反又似兮反

愉愉羊朱反　勿勿如字　疏音疎下注同　怠解古賣反　折中之設

反下丁仲反　御寒魚呂反又如字　不與音預　雨雪于付反　⿰氵不血古流字

祭公側介反後祭仲祭叔放此　下應應對之應　成使所吏反注及下成使同

爲媒亡盃反　請期音情又七井反　親迎魚敬反　妃匹音配絕句

九年　治自直吏反　射姑音亦　齊與音餘絕句下同　重惡如字或烏

路反　十年　見要一遙反注同　惡乎音烏　明近附近之近　幾

與音祈　不復扶又反下同　戮力音六又力彫反字亦作勠　十一年

公行下孟反　屬上音燭　今復扶又反下故復同　故爲于僞反　瘠

生吾故反　鄭相息亮反　欲見賢偏反下同　防難乃旦反下同　稱

也尺證反　以別彼列反　鄶公古外反　爲我于僞反下注爲突非能爲突爲

路爲突歸爲承同　令自力呈反下同　乘便婢面反　大甲音泰　反覆

芳服反　出使所吏反　挈乎苦結反提挈也　質省所景反　于折之設

反又時設反一本作析思歷反　夫童音扶下音鍾又如字左氏作夫鍾　于闞口暫反

十二年　毆蛇巨于反又音曲侯反蛇音移又音池左氏作曲池　燕人音烟

躍卒子若反　佗子大何反　故復扶又反下同　去躍起呂反　于郯

音談二傳作虛　武父音甫　惡乎音烏十三年傳同　十三年　鞌音安

以勝詩證反　不蔽必婢反　于菅古顏反　其處昌慮反　行

伍戶郎反　背殯音佩後背殯皆放此　爲龍于僞反　十四年　淫

泆音逸 陽行下孟反 莅盟音利又音類下同 御廩力甚反 粢盛
音咨下音成 委之于鬼反注同 積也子賜反 以共音恭 天應應對之應
難曰乃旦反 背恩音佩 分別彼列反 見輕賢徧反 十
五年 共費音恭下芳味反 桓行下孟反下行惡同 今復扶又反下注故復及
傳文復入并注下不復皆同 別之彼列反 于鄗戶老反又火各反左氏作艾穀梁作蒿
于櫟力狄反一音匹沃反 易得以豉反 于侈昌示反二傳作袲 爲桓
于僞反下同 十六年 復加扶又反 城向式亮反 屬負茲
音燭注同屬託也諸侯有疾稱負茲言朔託有疾 十七年 于趡翠癸反 去
夏起呂反下同 國幾音祁 并於必政反又如字 桓行下孟反 深爲于僞反
反 十八年 于濼郎沃反又音洛說文云匹沃反 內爲于僞反 譖
公側鴆反下同 乘便婢面反 以別彼列反 之稱尺證反 懲惡

直升反 遣使所吏反

何休學

莊公第三

元年 君殺申志反下皆同 孫于音遜下及注皆同孫猶遁也 遁也徒困反

與殺音預下同 譖公側鴆反加誣曰譖 將上時掌反下同 搚幹路合

反本又作搚亦作拉皆同折聲也幹音古旦反脇也 背本音佩 蒯聵苦怪反下五怪反

見王賢偏反下同 爲內于僞反下爲單爲營同 逐去起呂反 單伯音善

後放此 逆王姬左氏作送王姬 共治直吏反 之好呼報反 風言如字

又方鳳反 陽倡昌亮反 陰和戶臥反 惡天烏路反 齊衰音咨下七雷反

爲解古賣反 必爲于僞反下必爲爲襄公弁注同 遠別彼列反 大畢

音泰一音他賀反 來錫星歷反 令有力呈反 虎賁音奔 鈇鉞音甫

又方于反下音越 秬音巨黑黍也 鬯勑亮反香酒 善行下孟反下同 復加

扶又反　尤悖補内反　郱步丁反　鄑子斯反又音晉　郚音吾　二年

幼少詩照反　于鄗古報反二傳作禚四年亦爾　則近附近之近亦如字

三年　溺乃歷反　不見賢徧反下皆同　以酅戶圭反　共祭音恭

難辭乃旦反下皆同　惡公烏路反　四年　曰犒苦報反勞也　絕

期音基　絕緦音絲　爲襄于僞反下爲爲賢注爲諱及下注爲諱爲襄同　亨乎普庚

反注同責殺也　祖禰乃禮反　師喪息浪反注同　蓍曰音尸　筮市利反

幾世居豈反　崧高息忠反本亦作嵩　怒與音餘　無說音悅注同　說

懌音亦　將去起呂反下及注同　若行下孟反注同　於治直吏反　閔

其苦鶡反　大斂力驗反　夾之古洽反　以見賢徧反下同　以共

音恭　可勝音升　不復扶又反　五年　倪五兮反二傳皆作郳　黎來

力兮反　小邾婁力居反二傳亦無婁字　得見賢徧反　爲僖于僞反下文注

同　六年　之稱尺證反　一使所吏反　令交力呈反　爲王于僞反下因爲不爲危録皆同　不復扶又反下皆同　殺而申志反下皆同　屬託音燭　螟亡丁反　衛寶左氏經作衛俘　極惡烏路反　七年　辛卯夜一本無夜字穀梁作昔　不見賢徧反注及傳皆同　雨星于付反一音如字下注雨星同　常宿音秀下同　參伐所林反下同　狼注張又反與咮同朱鳥口星也一音之住反　斬艾魚廢反　朮墜直類反　齊分扶問反　螟蠓音終　數出所角反　淫泆音逸　八年　屈完居勿反　本爲于僞反傳及注爲久皆同　屬與音燭　祠兵音辭祭也左氏作治兵下文注同　士卒子忽反　振訐音信又音峻本亦作迅　相見賢徧反下同　難在乃旦反　長幼丁丈反　闔成如字二傳作鄬　降于戶江反傳及下注皆同　慰勞力報反下同　其罷音皮下同　諸兒如字一音五兮反　從弟才用反　九年　于暨其器反左

氏作䉶　爲其于僞反注爲是及下注實爲魯爲同　歃血所洽反又所甲反　之難
乃旦反　納糾左氏經亦作納子糾　去國起呂反下故去同　別嫌彼列反
見臣賢偏反　自誇苦瓜反本又作夸下同　夏徵戶雅反　邵忽本又作召
上照反　惶恐上勇反　當坐才臥反後當坐之類皆放此　浚思俊反深也　洙
音殊水名　十年　長勺時灼反　犅者七奴反又才古反　有數所主
反　屬北音燭　不復扶又反　乘丘繩證反　齊與音預下及注同
折衝之設反下昌容反　于莘所巾反　梁雍於用反　以見賢偏反
孫順音遜　惡惡並如字一讀上烏路反　其傳直專反　而近附近之近
卒暴七忽反　滅譚徒南反　別於彼列反　惡不烏路反　十
一年　于鄑子斯反　漷移火虢反又音郭　不見賢偏反下同　不省
所景反　報應應對之應　過我古禾反　十二年　君捘左氏作捷

仇牧音求下音木　**舍此**音捨下舍孔父同　**復**扶又反年末同　**反覆**芳服

反　**驕樂**音洛下宴樂同　**彊禦**魚呂反　**數月**所主反　**公博**如字戲名

也字書作簙　**慢易**以豉反　**故訐**九列反又九謁反又九刈反又一本作揭其例去列二反

妬其丁故反　**爾女**音汝下同　**稱譽**音餘又音預　**惡乎**音烏注同

搏閔音博　**其脰**音豆頸也　**而叱**昌實反　**萬臂**必賜反本又作辟婢亦反　**摋**

素葛反又素結反側手擊也　**齒著**直略反　**門闔**戶臘反門扇也　**乳犬**如住反

攫虎俱縛反又九碧反一本作搏又音付　**伏雞**扶又反　**搏貍**力之反　**復見**賢徧反

十三年　**信鄉**許亮反年末同　**甲下**遐稼反　**于柯**音歌　**易**

也以豉反注及下同　**猶佼**古卯反　**能復**扶又反下同　**升壇**大丹反

以長丁丈反　**上壇**時掌反　**造桓**七報反下同　**公卒**七忽反　**愕**五各反

能應應對之應　**爲此言**于僞反下爲殺同　**壓竟**於甲反又於輒反　**齊**

數所角反　圖輿音與　摽劍普交反辟也辟劍置地劉兆云辟捎也　辟也婢亦反下同　去離力智反　要盟一遥反注同　強見其丈反　十四年　分別彼列反　于鄄本亦作甄規面反　十五年　伐見音郥

十六年　滑于八反　爲慕于僞反　如瑣息果反　十七年　鄭瞻二傳作詹　爲甚于僞反　惡之烏路反下惡之皆同　遠佞于万反下同　瀸于子廉反二傳作殲　積也本又作漬　齊強其丈反　將帥子匠反下所類反　重言直用反　明行下孟反　多麋亡悲反

十八年　濟西子禮反　爲中于僞反注及下皆同　有蜮音或短狐也或謂之射工音食　十九年　媵陳以證反又繩證反　娣從才用反下注同　嫉音疾又音自　爲其于僞反注及下注同　專矯居表反　之難乃旦反　後背音佩　二十年　大瘠在亦反病也本或作瘠才細反一本作漬才賜反鄭注曲

禮引此同　痢力世反疾疫也　疾疫音役　邪亂似嗟反　二十一年

鄭伯突徒沒反厲公也　二十二年　肆音四本或作佚　大省所景反除

自省皆同二傳作眚　跌也大結反過度也　此行下孟反　之思息嗣反　猶

爲于僞反　無適丁歷反下同　高傒音兮　玄纁許云反　儷皮力計

反本又作麗　二十三年　陳佗大何反　祭叔側界反　惡公

烏路反下同　宮楹音盈柱也下傳及注同　爲將于僞反　斲而丁角反下同

鸗之力工反　射姑音亦　不復扶又反　于扈音戶　有汗汗辱之汗

一音烏臥反後放此　之行下孟反　二十四年　宮桷音角椽也　親

迎魚命反　見宗賢偏反下傳文見也見用幣及注同　難也乃旦反下及注同　不

僂力主反疾也注同　約遠于万反　要公一遙反　縱笄所買反又所綺反

惻隱初力反　覿用大歷反見也　爲贄音至　斷脩丁亂反注同本又作

腶音同鍛脯加薑桂曰脩　耿介古幸反下音界　行列戶郎反　不號戶刀反
必跪其委反　而醇音純　粹雖遂反　爲調于僞反下仕爲同　令力呈反
昭穆上遙反凡昭穆之例皆同　復水扶又反　曹羈居宜反下同　則守手又
反又如字下同　成隗普白反　素餐七干反　諷諫方鳳反　自墮許規
反　爭諫爭鬭之爭　贛諫陟降反又呼弄反又丑用反　赤歸于曹郭公
此連爲句郭音號亦如字連讀郭公爲一句，　二十五年　女叔音汝　故去
起呂反年末同　營社一傾反又如字本亦作縈同　爲闇于僞反注爲闇爲日光同　大
廟音泰　應變應對之應　不復扶又反　二十六年　子髡苦門
反　爲曹于僞反下同　避難乃旦反　爲去于僞反下起呂反　二
十七年　于洮他刀反　惡公烏路反下惡莊同　不別彼列反　告
糴音狄下同　使乎所吏反　內難乃旦反注及下皆同　之治直吏反下之治同

得與音預　嘗更音庚　不背音佩　喪婦息浪反　長女丁丈反
悖德補內反　夏後戶雅反　城濮音卜　二十八年伐者爲
客何云讀伐長言之伐人者也　伐者爲主何云讀伐短言之見伐者也　蓋爲于僞
反　見直賢徧反　瑣卒素果反　築徼左氏作麋　之委於鬼反
之儲直魚反　之畜勑六反　不匱其位反　二十九年　延
廄九又反　功費芳味反　差輕初賣反　有蜚扶味反臭蟲也　之行下孟
反　別君彼列反　三十年　降鄎戶江反下注同鄎音章　爲桓
于僞反注同　而復扶又反　惡其烏路反下同　比殺申志反　魯濟
子禮反　以操七刀反迫也注同　已蹙子六反　故去起呂反　貶見
賢徧反　三十一年　湫素口反　浣戶管反　無垢古口反　去
垢起呂反　爲瀆于僞反下爲威同　桓殺申志反　之觀工喚反　恐

怖巨勇反下普故反　軍幟音志又申志反又尺志反本又作織同　忌難乃旦反

因見賢偏反　不施申豉反　三十二年　叔肸許乙反　爲

季于僞反下爲季而爲注故爲同　之遏於葛反止也　以別彼列反　將焉於虔

反　般也音班　夫何音扶下及注同　反覆芳服反　思難乃旦反

俄而五多反　牙殺申志反注及下親弒同　械成戶戒反　而飲於鴆反注同

酖毒本亦作鴆直蔭反下文同　無傫無本又作巫傫音力委反又力追反　王堤丁兮反

無將如字閔公本將不誅將而皆同或子匠反非也　之與音餘　不去起呂反

見隱賢偏反　扆樂音洛　不暴步卜反

閔公第四　何休學

元年　繼弒申志反　復發扶又反下同　不見賢偏反　不探他南

反　之辟婢亦反　首匿女力反　惡乎音烏　扆樂音洛或如字

曾淫才能反　盡殺戶臘反　故令力呈反　主爲于僞反下文注皆同　吉

子女子音汝　仲孫與音餘　二年　不爲于僞反下爲涖同

禘大計反　大廟音泰下同　君數所主反下同　則祫音洽　取期音基

下同　而禫大感反　弒音試下及注同　當復扶又反下同　見賢偏反下文復見同

別尊彼列反　故絕去起呂反下欲去同　甲革更百反　皆鎧苦愛反

冑直又反　鹿門魯南城東門也　其使所吏反　惡其烏路反下及注同　將

也子匠反下同　趙盾徒本反

僖公第五　何休學

元年　繼弒申志反　斬衰七雷反　聶北女涉反　爲桓于僞反下

爲桓曷爲并下注爲諱爲桓爲內爲僖皆同　夏陽戶雅反　大平音泰　陳儀左氏

作夷儀　復言扶又反下同　鄫子似陵反　而縊一賜反一本作搤於革反

因見賢偏反　淫泆音逸　于杅勑貞反又他丁反左氏作桯　惡之烏路反下同　于纓左氏作偃　于犂力知反又力兮反左氏作酈　莒挐女居反一音女加反一本作茹音同　内難乃旦反下同　南涘音俟　曰嘻許其反　抗輈竹由反車轅也　外購古豆反　去氏起呂反　與殺音預又如字下申志反　差輕初賣反又初佳反　别逆彼列反　二年　爲桓于僞反下爲桓曷爲注深爲同　見桓賢偏反下傳荀息見并注同　復發扶又反　倉卒寸忽反　夏陽左氏作下陽　安與音餘下者與見與同　不應應對之應　虞郭音虢又如字注及下同　屈産具物反　之乘繩證反注及下同　垂棘一本作蕀音同　内藏才浪反注同　内廏九又反　何喪息浪反　知則音智下及注同　而好呼報反　牽馬本又作掔音同　已長丁丈反注同　又惡烏路反　戲諕許略反　之别彼列反　貫澤古亂反二傳無澤字　偏至音遍下同　三

年 大平音泰 飭過音勑下同 理冤於元反 澍雨之樹反 其

應應對之應後災祥之應皆放此 易也以豉反注同 不爲于僞反 無障之亮反一音章注同 障斷丁管反 曰溪口兮反 無貯中呂反 莅盟音利又音類注同 以見賢偏反下同 遣使所吏反 四年 蔡潰戶內反下及注同 重出直用反 惡蔡烏路反下惡其專幷六年注同 于陘音刑

召陵上照反下文同 屈完居勿反 卒暴寸忽反 爲下于僞反下爲桓公同 之重直用反又直容反 去月起呂反 方見賢徧反 袁僑其驕反一本作驕音同 數侵音朔 若

之復扶又反年末乃復同又音福 而亟去冀反

綫思賤反 而攘如羊反卻也 卒怗他協反一本作貼服也劉兆同廣雅云靜也玉篇又丁簟反一本作拈或音章貶反 濤塗徒刀反 辟軍匹亦反又音避下同 濱海音賓

涯也五佳反 近海附近之近 所便婢面反 沛澤音貝又普貝反草棘

日沛漸御日澤 漸子廉反 御人庶反 故令力呈反 所傳丈專反 公
孫慈左氏作兹 患誑九況反 五年 今舍音捨 爲下于僞反
初冠古亂反 如牟莫侯反 首戴左氏作首止 殊別彼列反
再見賢徧反 省文所景反下同 不與音預 爲解古賣反 比殺
申志反 知去起呂反下同 戮力音六又作勠力彫反 六年 彊也
其良反 七年 子款苦管反 甯母音無或音某 八年
于洮他刀反 遣使所吏反下録使同 大廟音泰 始見賢徧反下同
以省所景反 篡嫡初患反下音的下同 九年 禦說音悅 爲襄
于僞反下注爲天爲桓皆同 惡不烏路反 勝其音升 而笄古兮反 不泄
息列反 遠別彼列反 簪也莊林反 猶俠音協 不預音豫 詭
諸九委反 殺其音試下及注放此 冠子古亂反 見矣賢徧反

十年　君卓子勑角反又丁角反左氏經無子字　舍此音捨下同　驪姬力知反　少傅詩照反　大傅音泰　之選息戀反　欲爲于僞反下文爲文公不爲故爲皆同　廢長丁丈反注同　嘗評音信上問下曰評　不背音佩　鄉生許亮反　所復扶又反下同　欲難乃旦反　殺夫音扶　二孺如住反　踊爲音勇豫也　言渾戶昆反又戶本反下同　美見賢徧反下同　較然音角下同　大雨于付反　雹步角反　十一年　丕鄭父普悲反　十二年　陳侯處臼左氏作杵臼　十三年　于鹹音咸　不復扶又反下同　十四年　見恐丘勇反　曷火葛反　爲桓于僞反下爲桓爲天下并注臣爲同　使要一遙反　遮諸奢反　淫泆音逸　甚惡烏路反　俟肸許乙反注同　其背音佩　十五年　別尊彼列反　伐厲如字舊音賴　激揚古歷反　解古賣反　隋也徒臥反　螽之戎反

久暴步卜反　冥也亡丁反又亡定反注同　當去起呂反　爲滅于僞反
据泓烏宏反　以惡烏路反　十六年本或從此下別爲卷案七志七録何注止十一卷公羊以閔附莊故也後人以僖卷大輒分之爾　賈石于敏反　是月如字或一音徒兮反　六鶂五歷反水鳥　磌然之人反又大年反聲響也一音芳君反本或作砰八耕反
僅其靳反劣也　逮音代又大計反及也　幾盡音祈　卓佹九委反　趡盟翠軌反　不復扶又反下同　所治直吏反　爲王于僞反注同　耿介音戒
之行下孟反　隨功許規反　十七年　滅項戶講反國名
爲桓于僞反下及注同　惡惡並如字一讀上烏路反　其行下孟反　于卞皮彥反　十八年　于甗魚輦反又音言　與伐音預下不與同　豎刀音彫
爲是于僞反注同　十九年　爲襄于僞反下故爲起爲爲襄公深爲若不爲皆同　見其賢偏反　惡無烏路反　用處昌慮反　惡乎音烏

二十年　惡奢烏路反　郜子古報反姬姓之國下同　爲適丁歷反又
作嫡　二十一年　爲犯中于僞反下不爲襄下文爲執皆同　會于霍
左氏作孟　湨梁古闃反　復出扶又反下同　獻捷在接反　乘車繩證
反下同　隳之許規反　誰諼誰本亦作詐諼音許元反詐也又音援　守械手又
反又如字　應之應對之應　國爲于僞反下爲襄公子注爲沒故爲皆同　惡乎音烏
幾亡音祈　遭難乃旦反　二十二年　須朐其俱反左氏作句
升陘音刑　不殺所戒反注同　殺省所景反　喪國息浪反注同
幾爲音祈　畢陳直覲反下及注同　王德于況反又如字下王佐同　醇粹音純
下雖遂反　二十三年　圍緡亡巾反　重故直用反又直龍反注同
故創初良反下同　屬爲音燭　雜然七合反又如字　以惡烏路反　慈
父左氏作茲父　故復扶又反　不去起呂反　始見賢徧反　二

十四年　謂與音餘　不復扶又反　供養九用反下餘亮反　二十五年　侯燬況委反　爲魯于僞反下同　見姑賢偏反　絕去起呂反　惡國烏路反　不別彼列反　二十六年　甯遬音速　于向舒亮反　至巂户圭反又似兖反　侈也昌爾反又昌者反大也　士卒子忽反　自爲于僞反下深爲同　當復扶又反下同　別外彼列反下同　滅隗五罪反二傳作夔　惡不烏路反下同　所傳直專反　見治賢偏反下直吏反　二十七年　屬脩音燭　爲執于僞反　有難乃旦反　衛今復扶又反　以見賢偏反　得與音預　二十八年　畀宋必二反與也下同　雝於勇反下同又作壅同　遏於葛反　起爲于僞反下爲下卒爲晉深爲不爲同　城濮音卜　師斷丁亂反下當斷同　數侵所角反下數道同　据邲皮必反　數道音導　譎也古穴反　卒致七忽反下倉卒同

以見賢偏反下不見當見見其同　當復扶又反　令殺力呈反下令自同　元
咺況阮反　所惡烏路反下惡衛同　此難乃旦反下方難同　分別彼列反
爲叔武于僞反下爲賢爲叔武及注而爲故爲深爲皆同　爲去起呂反　篡我
初忠反　大深音泰下同　放乎甫往反　屬己音燭　爭也爭鬪之爭下注
同　悖君必內反　能降戶江反　二十九年　介葛音戒國名
故復扶又反年末同　惡霸烏路反　大雨于付反　雹步角反　不中
丁仲反　三十年　不復扶又反　別尊彼列反　以見賢偏反下
同　爲殺于僞反　惡天烏路反　撟君居表反本又作矯　三十
一年　惡乎音烏　惡差初賣反下同　布偏音遍下文同　奇者居宜
反　幼少詩照反　大平音泰　王功于況反　惡之烏路反下皆同
櫜席古老反　陶匏白交反　不瑑丈轉反　不和戶臥反　爲天于僞

反下則爲本爲主爲皆同　復爲扶又反下同　見免賢徧反下以見同　大山音泰
本亦作泰下同　繭栗古典反　天燎力召反　地瘞於例反　山縣音玄
風磔陟百反　膚寸方于反側手爲膚按指爲寸　崇朝如字注同　雨乎于付
反又如字　崇重直龍反下同　三十二年　鄭伯接二傳作捷　別
有彼列反下同　可去起呂反　復出扶又反　重耳直龍反　三
十三年　于殽本又作肴戶交反或戶高反　輕行遣政反　蹇叔居輦反
拱矣九勇反以手對抱　嶔苦銜反鄒誕生褚詮之音上林賦並同徐音欽韋昭漢書音義去贍
反又本或作厳同　巖五銜反一韋音嚴　其處昌慮反　阻隘於賣反　可要一遙
反傳要之同　介胄直又反　爲其于僞反　如蹲音存　賈人音古
矯以居表反　而犒苦報反勞也　勞也力報反下同　虜掠音亮　隻
輪如字一本又作易輪董仲舒云車皆不還故不得易輪轍　隻踦也居宜反一本作易踦　惡

不烏路反下同　誶卒七忽反　取菆才工反左傳作取訾婁　霣霜于敏反

復榮扶又反　列索息各反

文公第六　何休學

元年　歸含本又作唅戶暗反五年經同　且賵芳鳳反　不爲于僞反下不爲同

長幼丁丈反　稱也尺證反　來錫思歷反　復發扶又反　惡天烏路反　無恙餘亮反　于戚千寂反　君髡苦門反左氏作頵

二年　彭衙音牙本或作牙　惡烏路反　其將子匠反　今復扶又反下不復皆同

重師直用反　爲僖公廟于僞反下蓋爲以爲下欲爲同　下壙苦晃反又音曠

麤犅才古反又七奴反　期年音基三年同　人正音征下同　別昭彼列反下同

去氏起呂反　士穀戶木反　垂斂左氏作垂隴　大廟音太下大祖皆同

躋僖子兮反升也本又作躋同　大祫音洽大祭　禘數大帝反下所主反

室笮側白反　炊沐昌垂反下音木　東鄉許亮反下同　猶禘音帝
不礿羊略反　先禰乃禮反　喪取七住反本亦作娶同　之好呼報反　傳
之直專反　慟杜貢反　三年　伐沈音審國名　沈潰戶內反　新
使所吏反　雨螽于付反下及注同一音如字螽音終　而隊直類反注同　隋地
大果反　地上時掌反　醇音純　爲王于僞反　貴近附近之近　重
出直用反　爲諼許元反　四年　不爲于僞反　錄使所吏反
見與賢偏反　甯俞乃定反下音餘　五年　加飯扶晚反　宰
咺況阮反　去天起呂反下同　任宿音壬　顓臾音專下音揄　入鄀音弱
六年　僕讙好官反　數如所角反　射姑音亦又音夜穀梁作夜
君漏如豆反泄也　言泄息列反又以制反　姑將子匠反下同　不說
音悅下同　刺陽七亦反又音七賜反　大祖音泰　比時必利反　朝朝上如

字下直遙反　敢渫息列反　七年　須朐其俱反　幷爲于僞反年

末注同　城郚音吾　令狐力丁反　先眜音蔑左氏作蔑　其咎其九反

眣晉音舜本又作眣丑乙反又大結反以目通指曰眣本又作眣音同字書云眣瞚也以忍反　故

復扶又反　八年　衛雍於用反　雒戎音洛　于暴步報反本又作

曝一音甫沃反　再見賢偏反　壅塞於勇反　復還扶又反　螺音終

九年　信恩音申　涼音亮又音良　闇如字又音陰　者與音餘　惡

文烏路反　陽行下孟反　星孛音佩　使椒子遙反一本作菽子小反　見

升賢偏反　卒備七忽反　禭音遂贈喪之衣服　一使所吏反　以別

彼列反下同　欲上時掌反又如字　少繫詩召反　共公音恭　十年

女栗音汝本亦作汝　屈貉居勿反又音厥下音麥又戶各反二傳作厥貉　十一

年　伐圈求阮反一音卷說文作圈字林曰万反二傳作麇　于鹹音咸　復扶又反

于犂力知反又力兮反　狄行下孟反　十二年　而笄古兮反
遠別彼列反　使遂二傳作術　賢繆音穆　諓諓徐在淺反又子淺反又音
殘尚書作截淺薄貌也賈逵注外傳云巧言也　善竫在井反撰也本或作諞皮勉反反又必淺反本作諓七全反
又仕勉反　俾君必爾反注同使也　易怠以豉反注同　輕隋大臥反　一
介古拜反一介猶一槩也尚書音古賀反　斷斷丁亂反專一也注同　佗技其綺反　一
槩古愛反　奇巧其宜反本又作琦同　休休許虯反美大貌　曲折之設反
數興所角反　不別彼列反下同　及運二傳作鄆後皆同　十三年
盈爲于僞反下文盈爲爲周公皆同　故復扶又反　籧篨其居反下直居反
世室屋壞二傳作大室　大廟音泰下同　以養餘亮反注皆同　供養九用
反下同　死以爲如字注死以爲周公主同　千乘繩證反　有王于況反
趣鄉許亮反　騂息營反　犅音剛詩作剛騂犅赤脊也　爲盛成政反又音成粢盛也在

器曰盛　公燾徒報反一本作燾音同冒也　冒也亡報反　公廩力甚反

財令力呈反下同　于沓徒合反　于斐本又作棐芳尾反　之難乃旦反

十四年　爲臣于僞反下爲後故爲同　侯潘普干反　更相音庚

下吳楚更同　簒殺申志反下同　趙盾徒本反　星孛步內反徐扶憒反　並

爭爭鬭之爭　接菑在妥反又如字下側其反二傳作捷菑　百乘繩證反　沛若

普貝反有餘貌　玃且俱縛反下子餘反　壓之於甲反又於輒反服也　齊復扶又

反下同　也長丁丈反注同　見挈賢徧反下音苦結反　惡商烏路反　卓

子勑角反　分別彼列反　惡乎音烏　十五年　華孫戶化反

見宋賢徧反　惡二烏路反下皆同　筍將音峻竹箯也將送也　竹箯婢緜

反一音步賢反服虔音編韋昭音如頻　編必緜反一音篇郭璞音步典反　輿音餘　爲叔于僞

反下父爲子爲若爲實爲同　傳送直專反　令受力呈反下同　解也戶買反

不省所景反　其郛芳夫反郛也　恢郭苦回反大也　鄉者許亮反下同

幾亦音祈　十六年　爲叔于僞反　乃復扶又反下同　犀丘音西左氏作鄭丘穀梁作師丘　潄素候反　浣戶管反　令自力呈反　暴揚步卜反　巴人布加反　處臼二傳作杵臼　以別彼列反　梟古堯反

斬要一遙反　刎亡粉反　頭如字本又作脰音豆　十七年　聖姜二傳作聲姜　十八年　伯罃乙耕反何云穆公也左氏穆公子康公　復見扶又反下同　弒也音試下及注同

宣公第七　何休學

元年　差輕初賣反　摘巢吐狄反　刳胎口孤反　復屬音燭

叢棘才工反　𡬶況甫反　要經一遙反　又孫音遜　濟子禮反

遺齊唯季反　兼將子匠反　斐林芳尾反　閒音閑　貿音茂

二年 華元戶化反 夷獋戶刀反又古刀反二傳作夷皐 三年 則
扳普顏反又甫姦反 于濉大歷反又養牲宮名 迭生大結反 更王音庚下于
況反 賁渾舊音六甙音奔下戶門反二傳作陸渾 鄭繆音穆 四年 爲
公于僞反 五年 爲重直用反下同 六年 見何賢偏反
升餕音俊 己趨音紀 是樂音洛 有人何本又作荷胡可反又音河 畚
音本 爲解佳賣反又如字 摮五羔反又苦交反猶摮也 摮口弔反摮也 愬所革
反又訴路反 心怍在洛反 魚飧音孫 頸居郢反 自斷音短 重
門直容反 擊柝他洛反 而食音嗣下同 祁彌工支反 仡然魚乙反
躇丑略反與踱同一本作辵音同 劇不其據反本亦作遽 比周毗志反 之
獒五刀反 而踆音存以足逆蹋之 逆躙徒臘反 其頷戶感反 蚤
免音早 不說音悅 黑臀徒門反 剽匹妙反 七年 爲伐

于偽反　八年　難辭乃旦反　編必連反　屬音燭　曰彤羊弓
反　謂楯食允反　人扞戶旦反　頃熊音傾　無訒音刃　莫者
音暮　九年　諱亟去冀反　未期音基　十年　及僤本又
作闡昌善反　取蘱音類又力對歎類二反　贍振常豔反　十一年
公孫甯乃定反又音寧　十二年　斷曰音短　藉在夜反　沛焉普蓋
反　墝埆上苦交反下音嶨　多索所白反舊本作筞音索　屢往力住反又作數
音朔　數千所主反　扈養餘亮反　艾草魚廢反　杅不音于　喪
費芳味反　可掬九六反注同　扳普顏反又必顏反　造舟七報反　而
佚音逸注同　欲壞音怪　十三年　秋螺音終　十四年
者惡烏路反　十五年　得與音預　僨矣皮誠反　相馬其廉
反以木銜馬口　大貉亡百反　之費芳味反　數萬所主反　以食音嗣

伉健苦浪反一音苦杏反　塾音淑　莫音暮　蝝生與專反　十六年　宣謝災左氏作宣榭火　十七年　錫我思歷反　于鞌音安　斷道音短又大短反　十八年　節斷音短　賢行下孟反　墠音善埽地張帷　之殺所戒反　怨懟直類反

成公第八　何休學

元年　舒恆如字緩也尚書作豫　奧若本又作燠於六反煖也　幼少詩召反　甲鎧苦代反　辟土婢亦反　粥貨羊六反　貿戎音茂一音茅左氏作茅戎　二年　新築音竹　公子手一本作午左氏作首　鞌音安　以見賢偏反年末注同　惡內烏路反　不使所吏反下及注使乎大夫同　佚獲音逸下同一本作失　不去起呂反　師還音環注同　逡巡七巡反　頃公音傾　驂乘繩證反　道尚時亮反　公操七刀反持也　法斮莊略反又仕略

反斬也　死難乃旦反　姪子大結反又丈乙反　踊于音勇上也　棓普口反又
步侯反高下有絕加躡板曰棓　而闚去規反本又作窺　上也時掌反　加躡女輒反
或跛布可反　或眇亡小反　逗跛本又作訶五嫁反迎也　致飧音孫　腍
而審反　踦閭居倚反踦足也又音於綺反又初義反何云閉一扇開一扇一人在外一人在內曰踦閭
芻初俱反　蕘如遥反　之甗音言又魚輦反又音彥邑也　爲質音致下注及下　公鮑
同　昳魯音舜又丑乙反又蓮結反　之使所吏反　爲之于僞反注皆同　數道所角反下音導
白卯反　侯遫音速　汶陽音問　一處昌慮反
三年　衞繆音穆　素縞古老反　幼少詩召反下同　大重音泰
一音他賀反　去疾起呂反　爲內于僞反　將咎如咎音古刀反左氏作廧咎如
如　尋繹音亦　惡之烏路反下同　屢盟力住反　用長丁丈反
反復扶又反　數侵所角反下同　比周毗志反　四年　伯臤

苦刃反本或作堅　五年　荀秀左氏作荀首　壅河於勇反　不㳅音流　為天于偽反　通道音導　湨古闃反　徧刺音遍　又重直用反　蟲牢直弓反下力刀反　六年　得復扶又反　而好呼報反　取鄟市轉反又音專　譁亟去冀反注同　魯背音佩　屬相音燭　伯費音祕　為中于偽反　故去起呂反　七年　鼷鼠音兮　重有直用反下同　伐郯音談　見者賢偏反下同　八年　曰嘻許其反　所喪息浪反　語之魚據反　履綸音須　趙括古活反　以見賢偏反　瑞應應對之應　爵稱尺證反　為王于偽反下為魯為下同　幼少詩召反　勞來力報反下力代反　來媵以證反又繩證反　九年　悖義布內反　廟見賢偏反下同　操禮七刀反　以別彼列反　且為于偽反　復發扶又反　苴潰戶內反　十年　重難乃旦

反　數卜所角反　怨懟直類反　侈也昌氏反大也　姤丁故反
取十七住反本或作娶　侯獳乃侯反　去冬起呂反　惡成烏路反
今復扶又反　十一年　郤州本亦作犨尺由反　十二年
沙澤素禾反又如字二傳作瑣澤定七年同　十三年　郤錡魚綺反　鑿
行在洛反造意也　復出扶又反　伯廬力吳反本亦作盧　十四年
凡取本又作娶　十五年　未見賢徧反下同年未及注並同　復氏扶又
反年內同　使于所吏反及下使乎同　有長丁丈反　相之息亮反下同　殺
子音試　皆雜七合反又如字　世子戌音恤本或作成　爲篡于僞反　宋
共音恭　士燮息協反　無咎其九反　子鰌音秋　所傳直專反
之行下孟反　差醇初賣反下音純　葉公舒涉反下文同　者說音悅
十六年　少陽詩召反　復食扶又反　欒力官反　黶於斬反　冥

也已定反又已丁反　其治直吏反　鄢陵於晚反又於建反　于泓烏宏反

王痍音夷傷也　所中丁仲反　為重衆于僞反下為代公同　恚一睡反

易也以豉反注及下同　復舉扶又反下而復同　喜時左傳作欣時、令

專力呈反　舍是音捨注同下傳舍臣放此　無難乃旦反注同　招丘章遥反又上饒反

反二傳作茗丘　悕矣音希悲也　別嬰彼列反　出使所吏反　十七

年　柯陵古河反　因見賢徧反下同　惡如字又火吳反　池如字又大河反

蜚林芳尾反又音配　泮宮音判本又作郊　告牷音全　荀罃乙耕反　貍

力之　軫之忍反左氏作脈穀梁作蜃　以為于僞反下文為公同　以激古狄反

玃且俱縛反下子餘反　十八年　復入扶又反注同　楚為于僞反下

為宋同　士匄古害反　鹿囿音又　士彭二傳作士魴襄十二年同　崔杼

直呂反　虛打起魚反下勑丁反

襄公第九　何休學

元年　甯殖（市力反）　爲宋（于僞反下爲宋楚爲并注同）　于合（二傳作鄶）

鄭背（音佩）　孫剽（匹妙反）　二年　伯輸（古困反）　繆姜（音穆）

人與（音餘下同）　爲中（于僞反下及注并下文鄭爲皆同）　三年　長樗（勑居反）　不別（彼列反）　袁僑（其驕反）　爲其（于僞反注同）　不復（扶又反下同）　不重（直用反）　四年　弋氏（以職反莒女也左氏作姒氏）　定弋（左氏作定姒）　五年　子巫（亡扶反）　爲叔（于僞反）　疑讞（魚竭反）

善稻（左氏作善道）　通好（呼報反）　數用（所角反）　賦斂（力驗反）

惡鄫（烏路反）　不見（賢徧反）　雜然（七合反又如字十年注同）　乃解（古賣反）

六年　曷爲（于僞反）　爲重（直用反）　七年　郯子（音談）

城費（音祕）　螺（音終一音鐘）　于鄢（于委反字林几吹反）　髡原（苦門反左氏作

髡頑　于操七報反一音七南反左氏作鄵　殺也音試下及注皆同　爲中于僞反下
及注皆同　楚屬音燭　䣃由音禍　舍止處昌慮反　見辜賢偏反
當背音佩　八年　以殺音試　爲中于僞反　當去起呂反
子變素協反　易不以豉反　禦難乃旦反　候伺音司又息嗣反　邢
丘音刑　九年　宋火二傳作災　離本力智反　見大賢偏反
爲王于僞反　浸疏子鴆反　于戲許宜反　惡公烏路反　十
年　于相莊加反　偪陽音福又彼力反　惡諸烏路反　開道音導
連蔓音万　公與音預下同　子斐芳尾反左氏作騑　爲蕃方元反　諸
侯莫之主有絕句　見其賢偏反下同　十一年　爲軍于僞反年
末同　故復扶又反　事省所景反　相上息亮反下同　一　爲治直吏反
不共音恭　怨懟直類反　京城北左氏作亳城北　常難乃旦反

鄭與 音預　良霄 音消　十二年　圍台 他來反又音臺　所背 音佩
亟作 去冀反　最難 乃旦反　務長 丁丈反　迭爲 大結反　十四
十三年　取詩 二傳作邿　諱亟 去冀反注同　諱背 音佩
年　公孫蠆 勑邁反二傳作蠆　于向 舒亮反　綴流 知銳反又作丁悅反一本
作贅旒　復納 扶又反　華閱 音悅　十五年　向戌 音恤　劉
夏 戶雅反　采邑 七代反下謂采同　租稅 子奴反下舒銳反　見義 賢徧反下
同　大夫稱 尺證反　貶去 起呂反　過我 古禾反　共 音恭　至
竄 戶圭反又似兖反　爲不 于僞反　成郛 芳夫反　侯周 一本作雕
十六年　臭梁 本又作湨古闃反　偏刺 音遍下及下注同　若贅 章銳反本
又作綴丁衛反又丁劣反繫屬也　旒然 音留本又作流旌旗之旒　繫屬 音燭　見惡 賢徧
反　最難 乃旦反　肯復 扶又反　不重 直用反　甚惡 烏路反

十七年 郲婁子瞷音閑或下姦反左氏作脛 圍洮他刀反左氏作桃

十八年 言朝直遙反下同 十九年 祝阿二傳作祝柯

爲其于僞反下同 亟伐去冀反注同 僑蹇紀橋反本又作驕下紀輦反 并數必政反下所主反下數年同 漷水火虢反徐音郭 取濟子禮反下同 侯瑗于眷反一音環二傳作環 有難乃旦反 故見賢偏反 公子喜二傳作嘉 于柯古河反 二十年 孫遬音速 澶淵市然反 弟光左氏傳作弟黃 二十一年 以漆音七 閭丘力於反 据快苦夬反 惡受烏路反 商任音壬 庚子孔子生傳文上有十月庚辰此亦十月也一本作十一月庚子又本無此句 二十二年 今與音預 得復見賢偏反

二十三年 伯匄古害反 鼻我二傳作畀我 以治直吏反下見治治之漸同 近升平附近之近下近升同 所傳直專反 見治賢偏反下同 所譜

側鳩反　復入扶又反注同　雍渝羊朱反左氏作榆　聶北女輒反　惡
烏路反其　孫紇恨發反　二十四年　仲孫偈本又作褐亦作羯同
居謁反　陳儀二傳作夷儀二十五年同　咸本又作鍼其廉反　宜咎其九反
二十五年　鄭背音佩　故爲于僞反　重丘直龍反　入櫟力狄
反　諼君況元反　以弒音試注同後年放此　伺便音司下婢面反　惡之烏路
反　屈建居勿反　子謁左氏作遏　卒暴七忽反　而射食亦反
復見扶又反　二十六年　君剽匹妙反　喜爲于僞反下文爲惡曷
爲同　惡剽烏路反注及下惡剽以惡并下注故惡反惡惡輕無惡皆同　有說音悅注同
以見賢徧反下出見同　復納扶又反　子瘞在禾反　男甯乃定反
二十七年　孔瑗二傳作孔奐　弟鱄市轉反又音專一音直轉反　射
姑音亦又音夜　爲殺于僞反下爲殺爲我爲衛注深爲皆同　黜公勑律反下文注同

女能音汝　羈縶本又作馽下陟立反馬絆也　馬絆音半　鈇音甫又方于反　敢與音預

鑕之實反　從君才用反又如字注同　庶孼魚列反又五割反注及下同

令必力呈反　背約音佩下同　挈其苦結反　慙恚一睡反　昧

雉舊音刜已粉反一音末又音蔑割也　見獻賢徧反下見此同　雖復扶又反　小

介音界　閽殺音昬下音弑二十九年同　餘祭側界反　二十八年

閏數所主反下同　期月居其反又作朞　二十九年　而復扶又反下同

皆同　惡褭烏路反下惡以同　爲臣于僞反下故爲爲季子傳凡爲同　墨劓魚器

反　臏毗忍反　大辟婢亦反　畫象音獲　應世應對之應　黠巧閑八反

不近附近之近下同　士鞅於丈反　使札側八反　迮而子各反起也

倉卒七忽反　迭爲大結反更也　更也音庚　必祝之又反又之六反注

同　疏食音嗣　季子使所吏反下同　僚者力彫反　長庶丁丈反下注同

闔（戶臘反）廬（力居反）命與（音餘下命與同）僚焉（於虔反本又作惡音烏）

刺僚（七賜反又七亦反注同）僚者（市志反）爾殺吾君（申志反注殺僚同）

篡也（初患反）則遠（于万反）以見（賢偏反）北燕（音烟）三十

年　遂（于委反）頗（音皮又音彼一音普何反一本作跛者音同二傳作薳罷）公數（所角反）

子般（音班）深爲（于僞反下爲伯不爲爲中國同）極思（息吏反）年夫（音佚又如字二傳作佞夫）

惡失（烏路反下皆同）不去（起呂反）子行（下孟反下子行其行同）

重失（直用反又直勇反）共姬（音恭）傅母（如字又武侯反本又作姆同）

加殺（音試下同）凡爲（于僞反下及注所爲同）更宋（音庚又古孟反復也償也）所

喪（息浪反下注同）解浣（戶管反）復生（扶又反）共償（常亮反）三

十一年　好其（呼報反）見者（賢偏反下同）

昭公第十　　何休學

元年 國酌二傳作國弱 子招上遥反 軒虎軒依字許言反舊音罕二傳作

罕虎 于鄬音郭又音號左氏作號穀梁作郭 爲殺于僞反下注爲內爲仕皆同 難

八乃旦反二年注同 故令力呈反 見者賢偏反下同 復貶扶又反

弟鍼其廉反 千乘繩證反注同 大原音泰下同 大鹵力古反 曰

隰音習 分別彼列反 去疾起呂反 疆運居良反下同 子卷音權

左氏作麋 二年 乃難奴旦反下有難同 三年 大雨于付反

雹步角反 爲季于僞反 著治直吏反 大平音泰 四年 大

雨雪于付反左氏作大雨雹 爲季于僞反下文及注爲齊誅並同 不復扶又反下同

去吳起呂反 滅厲如字又音賴左氏作賴 五年 舍中音捨下及

注同 爲難乃旦反下同 爲其于僞反 將復扶又反 濆泉扶粉反濆泉踊

泉也左氏作蚡泉穀梁作賁泉 戰處昌慮反 報應應對之應 嫡之丁歷反注及下

同　六年　復卒扶又反　內行下孟反下同　可勝音升　見其賢偏反　合比如字又毗志反　賦斂力驗反或無此字　七年　暨齊其器反　叔孫舍二傳作婼　當時丁浪反又如字　鮮不息淺反　八年　故重直用反年末同　侯溺乃狄反　廋所留反本亦作蒐　公子過音戈　費多芳味反　詐諼況元反　復書扶又反下同　列見賢偏反　九年　復見扶又反下同下賢偏反　陳火左氏作災　俙矣音希　悲也　辟門婢亦反開也　本爲于僞反　孫貜俱縛反又居碧反　郎囿音又　十年　晉欒施左氏作齊欒施　季孫隱如左氏作意如　侯彪彼虬反　宋戌讀左傳者音城何云向戌與君同名則宜音恤　去冬起呂反　十一年　戎曼音蠻　爲其于僞反　文譎古穴反　以好呼報反　比蒲音毗　侵羊二傳作祲祥　宮佗大河反　屈銀並如字二傳作厥憖

嫡夫丁歷反　惡乎音烏　惡不烏路反　十二年　斷三丁管反又丁亂反　生刊苦干反　柰女音汝　可彊其丈反　欲令力呈反下令楚同　妄億於力反　錯也七故反或七各反字或作措　惡納烏路反　成然左氏作成熊　公子整之領反或作憖魚覲反　十三年　圍費音祕　乾谿苦兮反　衆罷音皮　惡靈烏路反　子朝如字　不與音預注二不肯與及下文不與焉注公不與不宜與皆同　不復扶又反　爲公于僞反　侯廬力吳反　十四年　去疾起呂反　意恢苦回反　十五年　夷昧音末本亦作末　籥入羊略反　去樂起呂反注去籥及下文去樂同　爲卒于僞反　昭吳左氏作朝吳　十六年　戎曼音蠻又音万二傳作戎蠻哀四年同　見王賢徧反　數如音朔　十七年　賁渾音六下戶門反　星孛音佩　彗星息遂反又囚歲反　參伐所林反　以別彼列

反　邪亂似嗟反　檇李音醉本或作醉　十八年　爲天于僞反

不忒他得反　天應應對之應　入鄍音禹又音矩　十九年

于殺音試下于殺加殺皆同　復加扶又反下同　一飯扶晚反下同　二十

年　自鄸音蒙又亡忠反又亡貢反一音亡增反　者此舊於此下有比者非　復出

扶又反　爲公子于僞反下爲賢爲會爲之諱同　從與才用反下音餘下從與同　絜

從女居反說文云絮緼也一曰敝絮也　逡巡七旬反　惡惡並如字一讀上烏路反下同

通濫力甘反又力暫反　兄輒左氏作縶　立嫡丁歷反　以長丁丈反

瘖於今反　聾路工反　癘力世反又力大反　禿吐木反　跛布可反　傴於矩反

惡衞烏路反　至令力呈反　向甯二傳作向寧　二十一年

重舉直用反　叔痤在禾反左氏作叔輒　惡背烏路反下音佩　二十二

年　復錄扶又反　別從彼列反下同　大廋所求反本亦作蒐　昌姦

二傳作昌閒　邪庶似嗟反　見當賢偏反下同　二十三年　閒
田音閑　惡背烏路反下同背音佩　不共音恭　犨錯七故反　雞父音甫
子髡苦門反　子楹音盈左氏作浧穀梁作盈　夏齧戶雅反下五結反　艾
陵五蓋反　別客彼列反下及傳同　之行下孟反下同　于莘所巾反
庶孽魚列反　其難乃旦反　子朝如字　更起音庚　數年所主反
地爲于僞反　二十四年　民被皮寄反　鬱釐音來又力之反
本亦作釐二傳作郁釐　二十五年　叔倪音詣又五兮反左氏作詣　樂世
心世如字又以制反左氏作大心　黃父音甫　鸛音權左氏作鸜音劬　鵒音欲　下孫
音遜下文同　去辰起呂反　爲下于僞反下而爲同　揚州左氏作陽州
唁公音彥　將殺音試下及注同　兩觀工亂反注同　干楯食允反又音尹
玉戚千寂反以玉飾斧　大夏戶雅反注同　株離音誅　曰禁音金又居鴆反

八佾音逸　且夫音扶下有夫幷注同　維婁力主反　委己于僞反注同己音紀　委食音嗣下同　執紼音弗　曰絻音問　喪息浪反下同已也　嗛自音謙本亦作謙　再拜顙息黨反拜而稽顙也　大難乃旦反下同　鈇音甫又方于反　鑕之實反　要斬一遥反　執簟音丹葦器　食音嗣注同　葦器于鬼反　曰筍思嗣反　糗也丘九反又昌紹反　四脡他頂反又大頂反　曰朐其俱反　餕音俊　于從才用反注及下皆同　糒音備　以衽而甚反又而鴆反掩裳際也　求索所白反　大甲音泰下大學同　不腆他典反厚也　所著丁略反　禆冕婢支反　黻衣音弗　欲令力呈反　故稱尺證反　噭然古弔反一音古狄反　爲菑側其反又側吏反　埒垣力悅反下音袁　分別彼列反　辟雍音璧　以幦亡歷反車覆笭也一音呼闃反　覆笭力丁反　以輂音安　爲公于僞反注同

二十六年　不復扶又反下同　惡公

烏路反　鄟陵音專本亦作專　爲天于僞反　渠率所類反或作帥　二

十七年　爲季于僞反下同　方見賢偏反　郤宛去逆反下紆阮反

祁犂力兮反又力私反　郳婁快本又作噲苦夬反　二十八年　爲

下于僞反　伯甯乃定反下同左氏年下滕子名並作寧　二十九年

三十年　去疾起呂反　頃公音傾　見義賢偏反　三十一

年　荀櫟本又作躒又作𨇅亦適躒也皆同力狄反一音與灼反　適歷丁歷反一音狄

負籧章藥反本又作㮰　創惡烏路反　亟取去冀反　盈孫音遜　黑

弓二傳作黑肱　以濫力甘反又力暫反　武公與音餘下及注皆同　湊公七豆

反　周愬音素本亦作訴　爲之于僞反下爲我爲之則爲並同　嫗盈紆具反一音紆

羽反　爲行下孟反下殺顏者之行同　盱許于反又許孤反本或作晇一音夸　夏父戶雅反盱

及夏父郳顏公之二子　而食音嗣　長必丁丈反　先見賢偏反下欲見見王者同

曰嘻許其反　也夫音扶　父兄之行戶郎反　惡有音烏注同
有數所主反　傳復扶又反　三十二年　取闞口暫反　諱
亟去冀反注同　權量音亮
定公第十一何以定公爲昭公子與左氏異　何休學
元年　喪失國息浪反　仲幾本或作機　不襄素戈反一或作蘘一或音初危
反　草衣于既反　爲天于僞反下善爲同　見伯賢徧反　復發扶又
反下皆同　此難乃旦反　未解音蟹　復別彼列反　小斂力驗反下皆同
北墉音容本又作牖　中霤力又反　飯扶晚反　含於戶暗反　阼階才故反
立煬餘亮反　貫霜于敏反　二年　兩觀工喚反下及注皆同
不復扶又反下同　先去起呂反下同　以見賢徧反　三年　于枝
二傳作拔　易辭以豉反　四年　國夏戶雅反　邵陵上照反本或作

召音同　數年所主反下數年皆同　雜然七合反又如字　惡蔡烏路反年末同

吝一力刃反　公孫歸姓二傳無歸字姓音生又音性　爲不于僞反下爲季爲下

爲治爲蔡同　浩油户老反又古老反下音由一音羊又反二傳作臯鼬　數如所主反

楚復扶又反下而復復討同　翕然許及反　伯戊音茂又音恤二傳作成　劉

卷音權　孔圄魚呂反左氏作圉　鮮虞本或作吴音虞　舉采七代反下采地同

伯莒左氏作柏舉　挾弓音協又子協反　雕弓丁遼反　彤弓大冬反

嬰弓於耕反見司馬法　盧弓力吳反　禮見賢偏反下不見同　將爲

于僞反下不爲匹爲是注爲子胥同　囊瓦乃郎反　南郢以井反又以政反　瓦將

子匠反　激發古狄反　非當丁浪反　墮平許規反　除去起呂反

便辟婢亦反　辯佞如字本又作便佞　相迴音峻又音巡又玄偏反先也·

擊刺七亦反　進行下孟反　五年　時爲于僞反　以見賢偏

反　士卒子忽反　罷弊音皮弊亦作僘音同　起弑音試　六年　爲

其于僞反　令難力呈反　而易以豉反　以長丁丈反　大平音泰

欲見賢徧反　治定直吏反　所復扶又反　七年　于鹹

音咸　費重芳味反下同　重之直用反　八年　不別彼列反

曹竫才井反本亦作靖　曲濮音卜　惡乎音烏　迭而大結反下同　食之

音嗣下注同飤食同　眡而五多反下同　鋟其本又作鑯七廉反又且審反以爪刻鐨皺板也本或作鍛

誤　蒲圃本又作甫同布古反又音布　其乘繩證反下皆同　有女音汝　從

弟才用反下同　數十所主反　而隊直類反　馬棰章蘂反　騋馬

本又作楸字書無此字相承用之素動反　而射食亦反　矢著直略反注同　莊門

本或作嚴亦音莊　言幾音祈　中季丁仲反　殺不音試下同　郤反去略反本

又作却　說然本又作稅始銳反又他會反注同說解舍也然猶如也　稱也尺證反

切遽其虑反　趣駕七欲反一音七住反　憧然其靳反　璋判音章　琮
在宗反　璜音黃　峨峨五多反本又作娥　髦士音毛　質樹芳甫反又芳于反
青純之閏反緣也注同　純緣悅絹反下同　甲頓而占反　疊疊亡匪反
乎蓍音尸　喪其息浪反　九年　伯噧勑邁反左氏作蠆　喪
之息浪反　郤難起略反下乃旦反郤亦作郄　十年　不易以豉反下同
頰谷古協反左氏作夾谷　熒惑音熒一音于瓊反　異處昌慮反　爲是
于僞反　復得扶又反年末及十一年同　圍郈音后　公子池左氏作地　于
犨左氏作安甫　暨宋其器反　仲佗大多反　石彄苦侯反　惡仲烏路反
彊與其丈反　亦見賢徧反　十一年　不復扶又反　叔
還音旋　十二年　見殺音試　墮郈許規反下同　束數所角反下
同　采長七代反下丁丈反　說其音悅　不厭於豔反　去甲起吕反

而堵丁古反　吉射食亦反又食夜反　朝歌如字　十三年

垂瑕如字又音加二傳作垂葭　大廋所求反本又作蒐　比蒲音毗　操兵七曹反

鄉國許亮反　十四年　晉趙陽左氏作衛趙陽　公子佗人大河反二傳作公孫佗人

子牄七良反二傳作牂　不別彼列反　醉李本又作檇音同

爲下于僞反　于堅如字本又作掔音牽左氏作牽　于洮他刀反　歸脤市軫反

曰燔本亦作膰又作繙音煩　蒯聵苦怪反下五怪反　譏亟去冀反

閒隙音閑下去逆反　莒父音甫　去冬起呂反　攝相息亮反

粥羔羊六反　以閒閒廁之閒　近害附近之近　十五年　鼷鼠音兮

漫也亡半反猶徧也　徧食音遍　復舉扶又反下同　軒達左氏作罕達

籧篨具居反下直居反　歸含戶暗反　且睸芳鳳反　不爲于僞反

厭死於甲反　下昃音側　晡時布吳反　城漆音七

哀公第十二　何休學

元年　復見扶又反下賢遍反　恩殺所戒反　二年　瀰東火虢反徐音郭　及沂魚依反　句繹古侯反下音亦　不與音預　可爲于僞反　不去起呂反　見挈賢遍反下去結反　于栗一本作秩二傳作鐵　惡失烏路反　三年　上爲于僞反下爲輒爲衞不爲同　不中丁仲反　復立扶又反下及注同　見者賢遍反下同　兩觀工喚反　開陽左氏作啓陽闘者爲漢景帝諱也　欒髡苦昆反　惡大烏路反　治直吏反　大平音泰

四年　盜殺音試下同　近罪附近之近　戎曼音蠻　畀宋必利反下同　西郛芳夫反　蒲社左氏作亳社　揜之意冉反　背天音佩　俠轂古洽反下古木反十三年同　驂乘繩證反十三年同　天去起呂反　滕頃音傾

五年　城比本又作芘亦作庇同音毗左氏作毗　閭數所主反下及注

月數閏數同 六年 郲婁葭音加又音遐左氏作郲瑕 魯數所角反

未曾才能反 狄之行下孟反 于柤莊加反 君舍二傳作荼音舒

爲諼況元反 千乘繩證反 析玉思歷反 爲後于僞反下乞爲同

矯也居兆反 期而音基下同 難言乃旦反 鐙苦代反 巨囊乃郎

反又音託 中霤力又反 色然如字本又作垝居委反驚駭貌又或作危 闖然丑鴆

反又丑甚反一音丑今反見貌字林云馬出門貌丑衽反 逡巡七旬反 七年 皇

瑗于眷反 于鄫似陵反 隗子五罪反 惡魯烏路反 復入扶又

反 八年 俟燬況委反 及僤昌善反一音昌然反字林作嘽左氏作闡

爲以于僞反 故復扶又反 伯過古禾反 所喪息浪反 九

年 雍巳於用反 易也以豉反下同 陷阱才性反 爲征于僞反

十年 薛伯寅二傳作伯夷同音以尼反 十一年 表頗破多

反　艾陵五蓋反　與伐音預下不與戰與伐同，　十二年　爲何

于僞反下爲同宗同　爲率音律又音類　一乘繩證反　故復扶又反　槀

皐章夜反一音託　于運左氏作鄖　螟音終本亦作螽注同　當見賢徧反

十三年　于嵒五咸反一音魚及反　易也以豉反下同　鄭復扶又反秋以下

注同　報償時亮反　男成本亦作戍　反背音佩　當見賢徧反年內皆同

惡諸烏路反　魏多左氏作魏曼多　之費芳味反下同　孛于音佩

彗星四歲反又息遂反　主治直吏反　燔書扶元反　陳夏戶雅反一本作

廉　彄夫苦侯反又古侯反一本作嫗音同二傳作夏區夫　十四年　西狩手又

反　獲麟力人反　薪采音新　主芟所銜反　艾魚廢反　采樵在焦反

去周起呂反　行夏戶雅反下子夏同　爲獲于僞反下爲獲孰爲注爲誰知爲皆

同　鸛音權　鵒音欲　振振之人反　大平音泰下大平皆同　拊石芳甫

反　援神音表　麒麟音其　有麐本又作麐亦作麕皆九倫反麏麞也　反袂彌世反衣袖也　涕他禮反　沾袍步刀反又步報反衣前襟也　襟也音金　王於于況反下火王而王之王同　從橫子容反　駈除並如字又上丘具反下直據反　曰噫於其反　咄嗟丁忽反　天喪息浪反　予羊汝反我也　祝斷丁管反　少殺所戒反下同　所傳直專反注傳聞同　以復扶又反　臣見賢徧反下欲見同　子般音班　道湊子協反一本作帀　撥亂上末反理也　瑞應應對應之應　莫近附近之近又如字　演孔以善反　其爲于僞反注所爲同　是與音餘下及注同

經典釋文卷第二十一

經五千六百三字

注一萬二千三百一十八字

經典釋文卷第二十二

春秋穀梁音義

唐國子博士兼太子中允贈齊州刺史吳縣開國男陸德明撰

春秋穀梁序

乾綱其連反天也　絕紐女久反　彝倫以之反彝常倫理也　攸斁丁故反字書作殬敗也　弒逆申志反又作殺音同　簒盜初患反爾雅云取也　淫縱子用反　因釁許靳反　爲之于僞反下同　愆度起乾反　七耀日月五星本又作曜　盈縮所六反　疵厲才斯反下音例又作癘　恩缺丘悅反　小弁步寒反　之刺七賜反此所引皆詩篇名谷風在邶風餘皆小雅　桑扈音戶　之諷方鳳反又作風　見吉賢遍反　厥行下孟反　藐藐亡角反　兩觀古亂反　權喪息浪反下道喪同　上替他計反　僭逼子念反　喟然起愧反又苦怪反　大師音泰　能

復扶又反　以被皮義反　拯拯救之拯　積徒回反本又作穨同　華衮古本反衮冕上公之服　之貶彼檢反　市朝直遥反　之撻吐達反　匿非女力反　麟感本又作驎吕辛反瑞獸也　來應應對之應　之邪似嗟反　臧子郎反　否音鄙又方九反臧否猶善惡也　鬻音育　拳音權　子糾居黝反　祭仲側界反　而闚本又作窺去規反　是嫡丁歷反本又作適同　強通其丈反　必當丁浪反下同　夫至音符　並舍音捨　據理音据亦作据　之難乃旦反　壞古回反　紛錯七洛反　準裁在代反又音才下同　父子異同謂劉向好穀梁劉歆善左氏　之論力困反　石渠其居反閣名漢宣帝時使諸儒講論同異於石渠閣也　分爭爭鬬之爭　好惡呼報反下烏路反　辯訥字書云訥或作吶乃骨反字詁云訥遲於言也包咸論語注云遲鈍也　豔而移驗反　也巫音無　而婉於阮反　北嚮方元反又作藩　子姪徒節反字林丈一反杜預注左氏傳云兄子曰姪　雖近附近之近

昊天胡老反詩云欲報之德昊天罔極本又作昦亡巾反　匍音蒲又音扶　匐蒲北反又音服

逾邁音榆　跂及巨弭反又巨跂反　夏隊直類反　從弟才用反　泯沒亡忍反又作泯

喪子息浪反

春秋穀梁傳隱公隱公名息姑惠公之子周文王八世孫平王四十九年即位第一

范甯集解

元年　正月音征又如字後皆放此　焉成之於虔反　隱長丁丈反又作丈音同　之惡烏各反下注之惡同　惡桓烏路反下其惡桓同　弒之申志反又作殺如字下同　信道音申下同　信邪似嗟反下及注皆同　己探吐南反　千乘繩證反公侯之國賦千乘　蹈道上徒報反履行之名也下如字　邾音誅國名　儀父凡人名字皆音甫後放此更不重音　于眛音蔑地名左氏作蔑注下皆同　美稱尺證反　以上時掌反　不日人實反不日謂不書日也穀梁皆以日月爲例他皆放此　渝也羊朱反變也

于鄢音偃地名　見段賢偏反　大辟婢亦反　積思直吏反　宰咺
況阮反注同　仲子惠公之母也與左氏不同　之賵芳鳳反注及下同　乘馬繩證反四
馬曰乘　曰禭音遂　曰含戶暗反口實也又作唅　曰賻音附　祭伯側界
反　來朝直遙反　寰內音縣古縣字一音環又音患寰內圻內也　畿內本或作圻
音祈　鏃矢音候又音侯　出竟音境本或作境下同　埸音亦　聘遺唯季反
之好呼報反　當稟彼錦反　日卒人實反下不日卒同　股肱古弘反
二年　以見賢偏反下同　下屬章玉反　不黷徒木反　皆放
甫往反後此例不音　皆氏丁兮反本又作底　別種章勇反　知者音智　能
斷丁亂反　者守如字注同　莒人音舉　入向舒亮反　時惡烏各反下次惡
同　無侅音該又戶楷反左氏作駭　履緰音須左氏作裂繻下注同　爲其于僞反注
來爲同　有當丁浪反　故去起呂反下同　以別彼列反　美惡烏路

反又如字　舍族音捨　或厭於葉反　繼弒音試　長子丁丈反下注伯長同

親迎魚敬反　不復扶又反　子伯如字長也左氏作子帛　夫稱尺證

反　常處昌慮反　隱殺音試　壞宮音怪又戶怪反　三年　日

有食之本亦作蝕音同後放此　大量音亮　下賢遐嫁反　爲消于僞反

外壤而丈反　所吞勑恩反又音天　咽者於見反　不見如字又賢偏反

之饉渠吝反　見於賢徧反又如字　不可知知也上知如字下知音智　太

上並如字　夫名音符發句之端皆同　相別彼列反　尹氏如字周大夫也左氏

作君氏　詔相息亮反　稱謚示至反後皆同　短丁緩反　折時設反下同

有壽示又反又如字　宋繆公音穆本亦作穆　之使所吏反下同　史策本又

作筴初革反　殺君音弒下同　足算素緩反數也　宋共音恭本亦作恭下同

悉去起呂反　四年　伐杞音起　牟婁亡侯反　易辭以豉反

所見賢偏反 蓋爲于僞反 所惡烏路反又如字 於傳者直專反
祝吁香于反左氏公羊及詩作州吁 弑其音試釋舊作殺注下同 君完本又作皃音丸
今復扶又反 暈音暉下同 皆去起呂反 與于音預 于濮音卜
之挈本又作契苦結反注同 致令力呈反下同 惡也烏各反注同 嫡
長丁歷反下丁丈反下同 建儲直魚反 名分扶問反 無嬖必計反
五年 觀魚如字左氏作矢魚 獻人音魚 之難乃旦反 入郕
音成注同 將甲子匠反注同 爲其母于僞反 長子丁丈反 舞夏
戶雅反注及下同 八佾音逸列也 降殺色界反 始僭子念反 僭侈
昌是反又尺氏反 螟亡丁反 公子彄苦侯反 乃暴步卜反本或作曝暴露也
僅而渠吝反 之行下孟反 不塡音田 不復扶又反下同 塡厭
於甲反 毆上于反注同 壞宮音怪一音戶怪反 六年 輸平失朱

反墮也左氏作渝平　**隳也**許規反壞毀之也　**壞前**音怪又戶怪反　**于艾**五蓋反

反下同一音如字　**七年**　**之娣**徒細反女弟曰娣　**以上**時掌反　**共事**音恭本亦作供　**塍之**以證反又繩證反　**悠期**起虔反　**從也**才用　**取**

妻七喻同　**必少**詩照反下文及注同　**滕侯**徒登反　**長曰**丁丈反注同

狄道也戎狄之道　**長嫡**本又作適丁歷反　**爲保**于僞反下爲其同　**刺公**

七賜反　**之稱**尺證反　**遠別**彼列反下同　**之使**所吏反注同　**猶愈**

羊主反　**過諸侯**古臥反又古禾反　**在疆**本又作壃亦作強音姜　**場**音亦　**致**

餼許氣反牲腥曰餼　**伐鮮**音仙　**八年**　**使宛**於阮反　**歸邴**彼病

反一音丙左氏作祊　**惡與**烏路反注及下同　**去其**起呂反　**擅易**市戰反

不別彼列反　**無復**扶又反　**廢朝**直遙反下同　**覲**巨靳反諸侯春見天子曰朝秋

見曰覲　**若令**力呈反　**之參**七南反　**交喪**息浪反　**盟詛**莊慮反下文同

誥古報反　誓市制反　五帝孔安國云少昊顓頊高辛唐虞鄭玄有黃帝無少昊餘同范依鄭　顓頊音專下音許玉反　帝嚳苦篤反高辛帝名　三王夏商周也　夏殷戶雅反下同注同　鈞臺音均　景亳步各反　盟津音孟本亦作孟　交質音置　二伯如字又音霸齊桓晉文　召陵上照反　包來音苞一音浮左氏作浮來　螟亡丁反　貶去起呂反　若俠音協九年經同　九年　以別彼列反　祭伯側界反下同凡國名邑名及人名氏皆於始音後不復出若假借之字時復重音後放此　之好呼報反　般頖他弔反　之慝他得反惡也　間問間廁之間　歸賑市軫反祭肉也　致禬戶外反或古外反　震電徒練反　霆也徒丁反又徒頂反　雨雪于付反　疏數色角反　劉向舒亮反　以見賢偏反下同　當復扶又反　十年　以見賢偏反　篡殺音試　數會色角反　公敗必邁反又皮邁反注同　于菅古顏反　取郜古報反字林工竺反　取訾

子斯反　不重直用反　逐北如字又音佩本又作逐奔　復取扶又反　伐

載如字本或作戴　其易以豉反下文同　其惡烏各反　惡入烏路反

十一年　薛侯息列反　巡守音狩本亦作狩　犆言音特獨也本或作特

累數所主反注同　之比必利反　君弑音試

桓公名允桓王九年即位第二　范甯集解

元年　弟殺申志反本亦作弑下及下注同　能去起呂反　與聞音豫下文及注

與弑皆同　爲易于僞反　借入子夜反　魯朝直遥反下皆同　邴者彼病

反又音丙　大山音泰本亦作泰　用見賢偏反　鄭竟音境　從天王在用

反　巡守音狩　擅相市戰反　換易一本亦作追胡喚反　編年必連反字林聲類韻

集皆布千反史記音義甫連反　二年　宋督丁毒反本又作替　弑其音試下及下注

同　與夷如字音餘　別內彼列反　先殺如字下先殺同　謂扞下旦反

死難乃旦反　蓋爲于僞反下注雖爲同　及鄭音談　大廟音泰下文及注同　言見賢徧反　則治直吏反　躋僖子兮反　取郜古報反

內殺音試下文注皆同　爲討之鼎如字麋氏云討或作糾　紀侯左氏作杞侯

爲齊于僞反下同　計數色主反注同　乃復扶又反　惡之烏路反

厶地本又作某不知其國故云厶地後皆放此

三年

于嬴音盈　近古附近之近　約言如字又於妙反　不歃本又作唒所洽反　是必一人先如字句絕　親比毗志反　相應應對之應　齊僅巨靳反　泯然亡忍反　于郕音成、而復扶又反　于讙音歡　祭門如字祭門廟門也　兩觀古亂反　諸母般步干反一本作鞶音同鞶囊也　以盛音成　踰竟音境　親迎魚敬反一本作逆　之好呼報反

四年

皆爲于僞反下注因爲同　秋日蒐所由反麋氏本又作搜音同　舍小音捨　中心丁仲反下同　射食亦

反髀步啓反又必爾反骼苦嫁反差遲初賣反庖步交反汚泡汚穢之汚下普交反又百交反五年傳信直專反下同必辟音避本又作避爲過我古禾反下文及注同任叔音壬左氏作仍叔從王才用反又如字下同爲天王于僞反冀州案鄭本京兆鄭縣是雍州之域後徙河南新鄭爲豫州之境冀在兩河之間非鄭都也冀州言去京師近也麋氏云韓侯滅鄭韓本都冀州故以目鄭爲天子如字則近附近之近大雩音于祭名螽音終蜙相容反蝑音胥蟲蝗華孟反六年寔常式反來朝直遙反下七年同晝我音獲注同以過古禾反注同會紀侯左氏作杞侯大閱音悅以觀古亂反視也陳佗徒河反匹夫行下孟反下同侯憙虛記反嫡子丁歷反又作適人僉七廉反七年其惡烏各反八年烝之承反冬祭名曰禴餘若反又作礿黍肫本又作豚徒門反大廟音泰下同黷祀徒木

反 雨雪于付反 祭公側界反 寰內音縣又音環 親迎魚敬反下皆同 大姒音似大姒文王妃也 在郃音洽本又作洽 之涘音仕 愀然在九反又親小反 之好呼報反 不復扶又反 九年 之中丁仲反又如字注同 闕與音豫 射姑音亦麋氏本即作亦 來朝直遙反下同 伉諸苦浪反本又作亢 有爭諫爭之爭 之愆去虔反 十年 見殺申志反下同本又作弑 故復扶富反 列陳直覲反 先巳蘇薦反 為內于偽反 十一年 寤生吾故反 不弟下並音悌又如字 祭仲側界反 為下于偽反 惡其烏路反 廢嫡丁歷反 易辭以豉反下文及注同 篡兄初患反 君難乃旦反 惡祭烏路反 謂去起呂反 于折之設反又時設反 夫鍾音扶注同麋氏本鍾作童音鍾 于闞口暫反 十二年 燕人音煙國名 躍卒餘若反 于虛如字又去魚反 武父

音甫注同　前見賢偏反　十三年　禮柩其救反　自見賢偏反　常燠於六反煖也下文同　十四年　政治直吏反　不哲陟列反一本作哲之列反　夏五本或有月者非　弟御魚呂反本亦作禦左氏作語　傳疑直專反　御廩力甚反倉也　盡其津忍反　以共音恭一本作供下同　粢盛音咨黍稷曰粢在器曰盛　三推昌誰反一音他回反　齊戒側皆反本亦作齋　三繅先刀反　黼音甫亦作黼　黻音弗俗作黻　祖禰乃禮反　用見賢偏反　曰甸徒薦反　三宮如字范云三宮三夫人也麋氏宮作官　親春傷容反　兼甸如字十日爲旬一本作旬注亦然　刺四七賜反　十五年　于萬左氏作艾　十六年公羊作鄗　行惡下孟反又如字　于櫟力狄反　褒昌氏反　城向舒亮反　十七年　于雝翠軌反　戰于郎左氏作奚　爲內于僞反　十八年　于濼力沃反又音洛舊音匹沃反　之伉一本

作亢苦浪反　稱數色戶反注同　故舍音捨　別內外彼列反　君弒音試又作殺　行之下孟反下同　定稱尺證反　知者音智　者守如字又音狩

莊公名同莊王四年即位第三　范甯集解

元年　繼弒申志反　孫于音遜本亦作遜　去姜起呂反下去姜氏同　孫遁徒困反　不與祭音豫　單伯音善單姓伯字左氏以爲王卿士　逆王姬左氏作送王姬　君弒申志反又作殺如字注同　爲尊于僞反下爲之築同　朝之直遙反下於朝同　侯迎魚敬反下同　衰麻七回反　弁冕皮彥反　來錫星歷反　虎賁音奔　鈇方胡反　鉞音越　秬音巨黑黍　鬯勑亮反香酒也　殺逆申志反　悖亂補對反　歸含胡暗反　且賵芳鳳反　刺比七賜反　一使所吏反　任叔音壬　則泥乃計反一本作滯　於朝直遙反　則

僨必忍反　郱步丁反　鄑子移反　郚音吾郱鄑郚三字爲國名　不復扶又反　見
矣賢徧反下同　二年　爲之大功于僞反　于禚章略反　踰
竟音境後踰竟例皆同　公馮皮冰反　三年　溺乃狄反　爲之于僞
反　惡其烏路反　禮緦息詞反　緬亡善反遠也　郤尸去略反又去逆反
反杜預云尸未葬之通稱　發揮許歸反　冥極亡丁反　稟靈彼錦反　知於音智
母之子也可絕句下放此　尊稱尺證反下卑稱同　以鄪下圭反　吞幷
必性反　不泯彌忍反　四年　饗齊本又作享香丈反　著時張略
反又張慮反　履綸音須　爲之于僞反　傍朞居其反　弑其申志反下
同　縱失子用反下同　見義賢徧反　舍此音捨　狩于郜音獸古報反　左
氏作禚　而怨紆元反又紆願反後同　刺釋七賜反　五年　郳五兮
反國名　黎來郎兮反黎來郳君名　來朝直遥反　六年　卑者之稱尺證

反下常稱同　見公賢偏反　螟亡丁反　分惡烏各反下同　則殺色界
反舊色例反　過齊古禾反　差減初賣反　七年　辛卯昔如字
昔夜也日入至於星出謂之昔本或作晵同　不見賢偏反下不音者同　列宿夙又反下同
星隕云敏反　而復扶又反　是夜中與音餘　晦暝亡定反
傳著直專反　僾度徒各反　我見其隕見音如字注同　是雨于付反注
同　見于下如字或賢偏反　不見者賢偏反　隕隊直類反　八
年　善陳直覲反下文皆同　道之徒報反下同　至陳直覲反下同　民
盡津忍反　奔背音佩　郕降戶江反下文及注同　師還音旋　遯也徒困
反　弑其音試下同　諸見如字一音五分反　九年　之挈苦結反
于暨其器反左氏作蘄　渝也羊朱反　故惡烏路反下及注惡內皆同　伐
齊納糾居黝反左氏作子糾　非適丁歷反　重耳直龍反　反惡烏路反注

同　不復扶又反　不迃音于一音紆又於武反　親迎魚敬反　弒襄音試　惡之也烏路反　易辭以豉反　逃難乃旦反下注同　千乘繩證反　浚音峻深也　洙音殊杜預云水名　十年　敗齊必邁反又皮邁反下同　長勺時酌反　惡之烏路反　無復扶富反下文及注同　見也賢徧反　于葉舒涉反　乘丘繩證反　于莘所巾反　獻武本亦依左氏作舞　于郱皮必反又扶必反一音弼　敗績如字　爲中于僞反　十一年　敗必邁反下及注同　于鄑子移反　列陳直覲反　過我古禾反　十二年　所見賢徧反　犲狼仕皆反　德行下孟反　弒其申志反下注先弒同　仇牧音目　扞衛曷旦反　致令力呈反　十三年　于柯古河反　曹劌居衛反　要盟於遥反　內與音預注同　十四年　單伯音善　言介音界　于鄄音絹　復同扶又反注同

十五年 復同扶又反注同 爲欲于僞反 十六年

滑伯于八反 寮一力彫反同官爲寮 十七年 鄭詹者廉反

令得力呈反 佞人乃定反 殲于子廉反盡也 遂人盡齊人絶句

飲戍於鴆反 狎敵戶甲反輕也 多麋亡悲反 十八年

朝日直遥反下同 之處昌慮反下同 有長丁丈反 濟西子禮反濟水名

邇於我如字邇近也一本作介音界亦近也 入竟音境 爲公于僞反 有

蜮本亦作蜮音或短狐本草謂之射工 射人食亦反下文同 一亡音無又如字

十九年 傳本或分此以下爲莊公與閔公同卷 媵陳以證反又繩證反爾雅云送也 要

盟於遥反注同 見其賢徧反 但爲于僞反 數渝音朔 惡之烏路反

以難乃旦反 邇我如字本又作介音界 二十年 如莒音舉 踰

竟音境 二十一年 弗目謂不題目文姜薨所也一曰弗目其罪 有弑

音試 二十二年 肆音四 大眚所景反 宥罪音又 蕩滌音狄
爲嫌于僞反 禦寇魚吕反又作御 夏五月范云以五月首時甯所未詳
高傒音奚 伉也苦浪反 爲贄音至 告迎魚敬反 惡見賢遍反
二十三年 祭叔側界反 寰內音縣又音環 故去起吕反
見之賢遍反 無朝直遙反下同 主爲于僞反 黝於糾反又於柳反注
同 堊烏路反又烏各反范云黝堊黑色案黝黑也堊白土 士䵝他苟反黃色也麋氏云張斗反
射姑音亦本或作亦 于扈音戶 二十四年 刻桓音克 宮桷音角
榱也方曰桷圓曰椽 斲之丁角反削也 礱之力公反磨也 親迎魚敬反下皆同
以惡烏路反注同 乘車繩證反 惡入烏路反音如字 覿徒歷反見也
列數色主反 雉腒其居反腊也乾雉也士夏執之備腐臭說文云北方謂鳥腊曰腒傳曰堯腊
舜始腒 別有彼列反 爲其于僞反 腐臭符甫反 鍛脩丁亂反脯

也鍛而加藠桂曰脩 自脩飭本或作勑同恥力反一本作飾申職反或作整音征領反 股肱

音古下古弘反 惡之烏路反 曹羈居宜反 郭公左氏如字公羊音虢 舍

而音捨 懲之直升反 復云扶又反 著上張慮反又張略反 以見

賢偏反 二十五年 女叔音汝 五麾毀爲反 旌旜芳元反

矛戟亡侯反 鉞音越 楯時準反又音允 擊柝吐洛反 以壓於甲反又於涉

反 二十六年 爲曹于僞反 莒挐女居反又女加反 郱快

苦夬反 諸夏戶雅反下同 屈完居勿反 情好呼報反 二十

七年 洮他刀反本或作桃 衣裳之會十有一范云十三年會北杏十四年會鄄十

五年又會鄄十六年會幽二十七年又會幽僖元年會檉二年會貫三年會陽穀五年會首戴七年會寧母九年會

葵丘 有歃所洽反 于朾他貞反又勑丁反本亦作檉 寧母如字又音甯下音無

又茂后反 兵車之會四范云僖八年會于洮十三年會鹹十五年會牡丘十六年會淮 會

鹹音咸　牡丘茂后反　內難乃旦反　繆公音穆　縣子音玄下同
出竟音境下同　焉得於虔反　之餽巨愧反　越疆居良反本或作竟　城濮音卜
之稱尺證反注同　來朝直遥反　所絀本又作黜勑律反
二十八年　何處昌慮反　戰衞絕句　師敗必邁反　瑣卒
素果反　築微左氏作麋　藪澤素后反　告糴音狄　之畜勑六反下同
爲內于僞反下文爲內同　古者稅始銳反　什一十而稅一　不艾魚廢反
二十九年　延廄九又反　六種之勇反下皆同　功築罕呼旦
反　殺禮所界反　有蜚扶味反　淫佚音逸　之行下孟反　一
亡如字又音無　三十年　救鄣音章　降鄣戸江反下同　猶下
遐嫁反又如字　魯濟子禮反　無從才用反　內閒閒廁之閒　燕音烟注及
後同　之分扶問反又如字本或作介音界注同　大保音泰　召康上照反　爲之

如字　三十一年　戎捷在接反戎菽也捷獲也　外攘如羊反　親

倚於綺反下文及注同　罷民音皮下同　則懟直類反怨也　爲燕于僞反　辟

地婢亦反注同　惡內烏路反　行異下孟反　三十二年　能

從才用反或如字注同　已見賢徧反　去日起呂反　絕期音朞　叔肸

許乞反　以齊側皆反本亦作齋注同齋絜也　子般音班　大子音泰　書弒

音試　所見賢徧反

閔公名開惠王十六年即位　第四　范甯集解

元年　繼弒音試　洛姑一本作路姑　美稱尺證反　出使所吏反

齊仲孫慶父也左氏以爲齊大夫　以累劣僞反　二年　吉禘徒帝反

反　大祖音泰下大廟同　昭穆上饒反　未闋苦穴反　君弒申志反下

同　孫于音遜本或作遜　與弒音豫　不復扶又反　見矣賢徧反　弟

御魚呂反下同　重羅直用反　屈完居勿反　高傒音奚　其使所吏
反下同　爲賢于僞反注同　攘夷如羊反　惡其烏路反注同　長也丁丈
反注同　兼不反戶謙反又如字　好利呼報反　而遠于萬反　克將子匠
反下同　于竟音境　翺翔五羔反

僖公名申惠王十八年即位　第五　范甯集解

元年　繼弑音試　于聶女輒反　齊侯與音餘　見其賢徧反下復見
及注同　君將子匠反下同　以其不足乎揚絕句稱揚也　狄難乃旦
反　邢復扶又反注下注並同　是鄉許亮反本又作向注同　盲見賢徧反
于檉勑貞反一本作朾音同　公敗必邁反下皆同　于偃于晚反一本作堰音同
于麗力池反　莒挐女居反又女加反　惡公子烏路反　之紿徒乃反欺詐也
相說音悅　士卒子忽反　相搏音博手搏也　孟勞如字孟勞寶刀名

王赫呼白反　當舍音捨　佻身他堯反又徒堯反　爲齊桓于僞反
二年　通令力呈反　夏陽戶雅反左氏作下陽　先晉蘇薦反下文及注同
之塞蘇代反注同　屈產其勿反又居勿反地名也　之乘繩證反　駿馬音俊
不借子夜反及下不借而借皆同　中廄音救　之奇其宜反　而懦乃亂
反又乃臥反　又少詩召反下同　長於丁丈反　言提徒兮反本又作題音同
能彊其良反又其丈反　玩好呼報反　中知音智下同　以上時掌反　臣
料力彫反又力弔反　之使所吏反　不便婢面反　謂與音餘　諺言
音彥　挈其去結反　操璧七刀反　加長丁丈反　于貫古亂反
勤雨如字麋氏音覲後年同　三年　搢音進又音箭　笏音忽　而朝直遙反
插也楚洽反　莅盟音利又音類　四年　蔡潰戶內反　蓋
爲于僞反下爲退同　于陘音刑　惡之烏路反下同　黑臀徒門反　召

陵上照反　欲令力呈反下同　得與音預又如字　爲僅其靳反　菁

茅子丁反下亡交反菁茅香草也尚書傳云菁以爲菹茅以縮酒　縮所六反　袁濤徒刀反

哆然昌者反又昌氏反　鄭詹之廉反　惡之烏路反下同　五年

惡晉烏路反　朝其子直遥反下皆同　爲志于僞反下同　參譏七南反又

音三　首戴左氏作首止　敢令力呈反　而復扶又反下同　塊然苦對

反又苦怪反　控大苦貢反　背衆音佩　之稱尺證反下齊稱同　舍其

音捨　舛而昌兖反　緼於紆粉反　包裹上音苞下音果　其處昌慮反

相爲于僞反又如字　六年　著鄭張慮反注同　辟義音避

七年　來朝直遥反　寧母上音如字又音甯下音無又茂后反左氏作甯　伯班

必顏反　八年　之先悉薦反下同　朝服直遥反　弁冕皮彥反

以鄉香亮反本又作向注同　得與音預下請與并下注而與同本或作預　使者

所吏反　汋之由若反一音酌　大廟音泰　始見賢徧反下文而見同　夫人

成風也左氏以為哀姜　正適丁歷反本亦作嫡　之稱尺證反　無別彼列反

為其于偽反　母緦音思　去夫人起呂反　繸音遂　九年

禦說魚呂反本亦作御說音悅　采地音菜　禮柩其救反禮記云在牀曰尸在棺曰柩

今背音佩　菆木才官反本又作欑同　笄而古兮反　為殤式羊反　著

之丁略反　為見于偽反下賢徧反　不復扶又反　無歃本又作喢所洽反又

所甲反　用猳音加　雍泉於勇反塞也　以鄣音章又之亮反　訖糴音狄

訖止也　謂貯張呂反　適子丁歷反　與國音豫　詭諸九委反左氏作

佹諸　枉殺紆往反　十年　弒其君申志反下弒二君所為弒並同　卓勑角

反　所為于偽反下文皆同　重耳直龍反　殺奚齊申志反又如字　麗

姬力池反伐虢所得左氏伐麗戎所得　長曰丁丈反　稚曰直吏反　吾若如字

又枯路反下同　女其音汝下及注同　使祠自絲反　以酖直蔭反以鴆鳥毛畫酒
跪曰求委反　覆酒芳服反　地賁扶粉反注同沸起也　呼曰火故反　雨雪
喟去愧反又去怪反　過差初賣反又如字　刎亡粉反　脰音豆頸也
于付反　十一年　夲鄭浦悲反　大雩音于　龍見賢徧反下同
應變應對之應　索也所白反　以別彼列反下同　雩禱丁老反又音丁
報反　十二年　貫之古亂反　遠齊于萬反　而近附近之近　楚
爲于僞反　杵臼昌呂反　十三年　于鹹音咸　十四年
以難乃旦反　及繒在陵反　來朝直遥反下文及注同　此近如字又附
近之近　林屬之玉反　背叛音佩　侯肸許乞反　惡之烏路反　興衰
十五年　不復扶又反　見于外賢徧反　禍釁許靳反
本或作喪息浪反　皆治直吏反　螽音終　晦冥也亡定反　以見賢徧

反　二祧他堯反　若契息列反　敗徐必邁反下相敗同　十六
年　隕石云敏反　陽行下孟反下陰行同　隊落直類反　四竟音境
耳治直吏反下目治同　礩之八反又大年反聲響也　六鷁五歷反　不亢
苦浪反　于淮音懷　十七年　英氏於京反　滅項戶講反國名也
齊滅之左氏以爲魯滅　爲賢于僞反下爲之諱同　易可以豉反　惡惡並如字又
烏路反　其行下孟反　于卞皮彥反　前見賢徧反下同　十八
年　于甗魚輦反又音言　惡宋烏路反注同　以別彼列反下同　故去
起呂反　于邲蒲必反一音弼　亟戰欺兾反　豎刀音彫　近衞如字又附
近之近　遠齊如字又于萬反　爲其于僞反　省文所景反　十九
年　求與音豫注及下文同　惡之烏路反下惡其長同　叩其音口　以衈
音二釁也　洒於面善反　正長丁丈反下及注同　之治直吏反　背叛音佩

二十年　而治直吏反　郜子古報反　則近附近之近　禰宮乃禮反父廟也　二十一年　獻捷在接反　爲執于僞反　不復扶又反　二十二年　須句其俱反　升陘音邢　爲內于僞反　于泓烏宏反　其知音智又如字　又復扶又反　被甲皮既反　嬰冑直救反　司馬子反左傳作子魚　要而於遙反　非僥古堯反　則俾也音幸　不推如字又他回反　陳亂直覲反　則攻如字又音貢　則守如字又手又反　之狷音絹　介音界　焉識於虔反　二十三年　圍閔左氏作緡二十五年楚圍亦同　而惡烏路反下而惡同　惡乎音烏　造次七報反　顛沛音貝　爲褻于僞反　背殯音佩　權譎音決　折足之設　詩刺七賜反　二十四年　巡守手又反下同　之行如字或下孟反下同　復雅扶又反　惡之烏路反　篡文初患反　二

十五年　侯㷄況委反　自爲其于僞反下爲祖同　復以扶又反下是復同　旬師徒偏反　累於劣僞反　隱去起呂反下同　以見賢偏反　爲纖于僞反又如字　弑音試　與會如字一音豫　二十六年　于向舒亮反　至巂音攜又似兗反　施而舒豉反　滅夔求龜反　爲魯于僞反　中道如字又丁仲反　以共音恭本又作供　假借音嫁又古雅反下子夜反又子亦反　二十七年　來朝直遥反　齊侯昭或作照非　信夷狄音申注除宋以信義一字皆同音申或讀依字者非也　楚復扶又反　亡義音無一音如字　而見賢偏反下同　碌碌音祿　得與音豫　圍解如字又胡懈反　二十八年　以刺七賜反下文及注同　畀宋必利反下及注同與也　惡入烏路反下文及注同　復致扶又反　守于音狩下同　之行如字或下孟反　爲天王于僞反　獨公朝與音餘　傎矣都田反　傎倒丁老反　斷

在丁亂反　二十九年　介音界國名　大雨于付反　雹蒲學反
三十年　累上劣僞反　泄冶息列反下音也　近半附近之近　諸
正音征　鴇古毒反　之愆起虔反　戰爭爭鬬之爭　救台工來反又音臺
入鄆音運　惡季孫烏路反　美惡烏路反或如字　三十一年　幼
少詩照反　大平音泰　岱音代　疆界居艮反　緇衣側其反　熏裳
許云反　閲其苦鵙反　不共音恭本亦作恭　三十二年　伯捷
在接反　重耳直龍反　之弒申志反　子亹亡匪反　朝聘直遙反
交好呼報反　否隔備矣反　記注張住反　不復扶又反　男女之別彼列反
三十三年　敗秦必邁反下同　于殽戶交反　已拱九勇反合手曰拱
百里子如字或作伯誤也　蹇叔子紀輦反
女音汝下及注同　崟本作崟音吟一音欽　其處昌慮反　險隘於懈反　要

百於遥反下文要而擊之同 倚輪居宜反一隻輪也或於綺反 訾樓子斯反 敗
狄必邁反 隕霜云敏反
文公襄王二十六年即位名興第六 范甯集解
元年 隱去起呂反 以見賢徧反 繼弑申志反 貴稱尺證反
來錫星歷反 采地音菜地本又作邑 于戚倉寂反 弑其申志反傳
同 君髡苦門反 篡立初患反 夷夏戶雅反 謹識如字又申志反
二年 彭衙音牙 爲僖公廟于僞反 所馮皮冰反 長尺
直亮反又如字下同 壞廟音怪下同 易檐以占反 伉也苦浪反 爲公于僞
反 去處父起呂反下同 高傒音兮 差降初賣反又初佳反 士穀
戶木反本又作穀九年同 垂斂如字左氏作垂隴 大廟音泰注及傳大祖同 躋僖子兮
反升 祫也戶夾反下及注皆同 昭穆音韶穆下及傳同 南鄉音向下同
也

雖長丁丈反　以先悉薦反下同　于禰乃禮反　雊雊古豆反雉鳴也
傎倒丁田反下丁老反　三年　伐沈音審　沈潰戸內反　以守手又
反　雨螽于付反下同下音終　茅茨在思反茅草也茨蒺藜也　見於賢徧反
有難乃旦反　自解音蟹又古買反　四年　爲其于僞反　公與
音餘注同　反覆芳服反　夫人與音豫注同　有貶彼檢反　甯俞羊朱反
五年　歸含戸暗反釋舊作唅　且賵芳鳳反　飯用扶晚反　賵
禭音遂　于殺戸交反　乘馬繩證反下同　皆令力呈反　相者息亮
反　稽顙音啓下息黨反　葦席于鬼反　從竟音境　主爲于僞反　漏言
入都音若　六年　侯驩好官反　累上劣僞反下同或如字　否塞備鄙反　夜姑
魯豆反　上泄息列反又以制反　上聾魯公反
左氏作射姑　趙盾徒本反　攻伐如字又音貢　惻隱初力反　佐女

音汝　以語之魚慮反　竟上音境　士造七報反　辟而言必亦反君也注
同　詭辭九委反　猶朝直遥反注及下同　朝朝上如字下直遥反　莫夕音慕
敢泄息列反　不數所古反或所具反　叢徂供反　七年　須
句其俱反　城郚音吾　王臣本或作王臣　令狐力丁反　輟戰丁劣
反　爲將子匠反　于扈音戸　喪取七住反本亦作娶　八年
衡雍於用反　維戎音洛本或作伊雒之戎誤　以見賢徧反　九年
無復扶又反　刺公七賜反　箕鄭居其反　使萩子遥反又子小反或作萩
左氏作椒　而見賢徧反　共公音恭　十年　之胄直又反　國
近附近之近　女栗音汝　厥貉亡白反　十一年　伐麇九倫反
郤缺苦悦反　來朝直遥反　敗狄必邁反　于鹹音咸　于麗力知
反　莒挐女居反　佚害大結反更也害本又作宕　猶更音更　堅彊其丈

反　打擿直隻反　射其食亦反下注同　廣一古曠反　長百直亮反
斷其丁管反　眉見賢徧反　於軾音式　不重直用反注同　創初羊反
爲內于僞反注同　造次七報反　顛沛音貝　十二年　郕
伯音成　來朝直遥反　而冠工喚反下及注同　而娶七住反　譙周
在遥反　而笄古兮反　先是蘇徧反　後是戸豆反　苟比毗志反或
如字　得復扶又反　曰鰈古頰反　禮爲于僞反　服長丁丈反
使術音述　已亟去冀反數也注同　有難乃旦反　十三年　蘧
其居　篨直居反　大室音泰傳皆同　不復扶又反　于沓徒荅反
于棐芳匪反　十四年　俟潘浦干反　星孛步內反　猶茀
李軌扶憒反徐邈扶勿反一音步勿反又音弗　魁中苦回反　邪亂似嗟反　並殺
音試　捷菑在接反下側其反　長轂古木反　五百乘繩證反下及注同　步

卒子忽反　夐入況盛反遠也　玃且俱縛反下子餘反　方悟五故反

正適丁歷反　爲受于僞反　貍蜃力之反下市軫反　踰竟音境下同

殺其音試本又作弒傳及注同　單伯音善　十五年　華孫戶化反

奉使所吏反　爲好呼報反　以見賢徧反　官稱尺證反年末注同

來朝直遥反　以難乃旦反　介我音界注同　其郛芳浮反　十六

年　欲去起呂反　爲厭於豔反　師丘左氏作鄟丘公羊作犀丘　復行

扶又反又音服注復使及下注而復皆同　弒其申志反　杵臼昌呂反下其九反

十七年　諸侯會于扈范云言諸侯者義與上十五年同亦諸侯皆會公獨不與與恥而略之

十八年　伯罃乙耕反　弒其申志反後悉同　使舉所吏反注同

不稱介音界下同副使也　而數所主反　之稱尺證反　惡宣烏路

反注惡不奉同　敬嬴音盈依公羊應作頃熊　姪娣大結反下音弟　共養並如字一

讀上九用反下餘亮反

宣公名捷子赤庶兄匡王五年即位第七　范甯集解

元年　與聞音預下注同　自見賢偏反　之挈苦結反　宣弒音試

來朝直遙反　趙盾徒本反　棐林芳尾反又音匪　列數所主反

攘夷而羊反　趙穿音川　二年　華元戶化反　言盡子忍反

其將子匠反下注將帥同　將帥所類反　當復扶又反　賢行下孟反

弒其音試年內皆同　朝諸直遙反　而暴暴戲暴也　彈徒丹反又徒旦反

辟丸音避　於竟音境　之玦古穴反杜元凱云如環而不連　後斷丁亂反

徽許歸反　纆亡北反徽纆皆繩也三股曰徽兩股曰纆　孰爲盾絕句孰誰也　志同

則書重絕句　惡甚如字又烏路反　見忠賢偏反或如字下同　三年

復死扶又反　陸渾戶門反又戶困反　四年　及郯音談國名　取

向書亮反莒邑 而爲如字又于僞反 弑其音試 五年 待迎魚敬
反 之稱尺證反 受使所吏反 六年 螽音終 ·七年
伐萊音來國名 黑壤人丈反 八年 大廟音泰注同 共殺
音試 見其賢徧反注同 故去起呂反下文及注同 子輩許韋反 猶繹
音亦爾雅云又祭也 之享許丈反 去籥餘若反管也 爲之于僞反注爲卿變同
惡其烏路反 熊氏宣公妾母左氏作嬴氏 舒鄝音了本又作蓼國名 頃
熊音傾左氏作敬嬴 不爲于僞反 潦車音老 載蓑素禾反 笠音立 張
設如字又陟亮反 遷柩其又反尸在棺曰柩 眛爽音妹 而引以刃反又如字 遣
奠弃戰反 九年 行朝直遥反 黑臀徒門反 踰竟音境
以別彼列反 于操七報反 郤缺去逆反下傾雪反 泄冶息列反下音也
夏徵戶雅反 衣其衣上於既反下如字 其襦而朱反 在裏音里

本又作衷　於朝直遥反　十年　公娶七住反　不復扶又反下注復以同　不冠工亂反　猶朝直遥反　見變賢徧反　崔杼直吕反　惡其烏路反　弑其音試　蓋爲于僞反　貴稱尺證反　取繹音亦　饑本或作飢居疑反　十一年　夷陵左氏作辰陵　櫝函音咸　諸夏戶雅反　弑君音試　之悖補對反　惡入烏路反　傎倒丁田反本又作顛　邪正似嗟反　輔相息亮反下輔相同　而楚強其丈反一音其良反　十二年　君弑音試　夏姬戶雅反　于郯皮必反　十三年　先穀戶木反一本作縠　十四年　十五年　潞氏音路　嬰兒一盈反　札子側八反　召伯上照反　矯王居表反　無婁力侯反　初稅始銳反賦也　什一音十十稅一也　佃田佃音田又徒徧反　以共音恭　爲盧力魚反　田畯音俊田大夫也　之去如字又起

呂反　葱韭音九　楸桑音秋　蝝生以全反劉歆云此蚍蜉子董仲舒云蝗子字林尹絹

反　十六年　留吁許于反　別種章勇反　并盡必正反又如字

反　宣榭音謝本或作謝　災傳例云國曰災邑曰火左氏作火　十七年　錫我

星歷反　斷道徒短反一音短　叔肸許乙反　宣弒音試注同　纖屨九具

反　十八年　子臧子郎反　戕在良反殘也賊也猶殺也　縉子本或作鄫

在陵反　挩殺他活反又徒活反捶打也字林云木杖或作撲普木反　謂捶章蘂反　打

音頂　惡其烏路反　距難乃旦反　楚子呂左氏作旅　捐殯以全反弃

也　之使所吏反注同　至樫尹貞反左氏作笙　魯竟音境

成公名黑肱定王十七年即位第八　范甯集解

元年　夏之戶雅反　無復扶又反　甲鎧開代反　夫甲音符

貿戎音茂左氏作茅戎　爲尊于僞反　孰敗之必邁反又如字　行父禿

他木反　郤克眇亡小反　叚夫跛波可反　公子手僂於矩反一音力主反　御禿音訝五嫁反迎也下皆同　姪子大節反又丈乙反　頭公音傾　不說音悅　胥閭思徐反下力居反　不解古買反又音蟹　而橫華孟反又如字　脫此徒活反又他活反　二年　新築音竹　僑如本亦作喬其憍反　公子手左氏作首　于鞌音安　欲令力呈反　雍門於用反齊城門　之茨在私反門蓋　夫甚音符　敗衛必邁反　敖郤五報反　謂笑其跛布可反案杜預注左傳云郤克跛此傳言郤克眇范注當依傳而作跛恐非　之甗魚輦反又音言又音彥玉甑也　爲質音致下同　侵易以豉反下伐易同　取汶音問　鄉之本又作鄉亦作向同許亮反下文同　會與盟同月絕句　不同月絕句　則地會地盟絕句　三年　禰宮乃禮反父廟也　所馮皮冰反　去疾起呂反　咎如音羔　不復扶又反　四年　來朝直遙反　城鄆

音運　五年　瘞遏於勇反下於葛反　伯尊左氏作伯宗　不辟音避

將在子匠反　君爲此于僞反　素縞古老反　無績本或作續

攘善如羊反盜竊也　蟲牢直忠反下力刀反　六年　取鄟音專又市轉反

國名　來朝直遙反　伯費音祕　七年　鼷鼠音兮　郊吉否

方九反　斛角其樛反一音求角貌本或作筋非　禦患魚呂反　球然音求

所能如字亦作耐　復食扶又反下同　緇衣側其反　纁裳許云反　蓋

爲于僞反　伐郯音談　來朝直遙反　八年　韓穿音川　爲

之于僞反　召伯上照反　曰見賢徧反注更見同　一稱尺證反注同　以

上時掌反　士燮素協反　來媵以證反又繩證反　娶嫡丁歷反　姪

娣大結反下音弟　共公音恭下同　九年　刺巳七賜反　內稱尺證

反又如字注同　爲尊于僞反下及此傳注同　滅項乎講反　頃音傾　莒潰

戶內反　之行下孟反　惡之烏路反　十年　強也其丈反

侯獳乃侯反　十一年　郤犨尺由反公羊作郤州　十二年

常處昌慮反　一見賢徧反注同　今復扶又反　瑣澤素果反　敗

狄必邁反下同　十三年　郤錡魚綺反　過京師音戈下同　出

竟音境　朝聘直遙反下皆同　伯廬力吳反又力魚反　十四年　時

迎魚敬反傳同本或作逆　剌不七賜反　之挈苦結反　侯臧子郎反

十五年　有弒音試　惡晉烏路反　斷在丁亂反　宋共音恭

注及下文同　爲賢于僞反　無咎其九反　子鰌音秋　于葉始涉反

許復扶又反　見也賢徧反　十六年　雨木如字或于付反非也

木介音界　甲冑直又反　雨著直略反　欒黶於斬反　鄢陵音偃又於

建反　苕丘音條　叔孫婼丑略反　復不扶又反注同　無以見賢徧

反下所以見公同　孫紇恨發反　刺公子七賜反傳同爾雅云殺也　戎衛式喻

反　十七年　單子音善　于柯音歌　謀復扶又反　而強

其丈反　荀罃烏耕反　貍蜃上力之反下時軫反　踰竟音境　貜俱縛反

且子餘反　見殺音試又如字　十八年　弒其君音試下以弒同

復入扶又反注同　士匄本又作丐音蓋　來朝直遙反下同　鹿囿音又苑也

藪澤素口反　以齊如字又側皆反　士魴音房　崔杼直呂反　虛

杅巨魚反下丑丁反

襄公名午簡王十四年即位第九　范甯集解

元年　復入扶又反　于鄫似陵反　王夫而林反　來朝直遙反下

注同　孫剽匹妙反　二年　伯輪古困反　而稱尺證反注同

之將子亮反　齊姜如字齊謚也一音側皆反後齊歸同　故爲于僞反　三

年 長樗丑居反 受使所吏反 而復扶又反 四年 杞姓音起 五年 子巫亡符反 爲我于僞反 善稻吳謂之伊緩左氏作善道 鄫夷才登反又如字 不復扶又反 其數音朔 六年 來朝直遙反 莒人滅繒似陵反立其甥爲後異姓故言滅也 別之彼列反下同 以莅音利又音類 七年 郯子音談 來朝直遙反下同 城費音祕 于鄬本又作隝于詭反 髠頑苦門反本又作郡或作頵頵音於倫反左氏作髠頑 于操七報反 見以賢徧反 弒而音試下及注同 故去起呂反 踰竟音境 背華音佩 八年 公子濕本又作隰同音濕又音變二十年同左氏作燮 邢丘音刑 見魯賢徧反 九年 于戲許宜反 十年 于柤莊加反 復夷扶又反下不復皆同 傳陽左氏作偪陽 蓋爲于僞反 一眚所景反 則弁必性反又如字 汲鄭音急引也 所殺音試下同

爲楚于僞反　驕蹇紀輦反　公子斐芳尾反左氏作騑　惡上烏路
反注同　數反所角反　覆芳服反　十一年　將皆子匠反　舍
中音捨　京城北左氏京作亳　復伐扶又反注同　鄭與音豫　挈國
苦結反　是傳直專反　十二年　圍部本又作台他來反又音臺　攻
守手又反又如字　蓋爲于僞反　入鄆音運　惡季烏路反　十三
年　取邿音詩　共王音恭　十四年　孫蠆丑邁反　于向
舒亮反　君弒音試　與知音豫　華閱音悅　十五年　向戌
舒亮反下音恤　劉夏戶雅反注同　過我音戈　成郛音孚郭也　十六
年　湨梁古闃反湨梁地名　十七年　邾子瞷音閑左氏作牼
十八年　言朝直遙反下同　其使所吏反下同　同與音餘注同　負
芻初俱反　十九年　祝柯古何反　復伐扶又反下及注皆同　伐

齊與音餘　鄟水火號反又音郭水名　軋於八反委曲也　惡盟烏路反　宜
墠音善除地也　乎介音界副使也　二十年　于向舒亮反　澶
淵市然反　陳侯之弟光左氏作黃　惡也烏路反注同　二十一
年　以漆音七　閭丘力居反　來朝直遥反　商任音壬　二十
二年　二十三年　伯匄古害反　畀我必二反　復入扶又
反　雍渝於用反又如字下陽朱反左氏渝作榆　惡其烏路反下傳惡之同　聶北
女輒反　中道丁仲反又如字　蘧伯其居反　輕行遣政反又如字　二
十四年　孫羯居謁反　陳鍼其廉反　宜咎其九反　之嗛去簟反不
足貌　之饉音近　臺榭音謝　堊飾烏路反又烏洛反　弛侯式氏反弛廢也
侯射侯也　廷道徒佞反朝廷之道也一音庭　二十五年　弑其音試注同
爲此于僞反下爲其同　重丘直龍反　屈建居勿反　公孫夏戶雅反

吴子謁左氏作遏 見以賢徧反下同 脩守手又反或如字 門人射食亦反 矢創初良反 二十六年 弑其音試下文及注皆同 君剽匹妙反 其日人實反 侯衎苦旦反本作衎 見知賢徧反 實與音豫下同 殺其如字 世子座在禾反 踰竟音境 二十七年 孔奂呼亂反 喜弑音試下弑君皆同 而復扶又反 惡獻烏路反 弟專左傳作鱄 己雖音紀 見獻賢徧反 織絇其俱反 邯鄲上寒下單 與約如字又於妙反下同 爲約于僞反本或作盟約 背之音佩 二十八年 來朝直遥反 二十九年 閽弑音昏守門人也下音試下同 餘祭側界反 寺人本又作侍人 不近附近之近下同 臧否音鄙又方九反 不狎戶甲反 邇怨於願反又於元反注同 仇之音求 杞復扶又反 使札側八反 之尊稱尺證反 北燕音烟國名 姞姓其乙反又其吉

反　三十年　薳罷于委反下音皮　弒其音試下盡蔡般傳及注皆同

與夷如字又音餘夷宋殤公名　子般音班本或作班　髡之苦門反　以別彼列

反　見以賢徧反下同　少辟音避下同　遂逮音代又大計反　爲行下孟

反　長子丁丈反　共姬音恭注同　惡之烏路反　所爲于僞反

以見賢徧反　更宋音庚償也　所喪息浪反注同　償其時亮反

三十一年　大子音泰　弒其音試

昭公名裯景王四年即位第十　范甯集解

元年　子招上昭反　于郭左氏作虢　取鄆音運　弟鍼其廉反

惡也烏路反　敗狄必邁反　大原音泰下及注同　大鹵力古反　去

疾起呂反　疆鄆居良反疆境界也　猶竟音境　子卷音權左氏作麇

二年　刺公七賜反　見義賢徧反　惡季烏路反　三年

來朝直遥反 大雨雹于付反 皮學反 四年 大雨雪于付反左氏作雨雹 沈子音審 爲齊于僞反 弑其申志反注及下弑君皆同 粲然七旦反盛笑貌 不爲于僞反 不肖音笑 謂與音餘 五年 舍中音捨 屈申居勿反 敗莒必邁反 賁泉扶粉反左氏作粉泉 失台湯來反 六年 合比必里反又毗志反 七年 既齊其器反 孫婼丑略反 莅盟音利又音類 鄉香亮反本亦作鄉八年同 八年 以惡烏路反下及注同 侯溺乃歷反 秋蒐所求反 于紅戸公反 以見賢徧反 蒐狩手又反 艾蘭魚廢反 置旃之然反通帛爲旃 中臮魚列反撅也 卬車五郎反一音仰本又作昂 爲槷魚列反門橛也 椹也張林反 爲褐戸葛反毛布也 流旁握握四寸也 御輦古帝反挂也劉兆云絓也本或作擊 兩轉音衛一音徐歲反車軸頭也 挂也戸卦反又音卦礙也 侯蹄徒兮反馬

足也　相應應對之應　揜禽於檢反本亦作掩　能中丁仲反下皆同　誅降
戸江反　惡虐烏路反年末傳及注同　幼少詩召反　以共音恭　之庖步交
反　不爭爭鬬之爭　公子過音戈　九年　許復扶又反　見也
賢偏反　陳火左氏作災　孫玃俱縛反　郎圄音又舊于目反苑也　十
年　侯彪彼虬反　爲下于僞反　公成音城　十一年　子
痤在禾反　不弟大帝反又如字下不弟同　子虔其然反或作乾　侯般音班
弑父音試下伐弑同　得惡烏路反下以惡之豈直惡同　陳夏戸雅反　醜行
下孟反　罰當丁浪反又如字　趙盾徒本反　有累力僞反　比蒲音毗
器械戸戒反　禨祥子鴆反　北宮佗大河反　厥慭魚靳反又五轄
反　叩其音口　以衈音二　惡之烏路反下文及注同　注乎張具反又之住
反　封疆居良反　十二年　挈燕苦結反　以去起呂反

子憖魚靳反　見因賢遍反　諸夏戶雅反　舍而音捨　十三年　圍費音秘　弒其凡弒字從式殺字從殳君父曰弒取積漸之名自外則皆曰殺此可以意求也傳本多作殺字故時復音之後放此　乾溪苦兮反　君髡苦門反　祝吁香于反　于濮音卜　之稱尺證反　不與音豫又如字下注同　有難乃旦反　不令力呈反　十四年　見君賢遍反　去疾起呂反　意恢苦回反　振鐸之慎反下大各反　在甸徒遍反　己姓音紀又音祀　十五年　夷末亡葛反　籥入由若反　去樂起呂反　可復扶又反　十六年　十七年　來朝直遙反　星孛蒲內反　茀于音佩本亦作孛　曰敗必邁反下文及注同　成陳直刃反　檇李音醉　十八年　子惡音烏　入鄅音禹又音矩　十九年　弒其音試下文及注皆同　與夫音豫又如字下音扶　弟䞉許鬼反　歠昌悅反又常悅反

飦之然反又居言反粥也 粥之六反 嗌音益咽喉也 容粒音立 羈貫古亂反交午翦髮爲飾曰羈貫羈又作羇 以上時掌反 累及劣僞反注同 二十年

自夢無工反又亡忠反又亡弄反本或作蔑左氏作鄸 致令力呈反 兄軏如字或云音近繫軏者兩足不能相過也左氏作縶 惡其烏路反 適兄丁歷反 齊謂之綦音其又其異反劉兆云綦連併也 楚謂之䟐女軏反劉兆云聚合不解也 衛謂之軏本亦作縶劉兆云如見縶紏也 處甚昌慮反 以見賢徧反 二十一年 蔡侯東左氏公羊作蔡侯朱 惡之烏路反 二十二年 昌閒如字一音簡 亦爲于僞反 單子音善 二十三年 雞甫左氏作雞父 子髡苦門反 子盈本亦作逞 夏齧戶雅反下五結反 之稱尺證反注之稱同 辟子朝音避 惡烏路反下同 別嫌彼列反

二十四年 則挈苦結反 郁釐於六反下力之反 二十五年

鸜其俱反本又作鸜音權左氏作鸜公羊作鸛 鵒音欲 濟子禮反 公孫音遜本亦作遜下同 齊竟音境下同 唁音彥弔失國曰唁 郈公音方又音訪依注讀爲訪訪謀也 易辭以豉反下同 其爲于僞反 二十六年 鄟陵音專 又市轉反 召伯上照反 篡君初患反 二十七年 君僚力彫反 郤宛於阮反又於元反 祁犁力兮反又力私反 于扈音戶 郲快苦夬反 畀必二反本或作鼻 逋逃布吳反 二十八年 鄭伯寧下滕子寧皆如字 二十九年 叔倪五計反又五兮反左氏作詣 鄆潰戶內反 則惡烏路反或如字 脩行下孟反 復使扶又反 三十年 去疾起呂反 頭公音傾 爲下于僞反 惡也烏路反 三十一年 荀櫟音歷舊作躒 適歷丁狄反 旣爲于僞反 黑肱古弘反 以濫力甘反又力暫反 別乎彼列反又如字注同 三十二

年　取闞口暫反　大叔音泰　不享許丈反　覲見其靳反下賢徧反下
同　不復扶又反　無朝直遥反
定公名宋昭公庶弟敬王十一年即位　第十一　范甯集解
元年　見無賢徧反下注所見同　聽治直吏反　之處昌慮反　敢背音佩
耕芸本又作耘音云　不艾魚廢反　爲旱于僞反　去讓羌呂反
是舍音捨　焉請於虔反　應上時掌反　道之音導下同　詒託以之
反　煬宮餘亮反煬公之廟也煬公伯禽子　二年　兩觀工喚反注及下文同
闕也　欲令力呈反　差可初賣反　三年　子穿音川　于拔
皮八反地名　四年　國夏戶雅反　召陵詩照反　公孫姓音生
又如字　皐鼬叟又反　故復扶又反　劉卷音權　采地七代反
寰內音縣又音環　吳信音申又如字　而攘如羊反却也　挾弓戶牒反又

于協反　闔廬戶臘反下力居反　見不賢偏反　爲是于僞反下不爲匹夫爲是
皆同　朝於直遙反注同　囊瓦乃郎反　南郢以井反又以正反　數年
所主反　易無以豉反　壞宗音怪注同　撻平上達反　樂縣音玄下同
能亢苦浪反　御之魚呂反　不肖音笑　而奮方問反　三敗必邁
反　復立扶又反注同楚國復立也　五年　見其賢偏反　惡也烏路
反　子輩許韋反　六年　三家張也如字一音丁亮反注同
七年　于鹹音咸　八年　惡之烏路反　侯柳良久反　曲
濮音卜　九年　伯蠆丑邁反　分器扶問反　惡得音烏注同惡猶
於何　堤下丁兮反又音蹄　十年　頹谷古協反左傳作夾谷　爲危于僞
反　相爲息亮反下兩相同　壇徒丹反封土曰壇　鼓譟素報反呼曰譟　羣
羣呼火故反　合好呼報反注同　使禦魚呂反　逡巡七旬反　屬

其章欲反語也注同　夫人音扶注同夫人謂孔子也　語也魚呂反　之行下孟反　幕音莫帳也　優俳皮皆反　欲嗤尺之反　鄆讙好官反　蓋爲于僞反　以見賢徧反　圍郈音后　曁宋其器反　仲佗大河反注同　石彄苦侯反　所強其丈反　十一年　者渝羊朱反變也　惡之烏路反下同　取夫音扶　叔還音旋　十二年　墮郈許規反毀也　逵背音佩　墮費音祕　十三年　垂葭音加　淵囿音又　比蒲音毗　吉射食夜反或食亦反　君比必履反又毗志反　十四年　晉趙陽左氏作衞趙陽　佗人徒河反又如字　子牂作郎反　敗吴必邁反　檇音醉　于牽去賢反　于洮他刀反　歸脤市軫反生祭肉也　熟曰膰音煩本或作煩　蒯聵苦怪反下五怪反　之行下孟反　十五年　來朝直遥反　鼷鼠音兮　一處昌慮反　渠篨直居反

弋氏 羊職反哀公之母左氏作姒氏　於長 丁丈反　帥之 所類反　不為 于偽反
下稷 如字吳也左氏作吳　晡時 布吳反　定弋 左氏作定姒

哀公 名蔣敬王二十六年即位　第十二　范甯集解

元年　不見 賢遍反下復見同　令復 扶又反　觓角 音糾又音求　有
差 初賣反　則否 方九反　不復 扶又反下同　滌宮 徒歷反　敢擅
市戰反　施 式氏反又如字　始庀 匹爾反具也下同　管鍵 其展反又其偃反　監
門 古銜反　享道 許丈反注同　二年　鄰東 火號反又音郭　沂西
魚依反　句繹 古侯反下音亦　不與 音預　來朝 直遙反　欲弒 本又作殺
試同音　信父 音甫　書篡 初患反　得復 扶又反　曩日 乃黨反
鋝 本又作矛巳侯反　楯 常允反又音允　則拒 音巨　邪也 似嗟反　于鐵 他結反
反　三年　曼姑 音萬　者辟 音避　有難 乃旦反　樂髡 苦門反

反　四年　盜弑音試下及注皆同　微殺如字注同　陳夏戶雅反
區夫烏侯反　辟中音避　即殺如字殺賊同　西郛音孚　弑君音試
頃公音傾　五年　杵臼昌呂反　不數所主反　六年　于柤
莊加反　子軫之忍反　君荼音舒又音徒一音丈加反　當去起呂反　見
賢遍反　子糾居黝反　後殺如字　惡之烏路反　七年
皇瑗于眷反　曼多音萬　于繒在陵反　而擅市戰反　表惡烏路
反傳及注同　八年　及闡尺善反　惡內烏路反　伯過音戈
九年　雍巨於用反　易辭以豉反下及注同　將劣子匠反
十年　以見賢偏反　孟彄苦侯反　十一年　轅頗破河反
艾陵五蓋反　十二年　令別如字又彼列反　爲官于僞反
官稅舒銳反　夏謂戶雅反　諱取如字又七住反　橐皐章夜反一音託

于郎音云　螽音終　十三年　于嵒五咸反　易以豉反下同

祝髮之六反斷也　斷也音短　以辟音避　蛟龍音交　累累如字猶數數也

數數所角反　尊稱尺證反下同　夫差音扶下初佳反　星孛音佩

區夫烏侯反　十四年　西狩手又反　不出如字又赤遂反　矣

夫音扶　不王于況反下王德同　關雎七余反　之應於敬反　自爲

于偽反　其適如字適之也　道喪息浪反　鸜音權又音劬　鵒音欲　蜮

音或

經典釋文卷第二十二

經五千三百八十五字

注六千五百五字